Juan C. Ripoll
Nadina Gómez-Merino
Vicenta Ávila Clemente

Aprender a enseñar a leer y a escribir

Cómo aplicar evidencias científicas sobre el aprendizaje de la lectura y la escritura

Prólogo de **Eduardo Vidal-Abarca**

biblioteca
INNOVACIÓN
EDUCATIVA

Dirección del proyecto: Carles Suero
Diseño: Dirección de Arte Corporativa de SM
Corrección: Ricardo Ramírez
Edición: Sonia Cáliz
Ilustración: Gemma Guadalupe Román Valadez; Gema García Ingelmo;
Fernando Martín Estévez; Daniel Alonso Rivero; Juan de Dios Aragón Carrión;
José María Lavarello; Jesús Delgado; Nuria Hernández Pintor; Alejandro Mesa;
Shutterstock; Xavier Salomó; Imma Itxart Ros; Alberto García Ayerbe;
David Garrido García; Marta García Pérez; Roberto Zurdo Villas;
uan Jesús Infante Toro; Guillermo Berdugo Garvía; Marta Costa Virgili;
Sebastià Serra Bonilla; Jesús López Pastor; Nerea Gómez Sola.

ISBN: 978-84-1182-186-5
Depósito legal: M-31761-2023

Impreso en España / *Printed in Spain*

Índice

Prólogo

En un delicioso artículo titulado "El hermano Justiniano", Mario Vargas Llosa rememora el momento en que aprendió a leer en el colegio La Salle de Cochabamba. Dice el nobel que aprender a leer es lo más importante que le ha pasado en la vida, que la vida que uno no vive puede soñarla a través de los libros. Añade que nada le ha ayudado tanto como los libros para sortear momentos difíciles, que las buenas lecturas no solo le produjeron felicidad, sino que además le enseñaron a hablar bien, a pensar con audacia y a ser un ciudadano crítico. Recuerda Vargas Llosa cómo de niño en su casa se recibían varias revistas, dos de las cuales llegaban exclusivamente para él, y que las leía con deleite de principio a fin. El resto eran para su madre y sus abuelos, quienes eran igualmente lectores empedernidos. Menos explícito es Vargas Llosa sobre qué hacía el hermano Justiniano para enseñar a leer a los niños de su clase. Dice que les tomaba de la mano y con él cantaban y bailaban rondas repitiendo el abecedario y las conjugaciones, y de esta forma a los seis meses aprendían a leer.

Seguramente por leer se refiere nuestro escritor a la capacidad de transformar esos extraños garabatos que llamamos letras en palabras conocidas del lenguaje oral. Sabemos que esa capacidad inicial se va refinando hasta ser capaces de leer con fluidez, logrando esos extraordinarios beneficios personales de los que hablaba Vargas Llosa, lo cual lleva años de práctica. Una de las cosas más llamativas de la lectura es el contraste entre el lento y costoso aprendizaje inicial y el logro final tras años de práctica por el cual basta que miremos un instante una palabra escrita para que no podamos evitar leerla con una asombrosa sensación de facilidad.

¿Cómo se inició ese genial invento que son los sistemas de escritura? ¿Cuáles son las características de nuestro sistema alfabético de lectura que lo diferencia de otros sistemas no alfabéticos? ¿Qué requisitos impone el sistema alfabético de escritura a nuestro sistema cognitivo? ¿Cómo se produce ese cambio de la lectura vacilante e insegura de los momentos iniciales a los estadios finales de lectura fluida y sin esfuerzo? ¿Cómo los métodos de enseñanza de la lectura podrían aprovechar lo que se conoce sobre esos requisitos? Estas son las cuestiones principales que abordaré en el prólogo de este interesante y clarificador libro.

El invento de la escritura se produjo para dar permanencia a los mensajes orales, que son intrínsecamente transitorios. La mayoría de esos mensajes tenían que ver con transacciones comerciales o con hechos notables reales o inventados, como hazañas guerreras. Por eso la escritura nació en las grandes civilizaciones del Creciente Fértil, aproximadamente en el año 3000 a. C., con el surgimiento de los primeros imperios.

Desde sus inicios, los sistemas de escritura representaron solo una parte de la amplia gama de elementos del lenguaje oral. Mientras el lenguaje oral es un fluir continuo de sonidos que cambian constantemente de frecuencia, altura y tono, la escritura solo representa una parte de esos elementos. Así, la escritura representa los elementos fonéticos, pero no los tonos. En consecuencia, cualquier sistema de escritura, incluido el cuneiforme sumerio, el jeroglífico egipcio o el chino, siempre ha representado esos elementos fonéticos acompañados frecuentemente de elementos semánticos. Por ejemplo, la mayor parte de la escritura china de palabras (como el adjetivo *orgulloso*) incluye una combinación de elementos fonéticos (i. e., el símbolo *ao* para indicar cómo pronunciar la palabra), junto con elementos semánticos (i. e., el símbolo de *persona*). El verbo *sacudir* también se escribe combinando el mismo signo fonético *ao* acompañado del símbolo semántico *mano*. En síntesis, todos los sistemas de escritura han incluido símbolos que indicaban sonidos del habla, es decir, cómo pronunciar el símbolo escrito, aunque la mayoría de ellos añadieron símbolos semánticos.

La particularidad de los sistemas alfabéticos de escritura es que los símbolos (i. e., el abecedario que nombraba Vargas Llosa) representan exclusivamente sonidos del habla, omitiendo símbolos semánticos. Así, en un sistema alfabético, leer nos lleva directamente a la palabra hablada, la cual nos evoca significados. Es decir, leer la palabra *barco* nos evoca un significado, pero las letras en sí mismas solo representan sonidos del habla. El hecho de que leer en un sistema alfabético nos remita directamente al lenguaje oral se explica en parte por las características de cada idioma, aunque hay razones históricas y culturales cuya explicación obviamos aquí.

Entre estas características del idioma resaltamos la frecuencia de homófonos, es decir, palabras que se pronuncian igual, pero tienen un significado completamente diferente. El número de homófonos difiere considerablemente entre idiomas. Por ejemplo, el chino tiene muchos más homófonos que el español, el inglés o el francés. Por eso el hablante chino incorpora marcadores de tono que ayudan a desambiguar la palabra que se está pronunciando. Así, el mandarín, el idioma hablado por el 70 % de la población china, incorpora al lenguaje oral cuatro tonos (i. e., nivelado alto, elevación, descenso con subida y caída en picado), los cuales ayudan al oyente a desambiguar el significado de la palabra que se está pronunciando. Sin embargo, los sistemas alfabéticos no utilizan tonos para desambiguar los homófonos existentes, sino claves sintácticas. Por ejemplo, podemos desambiguar fácilmente el significado de *calles* en las expresiones "por favor, ahora necesito que te *calles* un momento", y "las *calles* están ..." mediante claves sintácticas. Fácilmente identificamos *calles* como verbo, en el primer caso, y como sustantivo, en el segundo, lo que va asociado a significados muy diferentes de la palabra *calles*.

De acuerdo con la RAE, el alfabeto o abecedario español está compuesto por veintisiete letras o grafismos, sin contar la *ch* y la *ll*, que son dígrafos, esto es, signos gráficos dobles, compuestos por dos letras. Cinco de las veintisiete representan sonidos vocálicos, mientras el resto representan sonidos consonánticos. Una diferencia importante entre el español y otros idiomas radica en el número de fonemas vocálicos. Mientras en el español estándar cada grafema vocálico se corresponde con un único fonema vocálico, otros idiomas romances incluyen más fonemas vocálicos. Por ejemplo, el gallego o el catalán tienen siete fonemas vocálicos porque incorporan una *e* y una *o* abiertas, además de las otras dos cerradas. La razón es la diferente evolución de estos idiomas a partir del latín, el cual incluía diez sonidos vocálicos, uno para la pronunciación abierta y otro para la pronunciación cerrada de cada vocal. Así, en latín había una *a* abierta y otra cerrada, una *e* abierta y otra cerrada, y así sucesivamente.

Es importante destacar una característica muy relevante que diferencia los sistemas alfabéticos entre sí, la llamada *profundidad* ortográfica, es decir, la transparencia con la que los símbolos visuales llamados grafemas representan los sonidos del idioma. En los sistemas más superficiales (p. ej., el español) hay una gran correspondencia grafema-fonema. Sin embargo, el inglés, el idioma alfabético con mayor profundidad ortográfica, contiene abundantes irregularidades. Así, mientras en español, si se presenta a un lector una palabra desconocida es muy probable que la lea correctamente, en inglés existen abundantes irregularidades que hacen que un lector no pueda estar seguro de cómo leer correctamente una palabra desconocida. Esta diferencia tiene consecuencias muy notables en el aprendizaje de la lectura.

Hay abundantes estudios que prueban que se tarda más en aprender a leer en los idiomas profundos ortográficamente que en los superficiales. Uno de los estudios más curiosos es un experimento natural efectuado en el Reino Unido donde se hablan idiomas diferentes además del inglés (p. ej., galés), y es posible aprender a leer en uno u otro idioma. El estudio es interesante porque mientras el galés es un sistema superficial de escritura, el inglés es el prototipo de lenguaje escrito con gran profundidad ortográfica, como acabamos de señalar. El experimento natural comparó el aprendizaje de la lectura en inglés y galés en dos grupos de niños igualados en otras características relevantes (p. ej., estatus socioeconómico, edad, método de enseñanza de la lectura, etc.). Se registró la evolución del aprendizaje de la lectura dos meses después del inicio de la enseñanza (fase 1), seis meses después (fase 2) y diez meses después (fase 3). Mientras en la fase 1 no había diferencias entre los dos grupos de niños, tanto en la fase 2 como en la 3 los niños que aprendieron a leer en galés leían mejor que los que aprendieron en inglés. Más aún, los niños que aprendieron a leer en inglés tuvieron un progreso adecuado entre las fases 2 y 3 en la lectura de palabras regulares, al igual que los que aprendieron en galés, pero apenas avanzaron en la lectura de palabras irregulares.

La razón de la mayor facilidad de aprender a leer en un sistema de escritura superficial en comparación con aprender a leer en otro profundo radica en que el primero solo requiere dominar procesos basados en el principio alfabético, mientras que aprender a leer en un sistema profundo requiere dominar procesos basados en el principio alfabético y, además, dominar procesos de carácter logográfico basados en el dominio de claves superficiales como las letras iniciales y los finales de las palabras, que dan pistas acerca de la lectura de palabras irregulares. No obstante, hay que destacar que no se han encontrado diferencias en comprensión lectora entre idiomas alfabéticos debido a la profundidad ortográfica en cursos escolares avanzados. A continuación, analizamos en detalle los requisitos cognitivos para dominar el principio alfabético, que es el común a todos los sistemas alfabéticos de escritura.

En cualquier sistema de escritura, leer consiste en acceder al significado de un texto escrito. En los sistemas alfabéticos, esto se consigue simplemente decodificando los símbolos gráficos, ya que esta decodificación nos lleva directamente al significado. Para asegurarnos de que el lector está decodificando las letras y no solo recordando una palabra que ha leído anteriormente es necesario que la palabra que presentemos sea nueva. Es decir, supongamos que un niño sabe leer 100 palabras. Diremos que sabe leer si se le presenta una palabra diferente de esas 100 y la lee correctamente. Esto ocurrirá cuando domine el principio alfabético.

Dominar el principio alfabético requiere dos condiciones. La primera es ser capaz de segmentar los fonemas que constituyen una palabra oída. Una manifestación entre otras de esta capacidad es saber decir cuál es el fonema inicial de una palabra oída. Así, un niño que escucha oralmente la palabra *foca* deberá ser capaz de decir que el fonema inicial de la palabra es /f/. Ello querrá decir que ha aislado un fonema al oír una palabra. La segunda condición del aprendizaje alfabético es reconocer los grafemas que se corresponden con los sonidos oportunos en una tarea de transferencia. Por ejemplo, tras aprender a leer dos palabras cualesquiera, como *sola* y *bola*, el niño será capaz de discriminar si una palabra nueva como *sapo* comienza con /s/ o con /b/, es decir, con el fonema inicial de una de las dos palabras aprendidas previamente. Nótese que hablamos de transferencia porque se requiere aplicar conocimientos aprendidos a nuevas situaciones, y no únicamente memorizar palabras enseñadas previamente.

El aprendizaje del principio alfabético ocurre por enseñanza explícita. El inicio de la alfabetización se produce en la mayoría de los niños a la edad de 5-6 años. Mucho antes, los niños habrán desarrollado habilidades notables relacionadas con el lenguaje oral que los preparan para aprender a leer. Así, por ejemplo, durante el primer año de vida los niños son capaces de discriminar los sonidos de su idioma, es decir, del idioma en que los adultos les hablan. Esta capacidad se pierde posteriormente, de forma que los niños de más edad dejan de poder discriminar sonidos que se pronuncian de manera similar en un idioma al que no han estado expuestos. En torno a los dos años, los niños comenzarán a discriminar elementos gramaticales del lenguaje oral. Por ejemplo, si oyen la frase *Carlos dio el juguete a Pablo*, sabrán diferenciar quién fue el agente y quién el receptor de la acción.

También, a lo largo del desarrollo, los niños irán aprendiendo el significado de los objetos o las acciones que los adultos u otros niños nombran en sus conversaciones con ellos, desarrollando su conocimiento léxico. Igualmente, antes de los 5-6 años los niños adquirirán conocimientos pragmáticos del lenguaje tales como diferenciar entre interpretar una petición que requiere hacer una acción específica y contestar una pregunta que requiere una respuesta oral. También van adquiriendo conocimientos metacognitivos del lenguaje, tales como reconocer que una frase está sintácticamente mal construida y, por tanto, no se entiende bien (*mesa la cuatro tiene patas*). A pesar de todos estos logros, antes del aprendizaje de la lectura, los niños tienen serias carencias metalingüísticas relacionadas con el lenguaje escrito. Por ejemplo, niños preescolares que ven escritas las palabras *tren* y *mariposa* piensan que tren debe de ser la palabra más larga de las dos, posiblemente porque saben que un tren es más largo que una mariposa.

¿Cuál es la principal habilidad metalingüística que tienen que alcanzar los niños para aprender a leer? Esta habilidad es la llamada *conciencia fonológica*, es decir, la conciencia de que el lenguaje oral está compuesto de fonemas diferentes, lo cual es el primer requisito para aprender a leer en un sistema alfabético. El libro trata en detalle el aprendizaje y enseñanza de esta habilidad crucial en el capítulo cinco. Aquí solo reseñamos algún aspecto importante y práctico: la diferencia entre la adquisición de la conciencia fonológica de los sonidos vocálicos y los consonánticos.

Adquirir conciencia fonológica de los sonidos vocálicos es más simple que adquirir conciencia fonológica de los sonidos consonánticos del lenguaje oral. Hay dos razones que explican esta ventaja de los sonidos vocálicos. La primera es que los sonidos vocálicos se pueden alargar y aislar con relativa facilidad. Es posible alargar y aislar el fonema /a/ en las palabras *avión* o *mesa*. Lo mismo se puede decir del resto de los sonidos vocálicos. Además, los sonidos vocálicos se ven poco afectados por los sonidos consonánticos que los acompañan, tales como los fonemas /v/ o /s/, que figuran en las palabras anteriores. Algo similar ocurre cuando los sonidos vocálicos se producen en el medio de una palabra, por ejemplo, cuando el fonema /a/ aparece en la palabra *mano* o en las palabras *capa* o *largo*. Posiblemente por esto, el aprendizaje de la lectura comienza siempre aprendiendo las vocales. Una vez los niños han aprendido a discriminar los fonemas vocálicos, el siguiente paso es asociarlos con el grafema correspondiente, por ejemplo, la letra *a* en los casos anteriores.

Más costoso es adquirir la conciencia fonológica de los sonidos consonánticos. A diferencia de los sonidos vocálicos, la mayoría de los sonidos consonánticos no se pueden alargar y aislar con tanta facilidad como los vocálicos. Sin embargo, el problema más importante con los sonidos consonánticos es que se ven muy afectados por los sonidos que les preceden o siguen. Es decir, el fonema /d/ no es idéntico en la palabra *Adela* que en la palabra *diente*, o en la palabra *ardiente*. En otras palabras, si registramos el espectro acústico de las tres palabras anteriores podremos apreciar que el espectro del fonema /d/ es diferente en las tres palabras. Lo mismo se puede decir del fonema /p/ en las palabras *pato*, *campo*, *captura*, o *corpóreo*. El registro del espectro acústico del sonido /p/ es diferente en las cuatro palabras anteriores. Es decir, los fonemas no son elementos físicos del lenguaje oral que se pueden aislar nítidamente, sino abstracciones. También para los adultos hay ocasiones en que se hace evidente que los fonemas no son elementos físicos del lenguaje. Una de estas ocasiones es cuando dictamos a otra persona una palabra poco frecuente, por ejemplo, un apellido raro como Bensiali. En estos casos, lo normal es deletrear el apellido asociando sus letras a palabras conocidas, tales como B de Barcelona, E de España, N de Navarra, etc.

No resulta, pues, extraño que los niños tarden tanto en adquirir la conciencia fonológica de los fonemas propios de su idioma, particularmente de los fonemas consonánticos. Los niños deben abstraer los fonemas que componen las palabras a partir de muchos ejemplos. Esta abstracción es costosa y difícil, particularmente en sus comienzos. De hecho, los profesores constatan que los niños tardan mucho más en aprender las primeras consonantes que las últimas. En realidad, es el aprendizaje de la lectura lo que nos lleva a la falsa idea de que el lenguaje oral está compuesto de fonemas idénticos cuando se repiten en diferentes palabras, es decir, que los fonemas /d/ o /p/ suenan igual en diferentes palabras.

Es importante resaltar aquí que no se ha encontrado una relación significativa entre la conciencia fonológica y la inteligencia. Por tanto, es falso afirmar que los niños más inteligentes tienen mejor conciencia fonológica que los menos inteligentes. Naturalmente, existen diferencias individuales en la adquisición de la conciencia fonológica, al igual que en la inteligencia, pero ambas capacidades son independientes una de la otra.

Conforme los niños van aprendiendo a discriminar fonemas del lenguaje oral, comenzando por las vocales, van siendo capaces de asociarlos con los grafemas correspondientes, el segundo requisito del aprendizaje de la lectura. Es decir, una vez discriminado el fonema /a/ o el fonema /m/, los niños aprenderán a asociarlos a las letras *a* o *m*, respectivamente. Las reglas de este proceso de asociación se van aprendiendo a la vez que se aprende a discriminar los fonemas correspondientes. El capítulo seis del libro describe y explica en detalle el progreso de los niños y la enseñanza de este segundo requisito.

La práctica de la lectura va afianzando los dos requisitos esenciales del aprendizaje en un sistema alfabético, a saber, la conciencia fonológica y la asociación grafema-fonema. Es decir, a más práctica de la lectura, mayor dominio de la conciencia fonológica y de la asociación grafema-fonema. Sin embargo, la relación causal es bidireccional. Así, hay una relación recíproca entre la práctica de la lectura y el dominio de estos requisitos, de forma que la práctica incrementa el dominio de ambos requisitos, y a la vez, el dominio de los requisitos posibilita el avance en la lectura.

¿Es posible aprender el principio alfabético de la lectura sin una enseñanza explícita? La respuesta es negativa. El principio alfabético de la lectura ha de enseñarse de forma explícita con actividades que ayuden a adquirir la conciencia fonológica y la asociación fonema-grafema. En eso consiste la alfabetización de la lectura en los sistemas alfabéticos. Es más, cuanto más énfasis se hace en los métodos fonéticos de enseñanza, es decir, métodos que enfaticen la conciencia fonológica y la asociación fonema-grafema, mejor es el resultado del aprendizaje de la lectura. Hay datos realmente espectaculares al respecto en Reino Unido.

Siguiendo recomendaciones de expertos, en la segunda década del siglo XXI el Departamento de Educación del Reino Unido implementó una prueba de lectura que las escuelas debían aplicar a todos los niños al finalizar el segundo año, tras el comienzo de la enseñanza de la lectura, consistente en leer en voz alta 20 palabras y 20 no-palabras legibles en inglés. Las escuelas no estaban obligadas a adoptar un método particular de enseñanza, aunque el departamento recomendaba los métodos fonéticos. No obstante, independientemente del método que adoptaran, todas las escuelas debían aplicar la prueba mencionada y registrar los resultados.

A lo largo de la segunda década del siglo XXI, más y más escuelas siguieron la recomendación del departamento de educación de adoptar un método fonético de enseñanza de la lectura. Los resultados de esta adopción resultan muy ilustrativos de los beneficios de los métodos fonéticos. Los datos de mejora en la prueba de lectura mencionada en el conjunto de las escuelas del país fueron los siguientes: en 2012, el 58 % de los niños pasó la prueba; en 2013 fue el 69 %; en 2014 subió la cifra al 74 %; en 2015 se llegó al 77 %, y en 2016, al 81 %. Más aún, dado que el comienzo de la implementación no fue uniforme, sino que algunos distritos adoptaron la recomendación del ministerio de adoptar métodos fonéticos en la enseñanza de la lectura, se pudo analizar si la mejora se podía extender a la comprensión lectora en edades tempranas (i. e., 5, 7 y 11 años). Se constataron mejoras en comprensión comparando los distritos que habían comenzado antes y aquellos que siguieron la recomendación posteriormente. Estos efectos beneficiosos fueron mayores para los niños en riesgo, es decir, aquellos que no eran nativos anglohablantes o procedían de familias desfavorecidas socialmente. En suma, los efectos positivos de los métodos fonéticos de enseñanza de la lectura fueron muy relevantes en el Reino Unido, con especial incidencia para los niños en riesgo de fracaso.

¿Se puede afirmar que los beneficios de los métodos fonéticos pueden extenderse a sistemas de escritura más superficiales como el español? Pensamos que la contestación es positiva. El libro proporciona algunos datos empíricos que avalan los beneficios de los métodos fonéticos de enseñanza de la lectura en los capítulos ocho y nueve. A nuestro modo de ver, la explicación es clara: los métodos fonéticos enfatizan los dos requisitos del aprendizaje del principio alfabético que es común a todos los sistemas alfabéticos de escritura. El estudio anteriormente citado sobre la enseñanza de la lectura mediante métodos fonéticos en galés, idioma regular como el español, e inglés encontró no solo que la ventaja de los niños que aprendieron en galés sobre los que aprendieron en inglés fue clara en el aprendizaje de la lectura, sino que además los galeses aventajaron a los ingleses en conciencia fonológica, requisito esencial para el aprendizaje de la lectura. En otras palabras, hay argumentos para defender la ventaja de los métodos fonéticos cuando se aprende a leer en un sistema de escritura alfabético.

Hay algunos niños que tienen especiales dificultades tanto para adquirir la conciencia fonológica como la asociación grafema-fonema. Son los llamados disléxicos. No hay un único tipo de dislexia, sino varios, pero todos tienen en común experimentar dificultades en los dos procesos esenciales del aprendizaje de la lectura, a saber, la conciencia fonológica y la asociación grafema-fonema. Es esencial que estos niños tengan un entrenamiento más largo y cuidadoso en ambos procesos que los niños no disléxicos. Resulta igualmente importante que estos niños practiquen la lectura, al menos en los momentos iniciales del aprendizaje, con textos fáciles, es decir, textos que incluyan palabras con pocas dificultades de decodificación. Lo contrario haría de la lectura una actividad especialmente frustrante.

¿Cómo se produce el progreso en la lectura? Comenzamos examinando cómo lee un lector experto. Los lectores expertos fijan su vista en un punto del texto durante 200-250 milisegundos para, posteriormente, dar un salto durante los siguientes 20-40 milisegundos hasta la siguiente fijación, y así sucesivamente. Es decir, los ojos van dando saltos a lo largo de la línea que se va leyendo en lugar de hacer un barrido continuo. En cada fijación se abarcan en torno a 15-18 letras. Durante la fijación, en los primeros 50 milisegundos se capta la información proporcionada por las letras, la cual será procesada durante el tiempo restante. De vez en cuando los lectores hacen regresiones, es decir, vuelven atrás fijando la vista en partes del texto leídas previamente. La duración de las fijaciones y el número de regresiones se incrementan considerablemente al leer textos difíciles de comprender, lo que es lógico dado que los procesos de comprensión tales como formar ideas y hacer inferencias son más complejos conforme se incrementa la dificultad del texto, lo cual conlleva un tiempo extra.

¿Leen los expertos lectores directamente las palabras del texto o siguen utilizando, como los lectores iniciales, una vía indirecta segmentando visualmente la palabra en los fonemas componentes? Los lectores expertos utilizan las dos vías, directa e indirecta, dependiendo de si la palabra está almacenada en su léxico visual o no lo está. La prueba más clara de esta afirmación es que la longitud de las palabras tiene un efecto claro cuando se lee por la vía indirecta de lectura, pero no lo tiene cuando se lee por la vía directa. Es decir, dado que leer por vía indirecta requiere operaciones secuenciales de decodificación grafema-fonema, la longitud de la palabra incrementa el número de operaciones de decodificación, por lo que la longitud de la palabra incrementa el tiempo de lectura. Sin embargo, la vía directa no requiere la decodificación secuencial grafema-fonema, sino que se produce una activación de las claves asociadas a la palabra almacenada en el léxico visual. Esto causa que el tamaño de la palabra no afecte al tiempo de lectura.

Cuando los niños avanzan en su destreza lectora se aprecia una disminución del tiempo de fijación y un incremento de palabras leídas por vía directa. Es decir, la práctica lectora hace que se reconozcan y procesen más rápidamente las palabras, incrementándose el léxico visual y, por tanto, el uso de la vía directa de lectura. El incremento de uso de esta vía más automática influye positivamente en la comprensión, ya que libera recursos cognitivos que antes había que emplear en decodificar y ahora se pueden emplear para comprender el significado de las ideas del texto. Así, más que hablar de estadios cualitativamente diferentes en el progreso de la lectura, lo que se observa es un incremento del número de palabras leídas por la vía directa. Es en las palabras más frecuentes en las que se observa este efecto de pasar de ser leídas por vía indirecta a ser leídas por vía directa, ya que son las que más veces se leen. En otras palabras, el progreso en la capacidad lectora se explica, sobre todo, por la práctica de la lectura.

Cuando hablamos del léxico visual es importante distinguir los elementos ortográficos de los fonológicos. En inglés, como prototipo de idioma con ortografía profunda, es muy importante distinguir ambos elementos, ya que dos sonidos idénticos pueden tener una ortografía diferente, y a la inversa, dos sonidos diferentes pueden tener la misma ortografía. Pero eso también ocurre en español, aunque en menor medida. Los ejemplos clásicos son las palabras escritas con b o con v (beso, vaso), con h (hermano, ermita), con g o j (gitano, jinete), entre otras. Si el deletreo es esencial en el aprendizaje de la lectura en inglés, en español puede ser también importante. El deletreo ayuda a fijar el léxico visual, haciéndolo más consciente, lo que tiene una repercusión positiva en la escritura correcta de palabras. En todo caso, la práctica de la lectura es fundamental.

Si bien la práctica es esencial para el progreso en la lectura, la edad de adquisición es una variable relevante. Aunque no está clara la explicación, parece que la práctica temprana de la lectura tiene un efecto mayor y más positivo que la práctica en edades posteriores. De ahí la recomendación de que los niños lean diariamente cuando se inician en el aprendizaje de la lectura, así como que los padres lean juntamente con sus hijos. Otra variable relevante es la variedad de contextos en que se produce la práctica. Procesar las palabras en contextos semánticos y sintácticos diferentes tiene igualmente un efecto beneficioso en la adquisición del léxico visual. Por eso se hace la recomendación de leer libros muy diversos.

Lo dicho hasta aquí indica que la formación del léxico visual se produce palabra a palabra, es decir, incorporar al léxico visual la palabra *vaso* no se transfiere directamente a la lectura de las palabras *paso*, *caso*, *casa* o *gasa*, aunque su escritura sea parecida. Ese no es el caso de palabras compuestas de varios morfemas, es decir, partes de palabras (p. ej., prefijos o sufijos) que matizan el significado de las palabras. Aquí sí hay transferencia. Por ejemplo, aprender el significado de los prefijos in- o des-, que forman parte de palabras como increíble, incomprensible, descubrir y destemplado, se transfiere al aprendizaje de las palabras incompleto, desordenado y similares. Algo parecido se puede decir de los sufijos, por ejemplo, los sufijos de los tiempos verbales que matizan el significado de una acción. El aprendizaje de los morfemas que acompañan a las palabras se va transfiriendo de unas palabras a otras, teniendo un papel muy importante en la comprensión.

Los niños desarrollan su léxico visual conforme van leyendo nuevas palabras mediante un mecanismo de aprendizaje llamado *recodificación fonológica*. Este mecanismo se activa cuando los niños cometen errores sustituyendo una palabra por otra, corrigiéndola a continuación. Esto se puede producir mediante la corrección de un agente externo, como pueden ser los padres o el maestro, mientras los niños leen en voz alta, o bien mediante la autocorrección, cuando los niños mismos se corrigen al darse cuenta de que la palabra que han leído no tiene sentido. Por ejemplo, pueden leer equivocadamente *desarrollado* donde ponía *desacostumbrado*, lo que conduce a releer más cuidadosamente la palabra leída erróneamente mediante una adecuada segmentación visual de la palabra y la aplicación del mecanismo de decodificación grafema-fonema. Este mecanismo no solo lleva a practicar la decodificación correcta de las palabras, sino que además ayuda a ampliar el léxico visual de los niños. Es decir, como en tantos otros ámbitos de la vida, los errores nos ayudan a progresar.

Abríamos este prólogo rememorando las palabras de Vargas Llosa sobre la lectura cuando decía que aprender a leer es lo más importante que le había pasado en la vida. Me atrevería a afirmar, parafraseando al nobel, que la escritura ha sido el invento más importante de la humanidad. Es decir, si a nivel personal la lectura supuso para Vargas Llosa el acontecimiento más importante de su vida, a nivel social diría que el invento de los sistemas de escritura es el más importante en la historia de la humanidad. Nada ha transformado tanto la vida de los humanos como la lectura de las ideas, los pensamientos, los relatos o las interpretaciones que nos transmiten los libros a lo largo de generaciones. Los grandes avances de las sociedades siempre se han producido por la difusión de esas ideas, pensamientos o relatos. Y a la inversa, todos los intentos de detener esos avances han llevado aparejado prohibir la lectura de los libros que podían difundir esas ideas. Así, el invento de los sistemas de escritura ha sido un factor crucial dinamizador del desarrollo humano.

La razón esencial de esa importancia es que los sistemas de escritura han posibilitado la transmisión de ideas, perspectivas o interpretaciones sin los límites temporales ni espaciales inherentes al lenguaje oral. Sin la permanencia escrita de estas ideas y perspectivas no habría sido posible su difusión. Más aún, la comunicación escrita permite la relectura y la reflexión reposada de los pensamientos de otras personas, algo imposible de hacer cuando se escuchan mensajes orales. Si esto es así desde el punto de vista del lector, desde el punto de vista del escritor la escritura posibilita la elaboración cuidadosa de los mensajes, pensando en el futuro lector. Es decir, mientras la transmisión oral es un fluir constante de pensamientos, la escritura posibilita volver sobre lo escrito, repensarlo, matizarlo y corregirlo. Esto es difícilmente realizable en la transmisión oral. Por eso, el lenguaje escrito es tan diferente del oral.

La diferencia entre ambos tipos de lenguajes ha sido ampliamente estudiada. Se han encontrado diferencias importantes en el vocabulario. Los estudios al respecto comparando el lenguaje de los libros infantiles con el lenguaje oral de profesores y padres indican que la variedad de vocabulario es muy superior en el lenguaje escrito que en el lenguaje oral. También se han encontrado diferencias notables en la sintaxis. El lenguaje escrito contiene frases más largas y complejas que el lenguaje oral. Frases de relativo o frases en pasiva, entre otras complejidades, son mucho más abundantes en el lenguaje escrito de los libros infantiles que en el lenguaje oral. Es decir, leer libros se convierte para los niños en una ocasión para estar expuestos a un lenguaje más rico y variado que el que obtendrían a través de la comunicación oral.

Dentro de los sistemas de escritura, el sistema alfabético tiene la particularidad de ser enormemente económico. Con veintisiete letras es posible expresar toda la variedad infinita de ideas que podamos imaginar. Los sistemas no alfabéticos como el chino incluyen una ingente cantidad de símbolos que hacen mucho más costoso el aprendizaje de la escritura. La ventaja de los sistemas alfabéticos de lectura radica en codificar algunos elementos del lenguaje oral de forma que la lectura de los símbolos escritos nos remita directamente al lenguaje oral. La contraprestación, como ya dijimos, es que la realidad física de los sonidos del lenguaje oral no se corresponde con los fonemas, siendo estos una abstracción que los niños deben aprender. Por eso captar la correspondencia fonema-grafema es un proceso psicológicamente complejo, como decíamos anteriormente, lo que hace que el aprendizaje inicial de la lectura sea lento y laborioso. Sin embargo, una vez aprendido y practicado, la lectura se convierte en una tarea automática que apenas consume recursos cognitivos, pudiendo el lector dedicar la mayor parte de esos recursos a la comprensión de las ideas transmitidas por el mensaje escrito.

Para acabar este prólogo quisiéramos combatir un prejuicio frecuente acerca de los métodos fonéticos de enseñanza de la lectura. Muchas veces se acusa a los métodos fonéticos de aburridos y rutinarios, afirmando que contribuyen a la desmotivación de los niños. El aprendizaje de la lectura mediante métodos fonéticos no tiene por qué ser aburrido. No hay oposición entre método fonético y aprendizaje significativo. Es perfectamente posible hacer que el aprendizaje de la lectura, siguiendo las recomendaciones de los métodos fonéticos, sea una actividad llena de significado y altamente motivadora para los niños. El lector encontrará en este libro claros ejemplos de todo ello.

Eduardo Vidal-Abarca Gámez
Profesor emérito de la Universidad de Valencia

Introducción

La relación entre la escuela primaria y la enseñanza de la lectura y la escritura ha sido tan grande que en algunas épocas existía la denominación de "escuela de primeras letras", aunque también se enseñase la numeración, las operaciones elementales u otras habilidades académicas.

La lectura y, en menor medida, la escritura, su enseñanza, su aprendizaje y su mejora llevan estudiándose desde hace más de un siglo. Esto ha generado un extenso conocimiento sobre el tema. A partir de 2018 se ha ido popularizando el concepto de ciencia o ciencias de la lectura para referirse al conocimiento acumulado por distintas disciplinas sobre la lectura, la escritura y su desarrollo y, sobre todo, a la aplicación de este conocimiento en la enseñanza.

Parece lógico pensar que la escuela aprovecha el conocimiento científico y académico sobre el aprendizaje de la lectura y la escritura. Pero resulta que no es así. Recientemente se han publicado varios trabajos que muestran que un porcentaje considerable del profesorado de Educación Infantil y Educación Primaria o estudiantes de Magisterio tiene ideas incorrectas sobre el aprendizaje de la lectura, sus fundamentos o sobre las formas más adecuadas para enseñar a leer.

Por otra parte, la investigación científica ha ignorado muchos temas relevantes en la didáctica de la lectura y la escritura. Por ejemplo, resulta muy difícil encontrar datos sobre la eficacia de programas concretos de enseñanza para hispanohablantes y casi imposible encontrar comparaciones entre distintos programas. En España y los países hispanoamericanos la mayor parte de la investigación sobre enseñanza de la lectura se ha centrado en la comprensión, especialmente en la enseñanza de estrategias. El autor de nuestro prólogo, Eduardo Vidal-Abarca, fue uno de los pioneros, comenzando a realizar este tipo de trabajos en los años ochenta del siglo XX.

Este libro pretende ser un puente por el que, principalmente, circulen ideas y datos procedentes de las ciencias de la lectura (y la escritura) que ayuden a quienes

trabajan en la enseñanza inicial a preparar o elegir los métodos, estrategias y actividades más eficientes. Esperamos que sea un puente con doble vía y que investigadores y académicos puedan percibir el tipo de conocimiento que precisa el profesorado
para realizar adecuadamente su labor, de modo que sus programas de investigación
produzcan conocimiento más relevante y útil.

Estilo

Hemos tenido que tomar varias decisiones sobre cómo redactar este libro y ahora
vamos a contar algunas de ellas para que se pueda entender mejor su contenido.

En primer lugar, hemos decidido evitar el "lenguaje académico". Nos habría
resultado más fácil redactar un texto con formato APA, en un estilo formal e imper-
sonal, repleto de referencias y, por supuesto, con abundancia de precisos términos
técnicos. No es ningún tipo de ironía; en nuestro trabajo tenemos costumbre de escribir de esa forma, pero hemos elegido el camino difícil, sobre todo porque a mucha
gente se le hace complicado leer un texto extenso escrito en estilo académico. Nos
gustaría que este libro fuera popular entre estudiantes que comienzan grados de
Magisterio o Pedagogía, así que no vamos a poner obstáculos.

Las referencias a las obras que citamos las hemos situado en unos recuadros
titulados "Conocer más", colocados casi siempre al final de la sección en la que se ha
hablado de esos trabajos. Así esperamos que sea fácil relacionarlos, pero que no
obstaculicen la lectura.

También hemos intercalado otros recuadros que se titulan "¿Sabías que...?". Su
intención es ilustrar, profundizar y ayudar a recordar algunos conceptos importantes mediante anécdotas o hechos curiosos relacionados con la lectura y la escritura.

Como somos dos autoras y un autor, hablaremos en primera persona del plural, incluso para tratar sobre investigaciones o trabajos en los que haya participado
solo uno o una de nosotros; somos un equipo.

Con el debido respeto, pero con la confianza que da el mantener esta relación literaria que tenemos, te vamos a tratar de tú y, en varias ocasiones, llamaremos tu atención o
te lanzaremos preguntas. Las preguntas son algo importante en este libro: desde el principio nos dimos cuenta de que si redactábamos títulos en forma de preguntas ya no bas-
taba con contar lo que sabíamos, sino que teníamos que intentar dar una respuesta.

Para nombrar los cursos y etapas escolares tomamos como referencia la organización del sistema educativo español, aunque al hablar de Educación Infantil nos
referimos al segundo ciclo de esa etapa, que la mayoría del alumnado comienza con
2 o 3 años de edad y termina con 5 o 6 años.

Estructura

El libro se va a estructurar en cuatro partes. La primera trata cuestiones generales y se extiende desde el capítulo uno al tres, tratando de explicar qué son la lectura y la escritura, a qué edad conviene enseñarlas y qué mitos existen en torno a su aprendizaje.

La segunda parte, del capítulo cuatro al siete, se centra en los predictores del aprendizaje de la lectura. Tras presentarlos, desarrolla especialmente tres de ellos: la conciencia fonológica, el conocimiento de las letras y los conocimientos sobre el lenguaje escrito.

La tercera parte va del capítulo ocho al once y trata sobre la enseñanza inicial de la lectoescritura, presenta los métodos de enseñanza, dedica dos capítulos a la enseñanza de la decodificación y a la enseñanza de la escritura y termina con un capítulo dedicado al trabajo de la comprensión.

Finalmente, la cuarta parte está formada por un único capítulo que trata sobre atención a la diversidad en la enseñanza inicial de la lectoescritura.

Lectura orientada a una tarea

En este libro no vas a encontrar actividades, materiales o programaciones más que a modo de ejemplo, para ilustrar algunas propuestas. Si tu intención es enseñar a leer y escribir, esperamos que te ayude a elegir o preparar recursos adecuados y a tomar las mejores decisiones. Esto va a requerir una lectura activa en la que consigas llegar a un nivel que está más allá de la comprensión: la aplicación de lo aprendido en el texto. En el siguiente capítulo llamaremos a esto "lectura orientada a tareas".

Conocer más

Durante la redacción de este libro, la expresión "ciencias de la lectura" se hizo bastante popular en el mundo académico. Como muestra, podemos citar un informe de Paul Thomas publicado por el Centro Nacional de Política Educativa de la Universidad de Colorado:

- THOMAS, P. (2022). *The science of reading movement: the never-ending debate and the need for a different approach to reading instruction*. National Education Policy Center.

La revista *Reading Research Quarterly* publicó dos números especiales en 2020 y 2021 dedicados a los fundamentos, las críticas y las dudas en torno a las ciencias de la lectura, y en 2022 se reeditó un manual de 2005 en el que algunas de las figuras más importantes de este campo revisan el conocimiento actual sobre la lectura y su aprendizaje:

- SNOWLING, M.; HULME, C., y NATION, K. (2022): *The science of reading: a handbook* (2.ª ed.). Wiley.

Parte I

Cuestiones generales en torno a la lectura y la escritura

Capítulo uno

Elementos básicos de la lectura y la escritura

¿En qué consiste leer y escribir? Puede parecer que comenzamos con una pregunta retórica. Por supuesto, quienes leemos este libro estamos demostrando saber leer. ¿Cómo no vamos a saber lo que es leer y escribir cuando son habilidades que utilizamos a diario? Nuestras tasas de alfabetización son mejores que las de cualquier época anterior y eso se debe a un gran esfuerzo para extender una educación básica de calidad. Después de ese esfuerzo colectivo, ¿cómo vamos a dudar de la importancia de la enseñanza de la lectura y la escritura?

¿Por qué es importante profundizar en esto?

Resulta que muchas de las discrepancias que tenemos sobre la enseñanza inicial de la lectoescritura se deben a que no partimos de la misma idea sobre qué es leer y qué es escribir o a que no tenemos claro que hay conocimientos y habilidades que forman parte de la lectura y la escritura que deben ser enseñados. Esto nos lleva, con mucha facilidad, a decir cosas como:

- Soy del método X o del método Z.
- Soy partidaria de la enseñanza tardía de la lectura.
- Eso es una barbaridad, hay que hacer enseñanza temprana.
- Letra ligada.
- Letra suelta.
- Enseñanza sistemática.
- Descubrimiento.
- La lectoescritura tiene que ser funcional desde sus comienzos.
- Práctica repetida hasta que todo se afiance.

Por tanto, consideramos fundamental empezar por el principio, es decir: ¿qué es leer y escribir? Vamos a comenzar por definir qué es leer y escribir de una forma comprensible.

¿Qué es leer y escribir?

Prueba a leer la frase que aparece a continuación:
"Kuumenna ennen tarjoilua".

Seguramente eres capaz de leerla, incluso de leerla en voz alta; sin embargo, a no ser que tengas conocimientos de finés, no habrás podido entender el mensaje y la lectura te ha resultado inútil. Has realizado la tarea que te hemos sugerido, pero no tienes nueva información, no parece que te haya entretenido ni has recordado algo que tenías que hacer. Estas son algunas de las funciones para las que utilizamos el lenguaje escrito: aprender nueva información, recordar o entretenernos.

Ahora, trata de leer esto:
"GZR CDRBHEQZCÑ DK LDMRZID".

Aparentemente se trata de una serie de sonidos que parecen agrupados al azar y sin seguir ninguna regla. Un buen aficionado a los enigmas o a la criptografía no tardaría en decirnos cuál es el significado de esa sucesión de letras. Simplemente dice "has descifrado el mensaje". Eso es algo que podemos entender fácilmente, pero ¿de dónde ha salido esa información?

Sencillamente, la frase está escrita con una transformación simple: cada letra original se ha sustituido por la letra anterior en el alfabeto (y la "A" por la "Z").

En el primer ejemplo somos capaces de convertir las letras en palabras, pero no entendemos el contenido. En el segundo caso, si alguien nos lo descifra, entendemos el mensaje, pero inicialmente no conocíamos el código. ¿Podríamos decir que estamos leyendo en alguno de los dos casos?, ¿en ninguno?, ¿en ambos...?

La Real Academia Española (RAE) nos ofrece distintos significados de la palabra "leer". La primera acepción es "pasar la vista por lo escrito o impreso comprendiendo la significación de los caracteres empleados". Otra acepción se refiere a leer como a la acción de "comprender el sentido de cualquier tipo de representación gráfica" (leer la hora, una partitura, un plano). Vemos claramente que ambas definiciones incluyen la necesidad de comprender. En el primer caso quizá sea impreciso a qué se refiere con "la significación de los caracteres empleados". ¿Se trata de convertir las letras en secuencias de sonidos? ¿O se trata de acceder al significado de las palabras, oraciones o textos formados con esas letras? En el segundo caso, la definición lo dice claramente: leer es "comprender el sentido".

Como se recoge en las definiciones de la RAE, la lectura tiene dos dimensiones: la del código y la de los significados. En el campo de la educación ha sido muy común distinguir entre lectura mecánica y lectura comprensiva. Quizá, con la buena intención de transmitir que la lectura debe ser comprensiva, se ha menospreciado la lectura mecánica. Un ejemplo de esto se puede ver en los actuales currículos españoles del área de Lengua Castellana y Literatura: el aprendizaje de la decodificación está ausente y solo se intuye por su necesidad para la comprensión lectora.

Aunque esto no siempre ha sido así. Durante muchos años, la enseñanza de la lectura se limitó, en la mayoría de los casos, a la alfabetización inicial, entendiéndola como un proceso mecánico de decodificación (descifrar la letra y el sonido). Se consideraba que, una vez conseguida la habilidad de decodificación y escritura de palabras, el alumnado progresaría en su competencia lectora si tenía las cualidades y oportunidades de práctica necesarias.

Sin embargo, desde la propuesta del modelo simple de lectura en los años ochenta del siglo xx tenemos abundantes datos que indican que ambas dimensiones de la lectura: la decodificación y la comprensión son importantes.

El modelo simple de lectura o concepción simple de la lectura ("simple view of reading" originalmente) propone que la comprensión lectora es el resultado de la interacción de dos factores: la decodificación o habilidad para descifrar el código escrito convirtiendo las letras en sonidos, y la comprensión del lenguaje oral. El primer planteamiento del modelo proponía una fórmula:

$$CL = D \times CO$$

Si damos un valor entre 0 (mínimo) y 1 (máximo) a la decodificación (D) y a la comprensión oral (CO), podemos predecir cuál va a ser la comprensión lectora de una persona.

Para entender mejor estos valores, vamos a centrarnos en los ejemplos anteriores. Hemos visto un caso en el que el mensaje era fácilmente comprensible ("has descifrado el mensaje"), pero no podíamos decodificar lo escrito ("GZR CDRBHEQZ-CÑ DK LDMRZID"). En este caso, nuestra comprensión oral era 1, ya que lo hemos entendido en cuanto el supuesto criptógrafo nos lo ha leído, pero nuestra decodificación era 0. Si $D = 0$ y $CO = 1$, la comprensión lectora que es $D \times CO$ será $0 \times 1 = 0$.

En otro ejemplo anterior éramos capaces de leer el mensaje ("Kuumenna ennen tarjoilua"), pero no conocíamos el significado de las palabras ni las relaciones sintácticas que se establecen entre ellas; por tanto, nuestra decodificación era 1, pero nuestra comprensión oral era 0. Si $D = 1$ y $CO = 0$, la comprensión lectora será $1 \times 0 = 0$.

Comprobamos que, aunque nos consideramos buenos lectores, nuestra comprensión lectora ha sido nula en las dos situaciones según el modelo simple de lectura.

Se han propuesto varias modificaciones de este modelo. Una de ellas es que, aunque en los casos extremos como los que estamos viendo la fórmula $CL = D \times CO$ funciona bien, en la mayor parte de las situaciones normales puede funcionar mejor una fórmula aditiva: $CL = D + CO$. Sin embargo, el aprendizaje inicial de la lectura encaja bien en los casos extremos: nuestro alumnado pasa de no conocer el código a aprenderlo progresivamente. Así que, aunque la comprensión lectora esté influida por la comprensión oral, durante esta época va a estar muy condicionada por la habilidad de decodificación.

Sin ánimo de convertirnos en expertos en el modelo simple de lectura, consideramos que es importante conocerlo y tenerlo presente por cinco razones:

1. Ha resultado estable (llevan años investigando su validez y son pocas las modificaciones que se han realizado).
2. Ha recibido más investigación en español que otros modelos.
3. Se corresponde bien con las intuiciones del profesorado.
4. Es empleado internacionalmente y sirve como referencia en el sistema educativo de países como Estados Unidos, Reino Unido o Francia.
5. Tiene una dimensión práctica, ya que las variables que lo componen pueden ser evaluadas y mejoradas con los recursos disponibles en un centro escolar.

Aunque mucho menos conocido, existe también un modelo simple de escritura, que propone que la expresión escrita depende de la ideación o capacidad de generar información y de la habilidad ortográfica o capacidad para transcribir las palabras. Actualmente, parece tener más éxito una versión que se llama "modelo no tan simple de escritura", que indica que la escritura depende de la interacción de cuatro elementos: generación de textos, transcripción, atención y memoria y autorregulación.

En 2022, el Consejo Nacional de Educación de Francia publicó una guía sobre aprendizaje de la lectura escrita por Liliane Sprenger-Charolles y Johannes Ziegler. Esta guía presenta el modelo simple de lectura y explica cómo en un sistema de escritura alfabético, como el que tienen las lenguas europeas, el aprendizaje de la lectura y la escritura se basa en la comprensión del principio alfabético.

El descubrimiento del principio alfabético consiste en la conciencia de que la lectura y la escritura están basadas en unas reglas que relacionan los grafemas (letras y dígrafos como "ch", "gu", "qu", "ll" o "rr") con los fonemas o sonidos básicos del habla.

Una vez que se conocen estas correspondencias, se puede leer correctamente casi cualquier palabra del español, conocida o desconocida, combinando los fonemas representados por los grafemas que la forman en el orden en que aparecen de izquierda a derecha. También se puede transcribir cualquier palabra, pero en este caso es posible que haya errores ortográficos.

Mediante la práctica, la lectura por correspondencias entre grafemas y fonemas se va haciendo cada vez más rápida. En esta automatización de la decodificación aparecen y se consolidan en la memoria representaciones ortográficas: representaciones de la forma de las palabras que nos permiten leer a una mayor velocidad y escribirlas con una ortografía correcta.

Veamos un ejemplo: seguramente puedes decodificar sin problemas la palabra "varko" y acceder a su significado. Pero es probable que compartas nuestra sensación: ¡duele a la vista! La forma correcta, "barco", está en nuestra memoria ortográfica y al comparar la forma incorrecta con nuestra representación detectamos los errores ortográficos.

El aprendizaje de la codificación y la decodificación se construye sobre, o al mismo tiempo que, la conciencia de la existencia de los fonemas, la habilidad de segmentar las palabras en sílabas y de identificar los fonemas que forman estas.

Conocer más

La guía *Apprendre à lire* es un buen ejemplo de cómo el modelo simple de la comprensión lectora se puede aplicar en la enseñanza real de la competencia lectora. La podemos encontrar en:

- SPRENGER-CHAROLLES, L., y ZIEGLER, J. (2022): *Apprendre à lire: du décodage à la compréhension*. Conseil Scientifique de l'Education Nationale.

¿Qué son las rutas de lectura?

Vamos a poner nombres técnicos a esta experiencia. Uno de los caminos que el lector toma para leer una palabra recibe el nombre de "ruta indirecta o fonológica". En este caso, el lector identifica cada grafema, asociándolo con el fonema que le corresponde. Luego los ensambla en sílabas que combina formando una palabra y, finalmente, accede a su significado. Esta ruta es la que utilizamos cuando aprendemos a leer, en concreto, cuando se aprende a decodificar o cuando leemos una palabra desconocida o, incluso, una palabra que no exista, como "caluda".

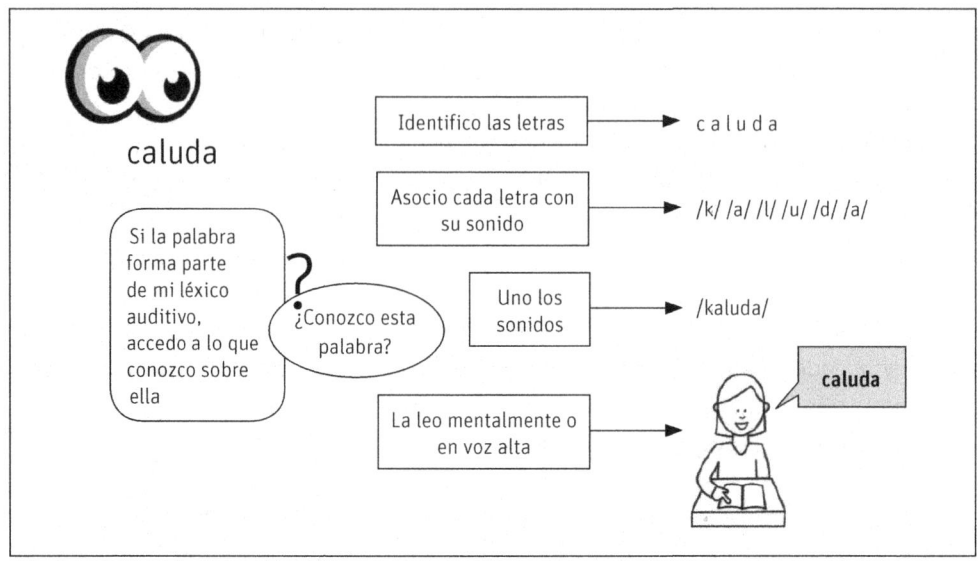

El otro camino que puede tomar el lector es el de la "ruta directa o léxica"; en este caso, en lugar de descifrar poco a poco, el lector identifica la palabra entera (su forma) y la conecta con el significado. Para que esto sea posible, el lector debe haber leído un número suficiente de veces la palabra, tantas veces como para incorporarla a su "almacén léxico".

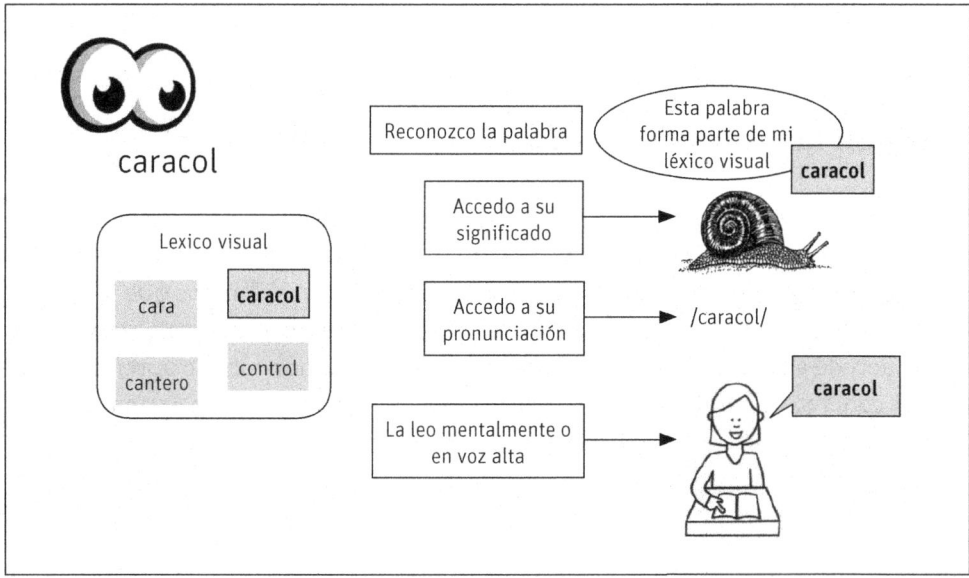

Ya hemos visto que la ruta indirecta o fonológica permite leer cualquier palabra, incluso las que no conocemos o palabras inventadas, mientras que la ruta directa o léxica solo sirve para palabras o partes de palabras que forman parte de nuestro léxico visual porque previamente las hemos leído varias veces hasta formar algún tipo de representación mental de su forma escrita.

Una duda muy razonable es ¿para qué necesitamos dos rutas de lectura si hay una, que es la fonológica que nos permite leer cualquier palabra que encontremos? El proceso de "desciframiento" propio de la ruta fonológica hace que la lectura se realice de una manera más lenta que si accedemos a la palabra entera, a partir de una imagen en nuestro almacén léxico. Dicho de otra forma: la ventaja de la ruta visual es que hace que la lectura sea más rápida.

Vamos a probarlo leyendo lo siguiente:

isudarnived   universidad

Es muy difícil saber a qué velocidad hemos leído cada palabra sin tener instrumentos especiales, pero ¿tienes la sensación de que te ha costado más leer lo primero que lo segundo? En realidad, se trata de las mismas letras y la misma estructura silábica, por lo que no deberíamos esperar diferencias en el tiempo o en la dificultad de la lectura. Sin embargo, es muy probable que hayas notado una diferencia, relacionada con que al leer "universidad" sabías, de alguna manera, que ahí estaba escrito "universidad". Reconocer palabras es más rápido.

Probablemente, las personas adultas con buena habilidad lectora combinamos el uso de ambas rutas, pero algo que parece bastante claro es que al comienzo del aprendizaje formal de la lectura predomina la ruta fonológica (aquella en la que vamos descifrando y ensamblando los fonemas). Recordemos que la ruta léxica se construye a partir de la ruta fonológica: cuando hemos leído varias veces una palabra por la ruta indirecta comenzamos a formar una representación mental que nos permite reconocerla por la ruta directa, algo que se ha comprobado experimentalmente tanto en alumnado de Educación Primaria como en personas adultas.

Si conectamos estas ideas con el aprendizaje inicial de la lectura, quizá nos surja una duda: ¿es positivo iniciar la lectura enseñando a reconocer palabras porque eso va a favorecer el uso de la ruta léxica o directa?, ¿o es negativo porque necesitamos leer las palabras a través de la ruta fonológica o indirecta para que pasen a formar parte de nuestro léxico mental? Estas cuestiones trataremos de responderlas a lo largo del libro.

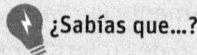
La práctica de la lectura puede producir distintos beneficios: aprendizaje de nuevo vocabulario y conocimientos, familiarización con estructuras sintácticas y textuales de cierta complejidad, incluso la adquisición de algunas herramientas importantes para la comprensión que nos ayudan en la autorregulación de la lectura. Esta autorregulación incluye habilidades como darnos cuenta de que no hemos entendido, releer lo que no hemos comprendido bien, ajustar la velocidad lectora a la dificultad del texto o buscar información sobre palabras que no conocemos bien.

Especialmente desde el comienzo del siglo XXI se considera que es importante enseñar y trabajar habilidades de comprensión y expresión. Aunque esto es muy positivo, hay que tener la precaución de que el trabajo de la comprensión y la expresión no se realice a costa de descuidar los aprendizajes básicos.

Subiendo de nivel

Entre los modelos que se han propuesto para explicar qué es leer y cómo se realiza la lectura podemos diferenciar dos grandes tipos. En la entrada sobre comprensión lectora de la "Oxford Research Encyclopedia of Education" en el año 2020, Reese Butterfuss, Jasmine Kim y Panayiota Kendeou distinguen entre modelos de procesamiento y modelos de componentes.

Los modelos de procesamiento tratan de identificar los procesos lingüísticos y cognitivos que nos permiten comprender los textos. Son muy interesantes para la investigación básica y algunos de ellos han influido en herramientas tecnológicas actuales como los buscadores de información o las inteligencias artificiales.

Pero los que más nos suelen interesar en la práctica educativa y en la investigación aplicada son los modelos de componentes que tratan de identificar y articular las habilidades que fundamentan la comprensión. Entre estos modelos, el más popular es el modelo simple de lectura que ya hemos descrito. Butterfus, Kim y Kendeou destacan también el modelo directo y de la mediación inferencial y el marco de sistemas de lectura, que consideran como un modelo híbrido.

Sin embargo, podemos encontrar otros modelos de componentes, como el modelo de la cuerda, el modelo activo de la comprensión lectora, el modelo DRIVE o el marco de competencia lectora de PISA. En todos estos modelos podemos distinguir componentes que se encargan de la decodificación y el reconocimiento de las palabras y otros componentes que construyen el significado a partir de esa información. Las diferencias entre unos modelos y otros están en qué componentes concretos se incluyen y en cómo se relacionan entre sí.

También nos parece relevante mencionar el modelo de lectura orientada a tareas o "task oriented reading", en inglés. Este modelo está en la base de evaluaciones como PIRLS y PISA y trata de explicar la alfabetización lectora en la sociedad actual. Los elementos básicos de este modelo son el lector, el texto y la actividad o tarea que se realiza.

Es muy común que en la escuela consideremos que el fin de la lectura es comprender el texto, pero, en realidad, la comprensión suele ser algo que nos ayuda a cumplir otros objetivos: encontrar un lugar, comprar lo que necesitamos, aprobar un examen, poner en marcha un aparato, etc. En estas situaciones es importante auto rregular activamente la lectura, por ejemplo: elegir los documentos adecuados, con información útil para nuestros objetivos; saber leerlos de la forma adecuada y saber cuándo detener la lectura porque se ha alcanzado el objetivo.

Dos características esenciales de la lectura orientada a tareas son:
1. Solo la información útil para la realización de la tarea es relevante para el lector.

2. El lector interactúa con el texto en una tarea, yendo y viniendo del texto a la tarea, y viceversa, hasta que considera que la tarea se ha realizado correctamente. Esto está muy relacionado con la autorregulación.

Conocer más

El texto de la "Oxford Research Encyclopedia of Education" se encuentra en:

- Buterfus, R.; Kim, J., y Kendeou, P. (2020): *Reading comprehension*. Oxford Research Encyclopedia of Education.

Podemos ampliar información sobre los modelos de componentes de lectura que acabamos de nombrar en las siguientes fuentes:

Modelo simple de lectura

- Catts, H. W. (2018): "The simple view of reading: Advancements and false impressions". *Remedial and Special Education*, 39(5), 317-323.

Modelo directo y de la mediación inferencial

- Martínez-Cubelos, J., y Ripoll-Salceda, J. C. (2022): "Adaptación del modelo de comprensión lectora directo y de la mediación inferencial para hispanohablantes: una revisión sistemática". *Revista de Psicodidáctica*, 27(2), 186-193.

Marco de sistemas de lectura

- Perfetti, C., y Adlof, S. (2012): "Reading comprehension: A conceptual framework from word meaning to text meaning". En J. Sabatini, E. Albro y T. O'Reilly (Eds.). *Measuring up: Advances in how we assess reading ability* (pp. 3-20). Rowman & Littlefield Education.

Lectura orientada a tareas

- Vidal-Abarca, E.; Mañá, A., y Gil, L. (2010): "Individual differences for self-regulating task-oriented reading activities". *Journal of Educational Psychology*, 102(4), 817-826.

Componentes restringidos y abiertos en la lectura

Finalizamos este capítulo presentando un trabajo del profesor de la Universidad de Michigan Scott G. Paris, quien tuvo la idea de clasificar los principales componentes de la lectura según su nivel de restricción. Son distintas las variables que influyen en que un componente sea restringido o abierto. No es fácil explicar con precisión qué es un aprendizaje restringido o un aprendizaje abierto, pero sí que parece que el conocimiento de las relaciones entre letras y sonidos es un buen ejemplo de aprendizaje restringido si lo contrastamos con un aprendizaje muy abierto, como puede ser el del vocabulario; encontramos fácilmente diferencias basadas en variables como la cantidad de elementos disponibles, el tiempo necesario para su aprendizaje, la evaluación o la relación con otros aprendizajes. En la tabla siguiente vemos un resumen de cómo cada uno de estos elementos afecta al conocimiento, a un componente del lenguaje restringido (conocimiento alfabético) y a un componente abierto (vocabulario).

Componentes restringidos y abiertos en la lectura: dos ejemplos		
	Conocimiento alfabético	**Vocabulario**
Cantidad de elementos	Las reglas que relacionan grafemas y fonemas son limitadas.	La cantidad de elementos que forman el vocabulario de una lengua es muy extensa.
Tiempo necesario para su aprendizaje	Es relativamente breve. Alumnado de alrededor de los 6 años de edad, sin trastornos que afecten al aprendizaje, puede aprender casi todas las reglas en unos meses.	El vocabulario se desarrolla a lo largo de la vida. Incluso personas con gran dominio del léxico pueden aprender nuevas palabras o profundizar en el conocimiento de las que ya saben.
Evaluación	Resulta fácil valorar hasta qué punto se ha desarrollado el conocimiento alfabético con pruebas bien diseñadas de reconocimiento de letras, lectura o escritura.	Las medidas de evaluación del vocabulario son aproximativas. Podemos comprobar si se reconocen, utilizan o explican algunas palabras, más o menos frecuentes. A partir de ahí tratamos de inferir cuál es el nivel de vocabulario de una persona.
Relación con otros aprendizajes	Se necesitan algunas habilidades perceptivas y de asociación para aprender las relaciones entre letras y sonidos. La habilidad fonológica de segmentar los sonidos del habla en fonemas y el contacto previo con las letras pueden facilitar este aprendizaje.	Se puede aprender vocabulario por asociación del nombre y su referente, de una forma bastante parecida a como podríamos asociar una letra con su sonido. Sin embargo, en la práctica, aprendemos mucho vocabulario por exposición al lenguaje oral y, sobre todo a partir de cierta edad, escrito. Aprovechar esa información requiere tener una habilidad lectora suficiente, además de habilidades y conocimientos que favorezcan la comprensión.

Según lo que hemos visto, el aprendizaje de la decodificación es necesario, aunque no suficiente para conseguir una buena competencia lectora. El conocimiento de las relaciones entre letras y sonidos es un componente restringido: el alumnado hispanohablante sin especiales dificultades consigue su dominio en un tiempo relativamente breve en comparación con el tiempo que invierte en conseguir una lectura fluida o alcanzar la comprensión de los textos que se emplean en la vida diaria.

Tener esto presente es importante porque, muchas veces, en la escuela hemos dado más peso a los aprendizajes restringidos: resultan más fáciles de programar y evaluar. En otras ocasiones los hemos menospreciado al considerarlos aprendizajes limitados. El aprendizaje de las relaciones entre letras y sonidos es fundamental para la lectura y la escritura, pero, una vez que se alcanza un dominio suficiente de un aprendizaje restringido, seguir insistiendo en él no produce mejoras apreciables, como veremos en capítulos posteriores.

Conocer más

• PARIS, S. G. (2005): "Reinterpreting the development of reading skills". *Reading Research Quarterly*, 40, 184-202.

No olvides

☐ La lectura y la escritura son habilidades muy complejas, compuestas por múltiples componentes y conocimientos.

☐ Tanto la lectura como la escritura tienen dos dimensiones principales: una es la del código o forma en que se transcribe el lenguaje oral a la forma escrita o esta forma escrita se interpreta para acceder a la información. La segunda dimensión es la de los significados o el contenido de aquello que está escrito.

☐ Entre los componentes de la lectura y escritura, el conocimiento del código alfabético tiene un carácter especial. Por una parte, su dominio permite la mejora de la lectura y la escritura por medio de la práctica. Por otra parte, ese conocimiento no se puede adquirir solo por la práctica o el contacto con el lenguaje escrito, sino que debe ser enseñado.

Capítulo dos

Edad para la enseñanza de la lectoescritura

El lenguaje escrito tiene más de 5000 años de antigüedad. Si en ese tiempo no tenemos una respuesta clara para la pregunta de a qué edad hay que enseñar a leer, es que sucede algo extraño en la pregunta, o quizá en el aprendizaje de la lectura.

¿Por qué es importante profundizar en esto?

En las escuelas se enseña a leer y escribir a distintas edades. Es cierto que las diferencias no son muy grandes. Mayoritariamente nos encontraremos con que la enseñanza para la adquisición del código alfabético se ofrece cuando el alumnado tiene en torno a los 5 o 6 años de edad, sobre el último curso de Educación Infantil o Preescolar, llamado Kínder en algunos lugares, y el primer curso de la Educación Primaria o Básica.

Es llamativo el caso del sistema educativo español, ya que la última ley de educación y el currículo actuales indican que iniciarse "en la lecto-escritura" es uno de los objetivos de la Educación Infantil y también que "sin que resulte exigible para afrontar la Educación Primaria, se podrá favorecer una primera aproximación a la lectura y a la escritura".

Hay propuestas que adelantan la edad de enseñanza de la lectura. Una que ha tenido cierta fama, especialmente entre madres y padres, es la de *Cómo enseñar a leer a su bebé*, de Glenn Doman. En el otro extremo, Finlandia propone la enseñanza de la lectura en su primer curso de Educación Primaria, que el alumnado comienza en el año en que cumple 7 años. Buscando información sobre el tema podemos encontrar afirmaciones como "hasta los 7 años el cerebro no está maduro para aprender a leer". Concretamente, esta cita procede de una entrevista al doctor en medicina y neurociencia Francisco Mora.

En una situación así es lógico que a los responsables de la enseñanza de la lectura y la escritura o de la organización de esta enseñanza nos surjan dudas sobre el momento óptimo para comenzar la enseñanza del código alfabético.

Una de las razones por las que nos cuesta ponernos de acuerdo en cuanto al momento de inicio de la enseñanza de la lectura y la escritura es porque, previamente, no nos hemos puesto de acuerdo en qué implica o qué abarca esa enseñanza. En el capítulo anterior hemos descrito la lectura y la escritura como fenómenos muy complejos en los que se combinan conocimientos y procesos relacionados con el lenguaje oral y la comunicación, y también con los códigos del lenguaje escrito.

Desde una perspectiva amplia como esta, en la que consideramos que el desarrollo del vocabulario, la familiaridad con estructuras sintácticas variadas, el conocimiento sobre lo escrito, cómo se pasan las páginas de un libro, la habilidad para separar palabras en sílabas o la interiorización de la estructura de los textos narrativos, entre otros, forman parte del aprendizaje de la lectura, es claro que muchos aspectos del aprendizaje de la lectura y la escritura se pueden introducir de forma temprana, incluso muy temprana.

Las mayores discrepancias las vamos a encontrar cuando entendamos el aprendizaje de la lectura y la escritura como algo restringido a la adquisición y uso del código alfabético. A veces se utilizan expresiones como "enseñanza de la decodificación" o "alfabetización inicial" para referirse a esta perspectiva restringida. Por otra parte, se habla de "enseñanza formal de la lectura", en el contexto español, a partir de primero de Primaria.

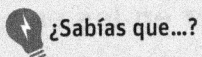 **¿Sabías que…?**

No parece que los bebés aprendan a leer

Si fuera posible enseñar a leer a los bebés, no sería extraño encontrar bebés lectores. Si nunca te has encontrado con ninguno, es un motivo para pensar que puede haber algo raro en las propuestas de enseñar a leer a personas con tres años, dos años o ¡incluso menos de un año!

El libro *Cómo enseñar a leer a su bebé*, de Glenn Doman, fue publicado en 1964, dando origen a ese interés. Posteriormente aparecieron otras alternativas, como "Baby Einstein", "Brainy Baby" o "Your Baby can Read". Estas propuestas han tenido un éxito relativo entre padres o madres y, en ocasiones, han sido utilizadas por escuelas infantiles, llegando a presentarse como un producto innovador de estimulación temprana.

En realidad, se pueden encontrar bastantes vídeos de niños o niñas de corta edad que han aprendido a reconocer un conjunto de palabras con estos métodos. Están haciendo una lectura logográfica o prealfabética, en la que asocian la forma de las palabras con su pronunciación o con su significado. Si aceptamos que esto es leer, no hay ningún problema en decir que están leyendo.

Aunque este método tiene muchos defensores y existen trabajos universitarios o artículos publicados en revistas académicas, que relatan experiencias con él, no es fácil encontrar investigaciones con un mínimo de calidad sobre su eficacia.

Susan Neuman, Ashley Pinkham, Tanya Kaefer y Gabrielle Strouse publicaron en 2014 un estudio experimental sobre las mejoras en lectura de niños de entre 9 y 18 meses de edad con los que se utilizaba el método "Your Baby can Read" y las mejoras obtenidas por un grupo de control con el que no se realizaba ninguna intervención.

El programa se aplicó durante 7 meses, y se tomaron distintas medidas para evaluar los progresos de los alumnos, desde cuestionarios para las familias hasta tareas de seguimiento ocular. Se consideró la lectura de una forma bastante amplia, de manera que se registraban los progresos en decodificación, pero, sobre todo, se examinaban mejoras en habilidades básicas que puedan favorecer el aprendizaje futuro de la lectura: vocabulario, conocimiento de las letras, conocimiento sobre las convenciones de la escritura, identificación del propio nombre, incluyendo el reconocimiento de las palabras enseñadas en "Your Baby can Read".

Tras la aplicación del programa de enseñanza de la lectura no se encontraron diferencias significativas entre el grupo que lo había seguido y el grupo de control en ninguna de las casi veinte variables evaluadas, exceptuando el hecho de que quienes habían seguido el programa decían con más frecuencia las palabras que se trabajaban en el programa que los participantes del grupo de control. Es decir, no se encontró ninguna evidencia de que los niños que habían trabajado durante siete meses con "Your Baby can Read" leyesen mejor que los niños del grupo de control.

Incluso aquellos niños que aparentemente leían y respondían a los estímulos escritos de los DVD del programa eran incapaces de identificar palabras tras concluir la intervención a pesar de que sus padres creían que habían comenzado a leer.

Desde un punto de vista distinto, también en 2014 la Comisión Federal de Comercio de Estados Unidos prohibió al fundador de la compañía "Infant Learning" realizar afirmaciones sin fundamentación sobre la eficacia de productos para la enseñanza de la lectura y, también, el uso del nombre "Your Baby can Read". Además, impuso a la compañía una curiosa multa de 185 millones de dólares, que se suspendería después de pagar 300 000 dólares.

Conocer más

- DOMAN, G. (2010). *Cómo enseñar a leer a su bebé. La revolución pacífica.* EDAF.
- NEUMAN, S. B.; KAEFER, T.; PINKHAM, A., y STROUSE, G. (2014). "Can babies learn to read? A randomized trial of baby media". *Journal of Educational Psycology,* 106(3), 815-830.

¿Cuándo se enseña a leer en las escuelas en otros países?

Vamos a realizar un pequeño recorrido por algunos sistemas educativos de nuestro entorno, para ver cuándo proponen el inicio de la enseñanza de la lectura. Sin embargo, no es fácil encontrar información fiable que compare la edad de enseñanza de la lectura entre distintos sistemas educativos. Podemos acudir a documentos oficiales, como leyes educativas y currículos, país por país, y sería necesario hacer un trabajo muy concienzudo: es preciso saber qué normas están vigentes o si puede haber normas regionales.

Por ejemplo, en Estados Unidos, muchos estados siguen el currículo "Common Core" (Common Core Standards Initiative), pero no todos lo aceptan. Este currículo incluye bastantes objetivos sobre lectura y escritura dirigidos al *Kindergarten*, que equivaldría al tercer curso de Educación Infantil en España. Entre ellos, hay varios objetivos sobre conocer y aplicar el conocimiento de las relaciones grafema-fonema adecuadas al curso y habilidades de análisis de palabras para decodificar palabras.

En Europa, la red de educación EURYDICE analiza y ofrece información sobre los sistemas y políticas educativas. En 2011 publicó un informe titulado "La enseñanza de la lectura en Europa: contextos, políticas y prácticas". Esta publicación se presentó como el primer estudio europeo que ofrecía un retrato global de la enseñanza de la lectura. La información se extrajo de documentos estratégicos de 31 países, los 27 Estados miembros de la Unión Europea más Islandia, Liechtenstein, Noruega y Turquía[1]. Esos documentos eran currículos y directrices oficiales sobre enseñanza vigentes en el curso 2009-2010.

Según este informe, el currículo de Educación Infantil de la mayoría de los países de la Unión Europea incluye objetivos o contenidos relacionados con la promoción de la conciencia fonológica y la percepción del lenguaje escrito. Como caso excepcional, Alemania no incluye ninguno de estos aspectos. Por otra parte, Bélgica francófona y Países Bajos mencionan contenidos relacionados con conocimientos sobre el lenguaje escrito, pero no contenidos sobre conciencia fonológica.

---

[1] No se tuvieron en cuenta los datos de Educación Infantil de Dinamarca, por lo que no mencionaremos ese país.

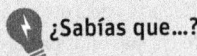 **¿Sabías que...?**

La enseñanza formal de la lectura en Finlandia comienza a los 7 años

Tras la publicación de los resultados de la primera edición de la evaluación internacional PISA se creó un gran interés por el sistema educativo finlandés. En PISA 2000, Finlandia obtuvo la mejor puntuación en la prueba de competencia lectora. La puntuación de Finlandia fue de 546 puntos, en una escala con una media de 500 puntos. El sistema educativo con la siguiente mayor puntuación fue el de Canadá, con 534 puntos. El país hispanohablante con una mayor puntuación fue España, con 493 puntos.

Finlandia fue propuesto como modelo de desarrollo de la comprensión lectora y uno de los datos que causaron más sorpresa es que, en ese país, la enseñanza formal de la lectura se realiza con la entrada en la Educación Primaria, a los 7 años (parte del alumnado aún puede tener 6 años). Esto ha dado lugar a distintas interpretaciones, pero para tratar este dato de forma adecuada puede ser útil tener un poco más de información.

En 2021, el programa PIRLS (Progress in International Reading Literacy Study) ofrece información sobre cómo se trabaja la lectura en los países que participaron en esa prueba internacional. La entrada sobre Finlandia está redactada por Kaisa Leino y Marjo Sirén, de la Universidad de Jyväskylä.

Allí se indica que antes del comienzo de la educación obligatoria, el alumnado debe participar en un año de educación preescolar. Tal como lo expresan parece como si ese año también fuera obligatorio. Hay cierta libertad respecto a la distribución de las horas lectivas. Si las sesiones disponibles para Lengua y Literatura en 1.º y 2.º curso de primaria se distribuyen a partes iguales, en cada curso se dedicarían 5 horas y cuarto semanales a esa materia.

En 2016 se publicó en la Red Europea de Políticas para la Alfabetización (ELINET) un informe sobre Finlandia. Allí se incluye esta información:

"La mayor parte del alumnado aprende los nombres de las letras años antes de la entrada en la escuela. Debido a la consistencia [del idioma] y al hecho de que los nombres de las letras se han elegido para indicar claramente los sonidos que representan, casi la mitad de los niños hablantes de finlandés aprenden, actualmente, a leer antes de que se inicie la enseñanza formal de la lectura. Esta enseñanza se realiza cuando han entrado en la escuela, a los 7 años".

En 2004, las investigadoras Maarit Silvén, Elisa Poskiparta y Pekka Niemi publicaron un artículo con un título que podría traducirse como "Probabilidades de ser un lector precoz de finlandés". Se trataba de una investigación de seguimiento de 61 niños finlandeses desde que tenían un año hasta los 7 años y 3 meses de edad. La mayor parte de los participantes (59) acudió a un centro preescolar antes de comenzar la Educación Primaria. En esos centros no se estaba enseñando a leer de forma sistemática.

Antes de comenzar la escuela realizaron una prueba de reconocimiento de palabras escritas: 18 de los participantes fueron considerados lectores precoces y 26 fueron considerados lectores emergentes (su rendimiento era menor, pero reconocían más palabras de las que se esperaría por azar).

Todo esto nos indica que, aunque la enseñanza formal de la lectura comienza en Finlandia sobre los 7 años de edad, una parte considerable del alumnado ya ha aprendido a leer antes de ese momento.

¿Cómo han aprendido a leer? Jenni Salminen, Maritta Hännikäinen, Pirjo-Liisa Poikonen y Helena Rasku-Puttonen publicaron en 2013 una descripción de las prácticas de cuatro docentes de preescolar con distintos estilos educativos. En los cuatro casos se daba bastante importancia a la conciencia fonológica y la alfabetización. La actividad más común de ese tipo era leer al alumnado. Además, también dedican, como mínimo, un tiempo semanal a:

· Actividades de conciencia fonológica, especialmente, reconocer el primer sonido de las palabras.

· Reconocer y nombrar las letras.

· Escribir letras.

Tres profesores dedicaban un tiempo semanal a las relaciones entre letras y sonidos, mientras que otro indicó que nunca realizaba actividades de ese tipo.

A partir de 2006 las puntuaciones de Finlandia en PISA se fueron reduciendo y acercándose a las de la OCDE.

El interés de los medios de comunicación se desplazó hacia otros países y en las últimas ediciones se ha destacado a Estonia por obtener puntuaciones entre las más altas de Europa en todas las áreas evaluadas por PISA. Se trata de un país cercano a Finlandia, con muchas similitudes en su cultura, lenguaje y sistemas educativos. Sin embargo, allí la enseñanza formal de la lectura se realiza a distintas edades. En Estonia, la Educación Primaria también comienza hacia los 7 años de edad, pero la enseñanza de la lectura se inicia en la etapa preescolar, a los 6 años.

Un estudio realizado por la Universidad de Jyväskylä, en Finlandia, y la Universidad de Tallinn, en Estonia, compara la evolución en lectura de dos grupos de alumnado de ambos países. Al comenzar el primer curso, el alumnado estonio mostraba mejor conocimiento de las letras y fluidez lectora que el alumnado finlandés. Sin embargo, su comprensión lectora era similar. En esto podría influir el hecho de que el alumnado finlandés tenía mejores resultados en comprensión oral.

Al finalizar el segundo curso, que es la última medición que se realiza, el alumnado de Estonia continuaba mostrando una mejor fluidez, habiendo aumentado la diferencia. En cambio, el grupo de Finlandia aventajaba significativamente al alumnado estonio en comprensión lectora.

Conocer más

- GARBE, C.; LAFONTAINE, D.; SHIEL, G.; SULKUNEN, S., y VALTIN, R. (2016): *Literacy in Finland. Country report. Children and adolescents.* ELINET.
- REYNOLDS, K. A.; WRY, E.; MULLIS, I. V. S., y VON DAVIER, M. (2022): *PIRLS 2021 encyclopedia. Education policy and curriculum in reading.* IEA.
- SALMINEN, J.; HÄNNIKÄINEN, M.; POIKONEN, P. L., y RASKU-PUTTONEN, H. (2013): "A descriptive case analysis of instructional teaching practices in finnish preschool classrooms". *Journal of Research in Childhood Education*, 27(2), 127-152.
- SILVÉN, M.; POSKIPARTA, E., y NIEMI, P. (2004): "The odds of becoming a precocious reader of Finnish". *Journal of Educational Psychology*, 96(1), 152-164.
- TORPPA, M.; SOODLA, P.; LERKKANEN, M. K., y KIKAS, E. (2019): "Early prediction of reading trajectories of children with and without reading instruction in kindergarten: a comparison study of Estonia and Finland". *Journal of Research in Reading*, 42, 389-410.

La información sobre enseñanza básica de la lectura se desglosa en tres partes: reconocimiento de palabras, correspondencias grafema-fonema y fluidez lectora. El reconocimiento de palabras aparece como contenido en los documentos de todos los países, excepto en Alemania, Austria, la comunidad flamenca de Bélgica, Finlandia, Hungría, Italia, Malta y Polonia. Uno de los contenidos que aparecen en esa parte es "enriquecer el vocabulario", que, perfectamente, podría trabajarse de forma oral en la etapa infantil. Si descartamos los países que solo mencionan ese contenido, podríamos decir que el reconocimiento de palabras tampoco aparece en la comunidad francófona de Bélgica, Chipre, Irlanda, Suecia, Noruega y Turquía.

Por tanto, son las comunidades germanófonas de Bélgica, Bulgaria, Eslovaquia, Eslovenia, España, Estonia, Francia, Grecia, Islandia, Letonia, Liechtenstein, Luxemburgo, Países Bajos, Portugal, Reino Unido, República Checa y Rumanía, los lugares donde se mencionan en la Educación Infantil contenidos como:

- Leer de forma independiente palabras comunes.
- Progresar en el reconocimiento de palabras (de cortas a largas).

- Usar el reconocimiento de palabras como estrategia lectora.
- Escribir el propio nombre de memoria.
- Escribir otras palabras de memoria.

El conocimiento de las letras y las correspondencias grafema-fonema no se mencionan en los documentos de Educación Infantil de Alemania, Austria, Bélgica, Finlandia, Hungría, Italia, Noruega, Países Bajos, Suecia y Reino Unido (solo Irlanda del Norte).

Un contenido que puede ser importante para determinar qué países propician la enseñanza de la lectura en Educación Infantil es "usar el conocimiento de las letras, sonidos y palabras al leer". Los evaluadores que revisaron la documentación para este informe lo encontraron en Eslovenia, España (curiosamente), Islandia, Letonia, Luxemburgo, Reino Unido (Gales y Escocia) y Rumanía.

Por último, el informe presenta datos sobre contenidos de fluidez lectora. En este caso, solo unos pocos países la mencionan en sus documentos estratégicos de Educación Infantil: Chipre, Luxemburgo, Reino Unido (Gales) y Rumanía.

Conocer más

- AGENCIA EJECUTIVA EN EL ÁMBITO EDUCATIVO, AUDIOVISUAL Y CULTURAL (2011): *La enseñanza de la lectura en Europa: contextos, políticas y prácticas*. Ministerio de Educación, Cultura y Deporte.

¿Cuándo comenzar la enseñanza formal de la lectura?

En la práctica, la mayoría de las escuelas españolas suele iniciar la enseñanza de la decodificación en el último curso de Educación Infantil o en el primer curso de Educación Primaria. Según los currículos actuales, ambas opciones podrían ser válidas recordando que las normas indican que no podemos exigir que el alumnado sepa leer y escribir al terminar la Educación Infantil. Existen centros escolares que adelantan la edad de enseñanza formal de la lectura y la escritura, lo que no parece tener mucha justificación, y hay propuestas para retrasarla hasta el segundo curso de Educación Primaria, como se hace en Finlandia, aunque en España no parecen haber tenido mucha implantación.

En 2015, el psicólogo evolutivo Sebastian Suggate[2] publicó un artículo que mencionaba en su título la parábola del sembrador, sugiriendo que la enseñanza de la lectura tendrá sus mejores efectos si se produce en el momento óptimo. Para Suggate, el momento óptimo para enseñar a leer cumple estas tres características:

---

[2] Tanto Sebastian Suggate como su mujer, Tamara Suggate, son reconocidos defensores de las escuelas Steiner-Waldorf, en las que se realiza una enseñanza tardía de la lectura, a los 7 años de edad.

1. El aprendizaje de la decodificación puede hacerse con poco esfuerzo.
2. Se puede realizar en armonía con las actividades para el desarrollo lingüístico y no sustituyéndolas.
3. Añadir las habilidades de lectura a las habilidades lingüísticas resulta beneficioso para el aprendizaje del alumnado (da la posibilidad de acceder a los conocimientos del currículo a través de la lectura).

Subiendo de nivel

El artículo de Suggate que acabamos de mencionar es una revisión acerca de los efectos de la enseñanza temprana y tardía de la lectura. En este trabajo considera enseñanza temprana la que se ofrece entre los 4 y 5 años, y enseñanza tardía, la que se da a los 6 y 7 años. Suggate indica que los estudios de tipo correlacional[3] tienden a mostrar una continuidad en el nivel de lectura: quienes tienen un nivel alto de lectura en la Educación Infantil tienden a mantenerlo posteriormente, en la Educación Primaria. Sin embargo, también advierte de que ese fenómeno no indica que la enseñanza temprana de la lectura sea la causa directa del buen rendimiento, puesto que pueden influir otras variables como mejores habilidades cognitivas, desarrollo del lenguaje o nivel sociocultural familiar.

Resultan más interesantes los estudios de intervención, en los que se compara al alumnado que recibe tempranamente la enseñanza de la lectura con el alumnado de características similares que no la recibe. Sin embargo, estos estudios son muy escasos y es infrecuente que sigan la evolución de las mejoras a medio y, sobre todo, a largo plazo.

Algunas investigaciones han tratado la influencia de la escolarización en centros de Educación Infantil y los programas educativos para familias en el desarrollo de niños y niñas en situación de riesgo por su entorno social y económico. Aunque se ha visto que estas intervenciones producen beneficios, las mejoras a largo plazo se suelen apreciar en el desarrollo cognitivo, social y emocional, más que en el rendimiento académico, y no parece que el hecho de que estos programas incluyan el aprendizaje de la lectura o no afecte al rendimiento en lectura durante la Educación Primaria.

También hay estudios que comparan sistemas educativos en los que la enseñanza formal de la lectura comienza a distintas edades. Según estos estudios, ni a los 9 ni a los 15 años de edad se aprecian diferencias atribuibles a la edad a

---

[3] Los estudios correlacionales analizan la relación existente entre distintas variables, por ejemplo, la habilidad de lectura y el número de libros que hay en el hogar, pero no permiten determinar si una variable es causa de otra; es decir, no podemos asegurar que tener más libros en casa produzca un mejor nivel de lectura.

la que comenzó a enseñarse a leer. Sin embargo, los resultados deben tomarse con precaución, puesto que los participantes hablan y aprenden a leer en distintos idiomas, con diferentes características. Por ejemplo, los países de habla inglesa han sido tendentes a un inicio temprano de la enseñanza de la lectura, pero eso podría deberse a que se trata de un idioma en el que la lectura es muy compleja. La variabilidad y la gran cantidad de excepciones en las reglas de conversión entre grafemas y fonemas hacen que sea necesario invertir más tiempo para dominarlas.

Existen casos en los que la enseñanza inicial de la lectura se ofrece, en el mismo país, en distintas edades. Una investigación realizada por el propio Suggate ha estudiado el caso de las escuelas Steiner-Waldorf en Nueva Zelanda. En estos centros escolares no se enseña a leer hasta el curso en que el alumnado cumple 7 años de edad, mientras que el resto de los centros comienza la enseñanza de la lectura a los 5 años. Los resultados indican que a los 11 años, los alumnos que habían comenzado a leer de forma tardía tenían un nivel similar al de los lectores tempranos, mostrando, incluso, una ligera ventaja en comprensión.

También es interesante el caso de las escuelas Montessori, en las que las actividades que se realizan están influidas por los intereses del alumnado. Eso hace que, frecuentemente, el alumnado comience de forma temprana el aprendizaje de la lectura. En una investigación que comparó el nivel de lectura en alumnado de 5 y de 12 años, entre escuelas Montessori y escuelas estatales, se encontró un mejor nivel a los 5 años en las escuelas Montessori, pero en el alumnado de 12 años no se observaron diferencias significativas. Una posible interpretación de esto es que el aprendizaje temprano de la lectura (con independencia del método educativo) produce unos resultados iniciales que se atenúan con la edad.

Conocer más

- SUGGATE, S. P. (2015): "The Parable of the Sower and the long-term effects of early reading". *European Early Childhood Education Research Journal*, 23(4), 524-544.
- SUGGATE, S. P.; SHAUGHENCY, E. A., y REESE, E. (2013): "Children learning to read later catch up to children reading earlier". *Early Childhood Research Quarterly*, 28(1), 33-48.

No olvides

- [ ] La enseñanza formal de la lectura y la escritura se suele realizar entre los 4 y los 7 años de edad, especialmente en el intervalo entre 5 y 6 años.
- [ ] En los sistemas educativos que realizan una enseñanza tardía de la lectura es frecuente que previamente se hayan trabajado aspectos como la conciencia fonológica y el conocimiento de las letras.
- [ ] No se han investigado sistemáticamente los efectos de la enseñanza temprana o tardía de la lectura y la escritura. Los resultados disponibles parecen indicar que, ya durante la etapa de Educación Primaria, el nivel de lectura del alumnado al que se ha enseñado de forma temprana y el del que ha recibido la instrucción de forma tardía se igualan.
- [ ] Unos pocos datos encuentran un mejor nivel de comprensión lectora en alumnado que ha recibido enseñanza tardía de la lectura.

Capítulo tres

Mitos sobre el aprendizaje de la lectura

Los mitos o concepciones erróneas sobre el aprendizaje están más presentes de lo que pensamos. Vamos a demostrarte que esto no es un mito, intenta ponerte a prueba completando el siguiente cuestionario. Indica si son verdaderas o falsas las siguientes afirmaciones. Podrás consultar las respuestas al final del capítulo, pero te recomendamos que no hagas trampas.

Cuestionario de afirmaciones y mitos sobre la lectura		
1. Los niños/as aprenden a leer de manera natural y espontánea.	V	F
2. Los niños/as deben aprender a leer reconociendo palabras directamente.	V	F
3. La dislexia es un trastorno visual.	V	F
4. Podemos aprender a leer textos a gran velocidad sin afectar a la comprensión.	V	F
5. Las habilidades visomotoras y la lateralización son clave para aprender a leer.	V	F
6. La lectura aparece cuando se alcanza la madurez necesaria.	V	F

En 2023, un equipo de investigación liderado por Almudena Giménez publicó los resultados de una encuesta a 840 maestras y maestros de Educación Infantil y 875 de Educación Primaria, de escuelas públicas de Málaga. En relación con el capítulo anterior, el 93,3 % del profesorado de Educación Infantil encuestado respondió que enseña a leer en esa etapa.

Una de las conclusiones principales de este estudio fue que "el profesorado de Educación Infantil y Primaria de la muestra mostró una comprensión inconsistente y limitada de las habilidades para una enseñanza eficaz de la lectura basadas en evidencias. Incluso puede darse el caso de que realicen una buena práctica, pero no conocen la teoría que la fundamenta".

Conocer más

Existen varios trabajos que han explorado estos conocimientos. El que acabamos de mencionar es el más reciente que conocemos:

- GIMÉNEZ, A.; SÁNCHEZ, A.; FLORES, A., y LUQUE, J. L. (2023): "Las opiniones de los maestros y las maestras acerca de la enseñanza de la lectura en España". *Psicología Educativa* 29(1), 65-73.

En la siguiente sección presentamos un estudio de conocimientos sobre la dislexia:

- ECHEGARAY, J., y SORIANO, M. (2016): "Conocimientos de los maestros acerca de la dislexia del desarrollo: implicaciones educativas". *Aula Abierta*, 44(2), 63-69.

¿Por qué es importante profundizar en esto?

Ante los resultados señalados, vemos la importancia de responder a la pregunta que encabeza esta sección, puesto que una parte importante del profesorado manifestó ideas sobre la lectura y su aprendizaje contrarias a las más aceptadas en las ciencias de la lectura. A continuación, vamos a señalar las más relevantes, con las que un alto porcentaje de profesorado se mostró de acuerdo.

El 51,5 % del profesorado de Educación Primaria se mostró de acuerdo con la afirmación: "Entrenar la coordinación motriz y la lateralidad contribuye directamente a la adquisición de la lectura y la escritura". El profesorado de Educación Infantil señaló como precursores de la lectura el esquema corporal (58,9 %), la lateralidad (56,9 %), la madurez (88,9 %) y la motivación (90 %).

Llama especialmente la atención el papel que se da a la "madurez" en el aprendizaje lector. Además de señalarla como un precursor de la lectura, el 25,7 % del profesorado de Educación infantil y el 13 % del de Educación Primaria señaló que "Aprender a leer es un proceso natural que los niños y las niñas alcanzan cuando están preparados".

Es también llamativa la diferencia encontrada en el grado de acuerdo con la afirmación: "El reconocimiento de palabras en el contexto es una ayuda relevante y debería entrenarse más que el reconocimiento de las letras individuales". En este caso mostró su acuerdo el 30,4 % del profesorado de Educación Infantil y el 22,8 % de los docentes de Educación Primaria.

En otros estudios que han explorado estos temas se encuentran resultados del mismo estilo. Por ejemplo, Joyce Echegaray y Manuel Soriano realizaron una encuesta sobre dislexia a 118 estudiantes de Magisterio y 110 maestros y maestras con experiencia. Más de la mitad (53,3 % de los estudiantes y 57,4 % del profesorado activo) consideraban que la dislexia está causada por un déficit visoperceptivo, por eso invierten las letras y las palabras.

En los últimos años se ha producido mucha literatura sobre neuromitos en educación. Marta Torrijos, Sixto González y Ana Rosa Bodoque, de la Universidad de Castilla-La Mancha, realizaron una revisión de investigaciones sobre neuromitos y encontraron 39 distintos. Uno de los más investigados fue la idea de que "los ejercicios que promueven la coordinación de las habilidades perceptivo-motoras pueden mejorar las destrezas en lecto-escritura".

Aunque aquí nos estamos centrando en la lectura, la lista contiene un neuromito sobre la escritura: "nuestra escritura manual revela nuestra personalidad". También hay algunos que hacen referencia a la dislexia: "un síntoma común de la dislexia es ver las letras al revés" o "seguir una dieta específica puede ayudar a superar ciertos trastornos del neurodesarrollo como el TDAH, la dislexia y los trastornos del espectro del autismo".

Tener unas ideas u otras sobre cómo se aprende a leer influye en la elección del método o las actividades de lectura y es posible que también influya en la detección de dificultades de aprendizaje y en la forma como estas se afrontan. La falta de buena información sobre el aprendizaje de la lectura y la escritura, y la popularización de algunos mitos sobre el tema pueden llevar a adoptar métodos de enseñanza o intervenciones inadecuados. Por estos motivos, conviene detener la transmisión de ideas inadecuadas sobre el aprendizaje de la lectura y la transmisión de información con un buen fundamento científico.

¿Cuáles son los mitos más frecuentes sobre el aprendizaje de la lectura?

En la parte anterior de este capítulo hemos encontrado claramente reflejados los principales mitos sobre el aprendizaje de la lectura:

1. La lectura es un aprendizaje natural.
2. La lectura aparece cuando se alcanza la madurez necesaria.
3. Las habilidades visomotoras y la lateralización son el fundamento para el aprendizaje de la lectura y la escritura.
4. La anticipación de las palabras a partir de la información contextual es más importante que su lectura por la conversión de grafemas en fonemas o, dicho de otra forma: adivinar las palabras por el contexto en que aparecen es más importante que decodificarlas.

En realidad, estos mitos están bastante relacionados entre sí y habría que tener en cuenta que hay otros neuromitos, como el de los estilos de aprendizaje que, sin mencionar explícitamente la lectura o la escritura, pueden influir en su enseñanza.

A continuación, vamos a profundizar en cada uno de los cuatro mitos que hemos propuesto.

Primer mito: ¿es la lectura un aprendizaje natural?

El primero de los mitos que vamos a tratar considera que las personas nacemos predispuestas al aprendizaje de la lectura. La versión más radical de esta propuesta es que la lectura es una habilidad innata para los seres humanos. Parece que estas ideas son una extensión del innatismo del lenguaje que propone que las personas adquirimos el lenguaje de forma espontánea, solo con la condición de estar expuestos a su uso en la comunicación. Esto sería debido a que nacemos con capacidades específicas para el aprendizaje del lenguaje.

Quienes defienden el aprendizaje natural de la lectura consideran que el lenguaje escrito es una forma de uso del lenguaje. Así, el aprendizaje de la lectura y la escritura serían una mera continuación de la adquisición del lenguaje oral. También prestan especial atención a casos de aprendizaje precoz de la lectura y la escritura, antes de su enseñanza formal.

La idea de un aprendizaje natural de la lectura resta importancia a la enseñanza explícita de habilidades y conocimientos que fundamenten la lectura, dando prioridad a estrategias como ofrecer entornos ricos en lenguaje escrito (presencia de libros, carteles y otros textos) y en su uso (escuchar relatos leídos en voz alta, realizar anotaciones, identificar palabras, crear mensajes, etc.).

Crítica a la idea del aprendizaje natural de la lectura

Tal como vimos en el segundo capítulo del libro, la lectura y la escritura son sistemas muy complejos, en los que están implicados muchos conocimientos y habilidades, además de creencias y actitudes. Algunos se comienzan a adquirir muy tempranamente, sin necesidad de una enseñanza explícita. Un caso muy claro es el del vocabulario. Este comienza a adquirirse desde la primera infancia y pueden continuar mejorando a lo largo de toda la vida. Aunque cabe la posibilidad de realizar actividades para enseñar vocabulario, buena parte de este se aprende de forma implícita: basta con estar en un entorno en el que se utiliza un lenguaje rico para la comunicación para que niños de una edad muy temprana adquieran un vocabulario considerable.

Sin embargo, entre las habilidades que forman el sistema de la lectura y la escritura, el principio alfabético es impenetrable si no nos enseñan la clave, es decir, las correspondencias entre letras y sonidos. Es improbable que este aprendizaje se desarrolle de forma natural o espontánea. Incluso en el caso de alumnado con altas capacidades, que aprende a leer de forma muy precoz y, aparentemente, sin ayuda, encontraremos que han requerido pistas, informaciones concretas o han preguntado aquello que necesitaban para poder acceder al código.

Segundo mito: ¿la lectura aparece cuando se alcanza la madurez necesaria?

El análisis de este mito presenta un obstáculo notable: que el concepto de "madurez" aplicado al aprendizaje de la lectura y la escritura no es algo definido con precisión y que todo el mundo entienda de una forma similar. Algo común a todas las formas de entender la madurez es que se concibe como un momento óptimo de desarrollo en el que se puede aprender a leer con facilidad.

Es frecuente que se recurra a la madurez como un concepto indefinido, pero que resulta útil para dar explicaciones. En este sentido, la madurez se concibe como aquello de lo que carece el alumnado que tiene dificultades o realiza menos progresos en el aprendizaje de la lectura y la escritura. No aprende de la forma esperada porque no ha alcanzado la madurez suficiente. La forma de percibir esa falta de madurez es el poco progreso en el aprendizaje, volviendo al punto de partida.

Otra forma de entender la madurez es como desarrollo de una serie de procesos cognitivos fundamentales para el aprendizaje de la lectura, a los que se ha llamado "prerrequisitos". Normalmente se han propuesto procesos de percepción visual, de coordinación visomanual y de lateralidad. Esta propuesta la vamos a tratar en el tercer mito sobre el aprendizaje de la lectura, así que no nos detendremos en ella aquí.

💡 ¿Sabías que…?

El concepto de "madurez para la lectura" ha cambiado a lo largo del tiempo

Según la gran investigadora Dolores Durkin (1927-2020), la expresión "reading readiness" comenzó a utilizarse en los años veinte del siglo XX con el sentido de madurez para la lectura. Este concepto fue una derivación de ideas bastante extendidas en la psicología desde el principio del siglo. Las teorías del desarrollo infantil, entendido como el despliegue sucesivo de una serie de etapas que se sucedían por maduración espontánea, el entusiasmo por el uso de test psicométricos y las evaluaciones nacionales del rendimiento escolar en Estados Unidos fueron el caldo de cultivo para la idea de madurez para la lectura.

En aquellos años se encontró que la tasa de repeticiones de curso en 1.º de Educación Primaria superaba considerablemente a la de otros cursos. Esto era producido, muchas veces, por un nivel inadecuado de lectura, de modo que surgió una inquietud por los problemas de l ectura en el primer curso de Primaria.

Las explicaciones podrían haber sido variadas: clases demasiado numerosas, carencia de materiales adecuados, métodos de enseñanza inapropiados, escasez de contacto previo con el lenguaje escrito... Pero, en este contexto, hubo una explicación que triunfó claramente: el primer curso de Educación Primaria no era el momento adecuado para enseñar a leer porque buena parte del alumnado no estaba preparada para ese aprendizaje.

En septiembre de 1928, Mabel Morphett y Carleton Washburne organizaron la evaluación del desarrollo intelectual de 141 alumnos del primer curso de Educación Primaria. En febrero de 1929 se valoró su rendimiento en lectura. Entre quienes obtuvieron una edad mental inferior a 6 años en la prueba de inteligencia nadie mostró un progreso satisfactorio en lectura. El 47 % de quienes obtuvieron una edad mental entre 6 años y 6 años y 5 meses tuvo un progreso satisfactorio. Por encima de esa edad mental, el progreso satisfactorio estuvo entre el 75 y el 80 %. En otras medidas, como el reconocimiento de palabras, también se observaba un punto de inflexión tras superar la edad mental de 6 años y 5 meses.

Basándose en esos datos y en los de un experimento posterior con resultados similares, establecieron que posponer la lectura hasta alcanzar una edad mental de 6 años y medio es una forma de mejorar la eficacia de esta enseñanza.

Aunque poco tiempo después se publicaron otros estudios con resultados que discrepaban con respecto a esta propuesta, la publicación de Morphett y Washburne tuvo mucha más resonancia. Su recomendación era sencilla y fácil de recordar. Además, Carleton Washburne era una persona influyente en el ámbito educativo de Estados Unidos.

Resulta ilustrativo rememorar esto porque muchas personas que actualmente defienden el concepto de madurez para la lectura ignoran hasta qué punto esa idea está relacionada con el uso de test psicométricos. Aunque Morphett y Washburne utilizan como dato de referencia la edad mental del alumnado, lo que utilizaron fueron test de inteligencia y, en cierta forma, sus resultados se pueden interpretar como que el progreso en lectura tiende a ser mayor en el alumnado con mayor capacidad intelectual.

Por otra parte, profundizando en el co ntexto de la época, la sorpresa puede ser grande al descubrir que el concepto de madurez para la lectura surgió de unas ideas sobre el desarrollo con muchas vinculaciones racistas, eugenésicas y deterministas. En el segundo experimento que realizaron Morphett y Washburne manifiestan que era inútil tratar de enseñar a leer a quienes tenían una edad mental inferior a 6 años (a pesar de eso se intentó con algunos, pero no nos cuentan qué sucedió con ellos).

Conocer más

- DURKIN, D. (1970): "Reading readiness". *The Reading Teacher*, 23(6). 528-534.
- MORPHETT, M. V., y WASHBURNE, C. (1931): "When should children begin to read?". *The Elementary School Journal*, 7, 496-503.

Recientemente ha tenido auge otra forma de entender la madurez que la vincula al desarrollo del sistema nervioso central. En esta perspectiva se propone que hasta que no se ha alcanzado suficiente desarrollo de determinadas estructuras o redes cerebrales, el alumnado no está preparado para afrontar el aprendizaje de la lectura. Esta forma de entender la madurez es muy sugerente, ya que existe un extenso cuerpo de investigación sobre las modificaciones neurológicas relacionadas con el aprendizaje de la lectura.

Sin embargo, en la práctica escolar es muy común que las propuestas de este tipo sean muy vagas. No se especifica cuáles son las estructuras o redes que deben madurar o en qué consiste esa maduración. Más bien, se repiten ideas como que "el cerebro no está maduro para el aprendizaje de la lectura hasta los 6 o 7 años de edad". También es posible encontrar propuestas más detalladas, por ejemplo, que la mielinización de las áreas cerebrales responsables de la decodificación se completa hacia los 7 años. La mielinización es la formación de una vaina de una proteína (la mielina) que recubre los axones de las neuronas, facilitando una transmisión más rápida de los impulsos nerviosos.

Las propuestas maduracionistas no suelen negar la importancia de la enseñanza de la lectura, sino que defienden que esa enseñanza no será eficaz mientras que los destinatarios no hayan alcanzado el nivel óptimo de desarrollo o habilidad en los fundamentos de la lectura. Por ese motivo es común que ante dificultades en el aprendizaje inicial de la lectura y la escritura propongan la espera como principal estrategia.

Un fenómeno que contribuye a mantener las ideas maduracionistas son las frecuentes observaciones que realiza el profesorado de cómo una parte considerable del alumnado que aprende a leer más tardíamente o con más dificultades muestra retrasos en otras áreas del desarrollo y, en bastantes ocasiones, un comportamiento más infantil que el resto de la clase.

Como vimos en el capítulo dos, también es innegable el hecho de que, si tomamos como referencia el intervalo de entre los 5 y los 7 años, en el que la mayoría del alumnado se inicia en el aprendizaje de la decodificación, en edades anteriores es más improbable que se produzca ese aprendizaje.

Crítica a las propuestas maduracionistas

Hay propuestas de tipo maduracionista que son circulares: el retraso o la dificultad en el aprendizaje de la lectura se explica por la falta de madurez, y la falta de madurez se deduce del retraso o las dificultades para aprender a leer.

Como hemos expuesto, quienes proponen la importancia de la madurez para la lectura no suelen negar la necesidad de enseñar a leer y escribir. Más bien, proponen que esa enseñanza no será eficaz si no se han desarrollado suficientemente una serie de procesos, estructuras, habilidades o conocimientos. Por tanto, una buena explicación maduracionista debe estar acompañada por un modelo o una teoría acerca de los prerrequisitos de la lectura.

Con una propuesta así también podemos hacer predicciones sobre quién podrá o no aprender a leer con facilidad. Es un hecho que se han encontrado distintos predictores del aprendizaje de la lectura que, en muestras grandes, se relacionan de forma significativa con el rendimiento posterior en lectura. El próximo capítulo muestra los avances en ese campo. Sin embargo, hasta el momento, estos predictores o distintas combinaciones de ellos no han dado un resultado práctico satisfactorio a la hora de identificar cuándo una persona concreta está preparada para aprender a leer. De hecho, los predictores más solventes son los más similares o cercanos a la habilidad de lectura: el conocimiento de las letras, la conciencia fonológica o la velocidad de denominación de letras o números.

Las propuestas que vinculan la madurez con el desarrollo neurológico tienen una apariencia mucho más verosímil al parecer respaldadas por estudios científicos. Sin embargo, la investigación neurocientífica sobre la adquisición de la lectura parece estar aún lejos de ofrecer un panorama claro que vincule hitos en el desarrollo cerebral con avances o fases en el aprendizaje de la habilidad lectora.

Uno de los hallazgos más interesantes es la identificación, con distintas técnicas de estudio, de un área cerebral especializada en el reconocimiento visual de letras y agrupaciones de letras. Se trata del "área visual de la forma de las palabras" o VWFA[4], por sus siglas en inglés.

Stanislas Dehaene es un neurocientífico que ha investigado las bases neuronales de la decodificación. Además, ha publicado varios libros divulgativos sobre aprendizaje, lectura, matemáticas y conciencia, algunos de estos han sido traducidos al español y ha tenido numerosas apariciones en medios de comunicación. Esta combinación de logros y difusión lo ha convertido, probablemente, en el investigador de neurociencia de la lectura más conocido en los países de habla hispana.

Varios de los estudios de Dehaene se han centrado en el área visual de la forma de las palabras. Considera que su desarrollo resulta de la práctica de la lectura: cuando se muestran palabras a alumnado prelector o personas adultas analfabetas, no se encuentra activación en esa zona de la corteza cerebral. En cambio, tras el comienzo de la enseñanza de la lectura sí que aparece esa activación.

La región de la corteza cerebral donde se desarrolla el área visual de la forma de las palabras tiene funciones de reconocimiento de caras y objetos, y Dehaene propone que se produce un reciclaje neuronal: el aprendizaje de la lectura hace que se reutilice un sistema que ya existe en el cerebro.

Si se piensa detenidamente, es asombroso que esta parte del cerebro sea la que se hace cargo de la lectura en distintas personas, de distintas edades, con distintos idiomas y que, incluso, utilizan distintas formas de leer, incluyendo sistemas de escritura no alfabéticos. Una razón fácil de intuir es que la función que se da a esa zona (reconocer letras y palabras) no es muy diferente de su función habitual (reconocer caras y objetos). Otra razón puede ser que el posible desarrollo de un área encargada de la decodificación en el cerebro esté restringido por sus conexiones con otras áreas. De poco nos sirve reconocer secuencias de letras si no podemos asociarlas con los sonidos del habla y los significados que representan.

Se ha encontrado una relación entre el progreso en lectura en el primer año de aprendizaje y la eficiencia de algunas conexiones cerebrales. El alumnado que más mejora en el número de palabras por minuto leídas durante el primer año de aprendizaje tiende a mostrar mayor reducción en la difusividad radial en las conexiones entre el área visual de la forma de las palabras y el lóbulo parietal inferior izquierdo. Bueno, parece que esto se complica. No somos la gente más adecuada para explicar a nadie qué es una reducción en la difusividad radial, pero para entender algo, nos puede ser útil saber que esa reducción se suele interpretar como producto de la mielinización o la reorganización en la materia blanca del cerebro, es decir, en las conexiones que se establecen entre distintas áreas cerebrales. Al tratarse de una relación, podemos pensar que el aprendizaje de la lectura se basa en cambios en las estructuras

---

[4] El área visual de la forma de las palabras se encuentra en el giro fusiforme de la corteza occipitotemporal del hemisferio izquierdo del cerebro.

cerebrales dedicadas a la lectura, algo que confirmaría la necesidad de una madurez neurológica. Pero también son posibles otras interpretaciones, por ejemplo, que es el aprendizaje de la lectura el que induce esos cambios en las conexiones cerebrales.

Por ejemplo, en una revisión sobre las bases neuronales del aprendizaje de la lectura, publicada en 2018 por Stanislas Dehaene, Régine Kolinsky, José Morais y Laurent Cohen, se propone que el aprendizaje de la lectura y la escritura modifica los sistemas cerebrales de tratamiento del lenguaje y de la información visual; "los transforma profundamente", llegan a decir los autores.

Aparentemente, el conjunto de estudios que relacionan el aprendizaje de la lectura con diferencias anatómicas en el cerebro no permite en estos momentos hacer afirmaciones seguras sobre si la enseñanza de la lectura propicia esos cambios o si se trata de una actividad ineficaz hasta que se consigue un determinado nivel de desarrollo de los sistemas cerebrales implicados.

Bastantes de las investigaciones realizadas se han centrado en alumnado en riesgo de dislexia. Son pocas las que han evaluado las modificaciones producidas en prelectores y su planteamiento ha sido el de observar qué cambios se producen durante el aprendizaje de la lectura y relacionarlos con el nivel de lectura alcanzado, más que comparar las modificaciones que se producen al enseñar a leer a distintas edades o contrastar qué sucede en grupos de personas de la misma edad a los que se enseña o no se enseña a leer.

Katarzyna Chyl, Gorka Fraga, Silvia Brem y Katarzyna Jednoróg publicaron en 2021 una revisión de estudios longitudinales sobre el desarrollo de la lectura. Este tipo de investigaciones trata de seguir la evolución de las estructuras cerebrales durante el aprendizaje y la consolidación de la habilidad lectora. Aparentemente, un trabajo de este tipo nos podría dar claves sobre la relación de la lectura con la maduración cerebral y sobre el momento óptimo para iniciar la enseñanza de la lectura.

Desafortunadamente, como sucede muchas veces en el campo de la investigación educativa, no hay respuestas claras. Se trata de siete investigaciones, publicadas entre 2012 y 2019. En ellas se ofrecen resultados de, en total, 271 niños y niñas. El estudio con menos participantes tuvo 10, y el más numeroso, 78. Estos participantes tenían entre 1 y 15 años de edad. No obstante, solo en tres de los estudios parece claro que participaron menores de 6 años o alumnado que aún no había comenzado la Educación Primaria, y solo en una investigación parecen haber participado menores de 5 años.

Dos de estos estudios se centraron en los cambios en la corteza cerebral. La técnica utilizada fue la resonancia magnética, para medir modificaciones en el volumen de las áreas estudiadas. En el resto de la investigación se valoraron los cambios que se producen en las conexiones entre áreas cerebrales implicadas en el aprendizaje de la lectura. La técnica empleada fue también la resonancia magnética, más concretamente la tractografía por tensor de difusión, una medida que refleja la densidad de las fibras que conectan distintas áreas de la corteza cerebral y su mielinización.

En las conclusiones de esta revisión se indica que los resultados sugieren que el desarrollo de la lectura produce una mayor integridad estructural y especialización funcional de las áreas del lenguaje del hemisferio cerebral izquierdo. Pero los estudios longitudinales de neuroimagen sobre lectura son escasos y con muestras pequeñas, lo que plantea dudas sobre la fiabilidad de los resultados.

Independientemente de que los resultados sean más o menos dudosos, el tipo de investigaciones realizadas permite establecer relaciones entre mejoras en la habilidad lectora y modificaciones en distintas áreas cerebrales o conexiones, pero, nuevamente, no nos aclara si las mejoras en lectura se deben a las modificaciones en las estructuras cerebrales o, como sugiere alguna de las investigaciones, estas modificaciones son producidas por el aprendizaje de la lectura.

Conocer más

- DEHAENE, S.; COHEN, L.; MORAIS, J., y KOLINSKY, R. (2015): "Illiterate to literate: behavioural and cerebral changes induced by reading acquisition". *Nature Reviews. Neuroscience*, 16(4), 234-244.
- CHIL, K.; FRAGA-GONZÁLEZ, G.; BREM, S., y JEDNORÓG, K. (2021): "Brain dynamics of (a)typical reading development—a review of longitudinal studies". *NPJ Science of Learning*, 6, 4.

Tercer mito: ¿las habilidades visomotoras y la lateralización son el fundamento para el aprendizaje de la lectura y la escritura?

La idea de que la habilidad lectora depende de la lateralización y del desarrollo de habilidades perceptivomotrices ha tenido un notable éxito en el ámbito educativo. Algunas de las razones de este éxito pueden ser:

- Lo verosímil que resulta que la lectura dependa de habilidades perceptivas visuales, ya que la mayor parte de las personas leemos mediante la vista.
- Que estas ideas fueron promovidas por pioneros en el estudio de la lectura reconocidos y respetados en círculos científicos y académicos.
- La existencia de datos que relacionan la habilidad lectora con el nivel en habilidades perceptivomotrices o visomanuales.

Las hipótesis perceptivomotrices sobre el aprendizaje de la lectura tienen un origen científico. A finales del siglo XIX llamó la atención de algunos investigadores el hecho de que hubiera gente que, sin tener dificultades visuales, mostraba muchos problemas con la lectura. A este fenómeno se le llamó "ceguera para las palabras", aunque posteriormente recibió el nombre de "dislexia", que se hizo más popular.

Entre los pioneros del estudio de la dislexia destaca Samuel Orton (1879-1948), un médico estadounidense que ofreció una teoría sobre el origen de la dislexia. Esta estaría originada por una falta de dominancia lateral en el cerebro. En 1925 propuso sustituir la expresión "ceguera para las palabras" por "estrefosimbolia". La raíz griega "strepho" puede tener el significado de "girar" o "voltear". Lo característico de la dislexia no sería el no percibir las palabras, sino ver estas o sus letras al revés, esta característica sigue vigente en el imaginario popular actual.

Orton formó la teoría de que las representaciones de las letras eran diferentes en los dos hemisferios cerebrales. En el hemisferio izquierdo se representan las letras tal como las conocemos y en el hemisferio derecho las letras se representan reflejadas, con una simetría de izquierda a derecha. Si no hay un hemisferio que sea claramente dominante, se pueden producir interferencias entre uno y otro, dificultando la lectura.

La teoría de Orton condujo a la idea de que no estamos preparados para aprender a leer hasta que no se ha establecido una clara dominancia lateral, y que las personas con lateralidad cruzada o indefinida están en riesgo de tener dificultades con la lectura.

El método de intervención que se desarrolló a partir de estas propuestas, conocido como método de Orton-Gillingham[5], se sigue utilizando en la actualidad y se suele presentar como "enfoque multisensorial", publicado por primera vez en 1936. Este método no utiliza la palabra "multisensorial", pero sí que propone que en la enseñanza se tenga en cuenta lo visual, lo auditivo y lo cinestésico. Esto se concreta en la memorización de los patrones motores para el trazado de las letras problemáticas, sin seguir una guía visual.

Por tanto, podemos identificar a Samuel Orton como el origen de las ideas sobre la supuesta importancia de la lateralización para el aprendizaje de la lectura, pero no parece fácil encontrar una figura concreta que originase la idea de la importancia de la integración perceptivomotora.

Lauretta Bender (1897-1987) tuvo mucho conocimiento de los trabajos de Orton, ya que colaboró con él durante un tiempo. En su teoría sobre las dificultades de aprendizaje de la lectura sintetizaba ideas de la psicología de la Gestalt, el psicoanálisis y propuestas de Paul Schilder, que fue su marido: sus estudios sobre la imagen corporal, la egopsicología (una derivación del psicoanálisis) y el estudio de los reflejos posturales, más conocidos actualmente como reflejos primitivos.

Bender propuso que las dificultades en el aprendizaje de la lectura se debían a un retraso en el desarrollo o inmadurez que podía ser detectado en la etapa de Educación Infantil. Esta inmadurez afectaría a la dominancia lateral y a la orientación espacial.

---

[5] Aunque se ha popularizado este nombre, sus autoras fueron Anne Gillingham y Bessie Stillman.

Crítica a las propuestas perceptivomotrices

A partir de los años sesenta del siglo xx comienza un cambio de paradigma en la forma de comprender la lectura, en el que distintas líneas de investigación van convergiendo en la idea de que la lectura es, fundamentalmente, un fenómeno lingüístico y que las dificultades en su aprendizaje, una vez descartados los problemas severos de visión o audición, responden a dificultades en la codificación verbal. Aunque han sido muchas las personas y equipos que han contribuido a este cambio, una figura destacable es Frank Vellutino, profesor de la Universidad del Estado de Nueva York, que realizó varias investigaciones en las que encontró que lectores con y sin dificultades mostraban habilidades visuales o de orientación similares, siempre que no hubiera un componente verbal, como nombrar las letras o palabras que se les presentaban.

En el próximo capítulo presentaremos algunos datos recogidos por el National Early Literacy Panel. Este grupo de expertos se formó en 2002 con el objetivo de sintetizar la investigación científica sobre alfabetización inicial. El informe que publicó en 2008 muestra cómo las habilidades visomotoras, la memoria visual o la percepción visual tienen una pequeña correlación, estadísticamente significativa, con la precisión y con la comprensión lectora. Sin embargo, existen otras variables que se relacionan con la lectura en mayor medida. Por ejemplo, en este informe, la aritmética (conocimiento de los números y habilidad para realizar operaciones de cálculo) tiene una correlación con la lectura y la comprensión mayor que la de las habilidades visuales o visomotoras.

Factores como la conciencia fonológica, los conocimientos sobre el lenguaje escrito, especialmente el conocimiento de las letras o la velocidad de denominación, especialmente la de letras y dígitos, muestran una relación mucho más consistente con el aprendizaje de la lectura que las habilidades visuales o visomotoras, y la investigación posterior ha reforzado esa idea.

En un reciente metaanálisis publicado en 2017 por Marta Ferrero, Gillian West y Miguel Vadillo se sintetizan datos sobre la relación entre lateralidad cruzada y rendimiento académico o inteligencia. La lateralidad cruzada se entiende como la preferencia por el uso de dos partes distintas del cuerpo contralaterales, por ejemplo, mano izquierda y ojo derecho o mano derecha y pie izquierdo.

Entre las medidas de rendimiento académico de los estudios localizados, una buena parte se referían a lectura, de modo que este es un trabajo reciente interesante en este apartado. La síntesis de los datos indica que la relación entre lateralidad cruzada y nivel de lectura es de casi 0, exactamente, -0,03, es decir, no se aprecia que haya relación entre tener lateralidad cruzada o no y el nivel de lectura.

Respecto a la eficacia que puede tener el entrenamiento de habilidades perceptivomotrices o de la lateralización en el rendimiento en lectura, hemos participado en algunos trabajos que revisaban la investigación sobre el tema sin encontrar evidencias de su utilidad.

Conocer más

- FERRERO, M.; WEST, G., y VADILLO, M. A. (2017): "Is crossed laterality associated with academic achievement and intelligence? A systematic review and meta-analysis". *PloS ONE*, 12(8), e0183618.

Respecto a nuestras contribuciones a este tema, la fuente principal es:

- RIPOLL, J. C., y AGUADO, G. (2016): "Eficacia de las intervenciones para el tratamiento de la dislexia: una revisión". *Revista de Logopedia, Foniatría y Audiología*, 36, 85-100.

Posteriormente revisamos nuevos trabajos publicados a partir de 2016, encontrando escasas novedades. Esto se puede encontrar en el capítulo quince de este libro:

- RIPOLL, J. C., y TAPIA, M. M. (2023): *20 problemas comunes del alumnado con dislexia. Cómo actuar ante ellos de una forma sensata y justificada.* Giunti Psychometrics.

Cuarto mito: ¿es más importante la anticipación de las palabras a partir del contexto que su lectura por la conversión de grafemas en fonemas?

Recordemos que, según la encuesta presentada al comienzo del capítulo, algo más del 20 % del profesorado de Educación Primaria y el 30 % del profesorado de Educación Infantil consultado consideraba que descubrir o reconocer palabras en el contexto es algo que debería entrenarse más que el reconocimiento de las letras que forman esas palabras.

Aunque nos pueda resultar poco conocida, Marie Clay (1926-2007) ha sido una persona muy importante en el campo de la enseñanza de la lectura. Su tesis doctoral, defendida en 1966, dio relevancia al concepto de "lectura emergente", es decir, los conocimientos y habilidades relacionados con el lenguaje escrito que muestran los niños y las niñas a los que aún no se les ha comenzado a enseñar la decodificación.

Además, Marie Clay es la creadora de "Reading recovery", un método de intervención para alumnado del primer curso de Educación Primaria con dificultades de aprendizaje de la lectura relativamente popular en países de habla inglesa. Clay propone desarrollar la habilidad para buscar pistas: gráficas, sintácticas y semánticas. Esta idea parece ser el antecedente de las pistas MSV que, en la enseñanza de la lectura en inglés, se refieren a las pistas que da el significado (*Meaning*), la estructura sintáctica de la oración (*Structure*) y las letras y palabras (*Visual*).

Por otra parte, en 1967, Kenneth Goodman publicó un artículo con un título que podríamos traducir como "Leer: un juego psicolingüístico de adivinanzas". Goodman planteaba que la adivinación no es una ayuda para la lectura, sino la forma como leemos.

Esto sucedió varios años antes de que Emilia Ferreiro y Ana Teberosky publicaran *Los sistemas de escritura en el desarrollo del niño* (1979), libro que ha difundido este concepto en el ámbito hispanohablante. En esta obra, reeditada 20 veces, las autoras proponen la adivinación, a la que llaman anticipación o predicción, como una opción pedagógica en enseñanza de la lectura. Habría dos tipos de predicciones: las léxico-semánticas, que permiten anticipar el significado, y las sintácticas, que permiten anticipar la categoría sintáctica de la palabra.

Estas propuestas de lectura por adivinación, anticipación o predicción suelen ser habituales en los enfoques constructivistas de enseñanza de la lectura y conviene recordar que el currículo español tiene bastante influencia del constructivismo, especialmente el currículo de Educación Infantil.

Conocer más

A continuación, vemos la referencia a tres propuestas en las que se recomienda enseñar la lectura por adivinación.
- CLAY, M. M. (1994): *Reading recovery. A guidebook for teachers in training.* Heinemann.
- FERREIRO, E., y TEBEROSKY, A. (1979): *Los sistemas de escritura en el desarrollo del niño.* Siglo XXI Editores.
- GOODMAN, K. S. (1967): "Reading: A psycholinguistic guessing game". *Journal of the Reading Specialist*, 6(4), 126-135.

Crítica a la lectura por adivinación

Es indudable que en la lectura utilizamos de forma habitual mecanismos de adivinación o anticipación que facilitan la decodificación. Sin embargo, una lectura hábil no está dirigida por la adivinación y no es buena idea dar prioridad a estos procesos, especialmente durante la alfabetización inicial.

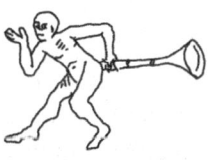

Residió en esta placeta
un tal señor Angulo,
quien tocaba la trompeta
soplándola con el cuello.

A no ser que hayas leído con bastante despiste, creemos que no te habrás equivocado al leer la última palabra de esta retahíla. Sin embargo, la ilustración, la rima, la estructura sintáctica, incluso las primeras letras de esa última palabra hacían pensar en otro término diferente. Probablemente te has dado cuenta de que era algo intencional porque has anticipado esa otra palabra que no es la que pone, incluso te has dado cuenta de que la palabra que está escrita nos lleva a un absurdo, ya que difícilmente podría el señor Angulo soplar por el cuello.

Parece que las personas hábiles leyendo tienden a procesar todas las letras de las palabras, incluso cuando reconocen las palabras "de un vistazo". Eso se corresponde con la ruta directa o léxica que hemos descrito en el capítulo uno. Pero es importante recordar que el reconocimiento de una palabra comienza a producirse cuando ha sido leída varias veces por el sistema de conversión de grafemas a fonemas. Las personas adultas con buena habilidad lectora leemos con más agilidad las palabras más familiares y predecibles o coherentes con el contexto. También nos cuesta detectar problemas en el texto, como que una palabra funcional esté repetida.

Pero los estudios sobre reconocimiento de palabras indican que suelen ser las personas con menor nivel en decodificación quienes más se basan en el contexto para anticipar o adivinar las palabras que están leyendo, y que la práctica y el desarrollo de la habilidad lectora reducen la influencia del contexto.

Se han hecho muchas críticas a los sistemas de pistas MSV o de las tres pistas. Estas críticas suelen aludir a la imprecisión de estas adivinaciones, a que llegan a consumir más tiempo que la decodificación de las palabras o a los mejores resultados de las propuestas basadas en el conocimiento de las relaciones entre letras y sonidos. Sin embargo, no es nada fácil encontrar evidencias fuertes en contra (ni tampoco a favor) de los sistemas de pistas de lectura, es decir, investigaciones de calidad en las que se compare directamente esta forma de trabajo de la lectura con alternativas basadas en la decodificación de las palabras.

Subiendo de nivel

La argumentación con datos empíricos acerca de la validez de los mitos sobre el aprendizaje de la lectura que hemos expuesto podría ocupar varios libros, así que nos vamos a limitar a ofrecer un pequeño ejemplo sobre un tema que puede tener relación con varios de estos mitos y que resulta familiar entre quienes trabajan en la enseñanza inicial de la lectoescritura: encontrarse con lectores precoces, es decir, alumnado que ya sabe leer antes del inicio de la enseñanza formal de la lectura.

¿Cómo explicar la existencia de lectores precoces?

Esta precocidad, sobre todo cuando se da a edades muy tempranas, cuestiona la idea de que se requiere una enseñanza explícita para el aprendizaje de la lectura. Al mismo tiempo, hace pensar en un aprendizaje natural, ya que los lectores precoces parecen adquirir esta habilidad de forma espontánea y fácil. Desafortunadamente, este grupo no ha recibido mucha atención por parte de la investigación y, cuando la ha habido, no se ha centrado en la pregunta que más nos interesa aquí: ¿necesitan algún tipo de enseñanza, aunque sea informal?

En 2006, Lynn Olson, James Evans y Wade Keckler publicaron la única revisión que conocemos de la investigación sobre este tema. El primer dato que presentan es que los lectores precoces son, aproximadamente, el 1 % del alumnado. Dicho de otra forma, el 99 % del alumnado no aprende a leer hasta que se le enseña en la escuela y hay un 1 % que ha aprendido antes y de otras formas. No obstante, creemos que este dato debe ser considerado con mucha precaución: está tomado a partir de solo dos investigaciones, publicadas en 1966 y 1976.

Una característica importante de estos lectores precoces es que no han recibido enseñanza formal sobre las relaciones entre grafemas y fonemas o sobre cómo decodificar lo escrito, sin embargo, los autores de la revisión dedican una página (la 207) a indicar que eso no significa que hayan aprendido a leer sin enseñanza:

> La mayor parte de los investigadores categorizan la enseñanza como formal si ha ocurrido en un entorno escolar estructurado, pero reconocen que, de forma mayoritaria, los lectores tempranos de sus investigaciones recibían algún tipo de enseñanza informal de sus padres, cuidadores o hermanos. El examen de la investigación anterior identificó una amplia variedad de medios informales utilizados para facilitar la lectura entre los evaluados.

> Algunas formas de enseñanza se describieron como "espontáneas, intuitivas y no planificadas". En general, este tipo de ayuda tendía a ser más adaptada y menos directa que la enseñanza formal, y las descripciones indicaban que los niños aparentemente aprendían a leer por su habilidad para realizar las preguntas oportunas, más que por que se les enseñase directamente.

> Otras maneras informales de ayuda han estado más estructuradas y consisten en kits de lectura, cuadernos de prelectura, asociación de letras y sonidos, diccionarios gráficos, juegos del alfabeto, tarjetas y enseñanza de los sonidos de las letras.

> Lo que parecía ser común en los hallazgos de la investigación, con la excepción de un estudio, fue que la ayuda proporcionada por padres, hermanos y cuidadores generalmente fue iniciada por la demostración de habilidades lectoras del niño, más que por el deseo de los ayudantes de iniciar el desarrollo de habilidades de lectura.

> Sin embargo, debería destacarse que es posible que se les proporcionase más enseñanza formal de la lectura. La mayor parte de la información fue recogida a través de entrevistas con los padres y ninguno de los estudios mencionados se preguntó a los niños cómo habían aprendido a leer. Es probable que las informaciones, retrospectivas y subjetivas, proporcionadas por los padres, no proporcionen una explicación precisa de cómo aprendió realmente el niño a leer.

No olvides

☐ Hay ideas sobre la lectura y su aprendizaje bastante comunes entre el profesorado, pero que no se pueden considerar mitos; por ejemplo, que la lectura es un aprendizaje natural, que se desarrolla cuando se alcanza la madurez necesaria, que se fundamenta en habilidades visomotoras y de lateralización, y que la enseñanza de la anticipación de palabras a partir del contexto es más importante que la enseñanza de las reglas de conversión entre grafemas y fonemas.

☐ Normalmente, estos mitos se corresponden con alguna teoría o idea sobre la lectura que ha sido desestimada por la ciencia, pero que pervive en la cultura popular.

☐ Aceptar acríticamente estos mitos puede llevar a tomar decisiones inconvenientes con respecto a la enseñanza de la lectura.

Soluciones al cuestionario

1. Los niños/as aprenden a leer de manera natural y espontánea. V Ⓕ

2. Los niños/as deben aprender a leer reconociendo palabras directamente. V Ⓕ

3. La dislexia es un trastorno visual. V Ⓕ

4. Podemos aprender a leer textos a gran velocidad sin afectar a la comprensión. V Ⓕ

5. Las habilidades visomotoras y la lateralización son clave para aprender a leer. V Ⓕ

6. La lectura aparece cuando se alcanza la madurez necesaria. V Ⓕ

Parte II

Los predictores del aprendizaje de la lectoescritura

Capítulo cuatro

Predictores de la lectura y la escritura

El interés por la lectura y la escritura suele ser anterior a su aprendizaje formal. Es común encontrar a niños y niñas pequeños paseando por la calle y preguntando qué pone en los carteles que ven, o verlos "leer" el nombre de un refresco, una hamburguesería o una marca de ropa. Es decir, antes de la enseñanza formal de la decodificación, la mayoría de los niños y las niñas ya han desarrollado ideas acerca del lenguaje escrito, sus funciones y sus reglas, y probablemente han realizado intentos de leer y escribir basados en esas ideas. Esto se conoce como alfabetización emergente.

La mayor parte del alumnado aprenderá a leer y escribir en un tiempo relativamente breve con facilidad, hay quien tardará más en dominar el código del lenguaje escrito y, en algunos casos, encontraremos grandes dificultades para realizar estos aprendizajes. Quienes trabajamos o tenemos interés en la educación inicial nos preguntamos desde hace mucho tiempo si es posible anticipar quiénes van a tener más facilidad o dificultades o quiénes van a alcanzar mayor o menor nivel en el aprendizaje de la lectoescritura y en qué tendríamos que fijarnos para hacer esas predicciones.

¿Por qué es importante profundizar en esto?

En primer lugar, hay un problema terminológico, ya que tenemos tres términos: "predictor", "precursor" y "prerrequisito", con un significado impreciso que algunos autores utilizan como sinónimos y otros tratan de diferenciar.

Otra dificultad es que, en contra de lo que pudiera parecer, hay muchos predictores del aprendizaje de la lectura. Si consideramos como predictor una variable que se correlaciona significativamente con el nivel futuro de lectura (a mayor nivel en el predictor, mayor nivel de lectura), encontraremos numerosos predictores y, seguramente, habrá muchos más que nunca han sido investigados. No creemos que esto se haya valorado nunca, pero en una muestra muy grande probablemente se encontrará una relación entre el número de enchufes en la vivienda familiar y el nivel de lectura. ¿Por qué? Porque suele haber más enchufes en las viviendas grandes que en las pequeñas y en las modernas que en las antiguas, y esos datos se relacionan con el nivel socioeconómico de la familia, que ya sabemos que está relacionado con el rendimiento en lectura.

Este ejemplo ilustra una tercera dificultad: algunos especialistas procuran tratar con mucha discreción las relaciones entre variables porque saben que es muy común la falacia de causalidad, es decir, pensar que si hay relación entre dos variables es porque una es la causa de la otra. En el ejemplo de los enchufes, esto nos llevaría a instalar más enchufes en las casas para mejorar la lectura. Seguramente nos parece absurdo relacionar las tomas eléctricas con la lectura, pero ¿alguien ha oído hablar de la importancia del gateo para el desarrollo de la lectoescritura? La fundamentación de esa propuesta no es mayor que la de instalar enchufes.

Finalmente, la lectura es una habilidad muy compleja. Es muy común separar sus componentes en dos grandes grupos: los que tienen que ver con la habilidad de transformar los signos gráficos en información verbal (decodificación, lectura mecánica o lectura básica) y los relacionados con la comprensión (competencia lectora o comprensión lectora). Los predictores de esos grupos no tienen por qué coincidir, aunque en ocasiones lo hacen. Esto lo desarrollaremos más adelante.

¿Cuáles son los principales predictores del aprendizaje de la lectura y la escritura?

En el año 2008, la profesora de la Universidad Católica de Valencia Pilar Sellés defendió su tesis doctoral sobre evaluación de habilidades relacionadas con el desarrollo inicial de la lectura, que fue el germen de una prueba de evaluación: la "Batería de inicio a la lectura para niños de 3 a 6 años (BIL 3-6)". Aunque no ofrece una definición precisa, Sellés presenta los predictores o precursores de la lectura como aquellas habilidades, características o circunstancias que se relacionan con el desarrollo lector. Estas son algunas de las características de los predictores de la lectura:

- Se pueden observar o medir.
- Se relacionan directamente con el aprendizaje y dominio de la lectura. La fuerza de esta relación, es decir, el valor de las medidas estadísticas de correlación es relativamente alto. Es común que se encuentren en el repertorio de los "buenos lectores".

- Pueden ser de distintos tipos: neuropsicológicos, intelectuales, lingüísticos, socioambientales o emocionales. Algunos pueden tener un carácter intrínseco, pero, normalmente, las habilidades predictoras se conforman con la estimulación recibida del contexto en el que nuestro alumnado se desarrolla.

Los predictores se asocian a mejores condiciones para conseguir un buen rendimiento lector. Por ejemplo, a un niño le resultará más fácil aprender a leer si es capaz de segmentar en sílabas una palabra, pero "tener las condiciones" propicias para aprender a leer no significa "tener éxito" en la lectura. Por otra parte, un déficit en un predictor no implica que vayamos a encontrar, inevitablemente, problemas de lectura.

Como hemos dicho al inicio del capítulo, existe un lío terminológico en este tema, por eso aquí hablaremos de habilidades precursoras o predictores de la lectura, pero no de prerrequisitos. Es decir, el desarrollo y dominio de las habilidades predictoras que describiremos a continuación facilitan la adquisición de la lectura. En cambio, el bajo nivel o los problemas en estas habilidades no significan que alguien no pueda aprender a leer.

Además, varios de los predictores de la lectura pueden estimularse mediante las actividades adecuadas, algo especialmente interesante para el alumnado con mayor riesgo de presentar dificultades lectoras. Esta estimulación temprana es más beneficiosa que, simplemente, esperar a que las estructuras cerebrales maduren sin realizar ningún tipo de actividad. No olvidemos que hay personas con grandes dificultades visuales, auditivas, intelectuales o de atención que aprenden a leer. Los problemas en una habilidad determinada pueden ser compensados adaptando la enseñanza de la lectura a las capacidades del alumnado y utilizando, si se precisan, vías alternativas para acceder al código escrito.

Antes de presentar los principales predictores de la lectura, recordemos que en esta podemos distinguir dos grandes dimensiones: la decodificación y la comprensión o, como se les llamaba hace bastantes años: lectura mecánica y lectura comprensiva. Pues bien, aunque la lectura hábil o competente necesite de la confluencia de ambas, los predictores de una y otra dimensión pueden ser diferentes. Podemos encontrar esto representado en la siguiente imagen del "modelo de la cuerda", publicado en 2001 por Hollis Scarborough.

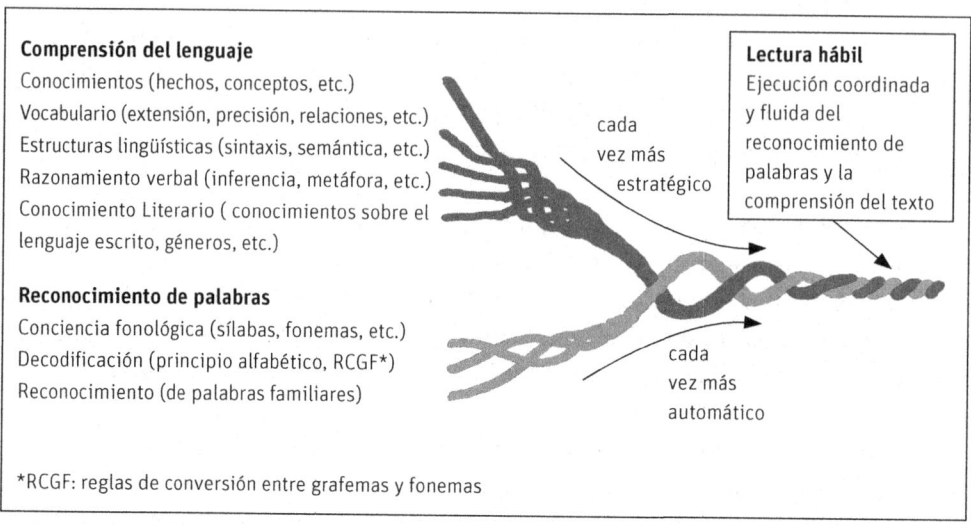

Comprensión del lenguaje
Conocimientos (hechos, conceptos, etc.)
Vocabulario (extensión, precisión, relaciones, etc.)
Estructuras lingüísticas (sintaxis, semántica, etc.)
Razonamiento verbal (inferencia, metáfora, etc.)
Conocimiento Literario (conocimientos sobre el
lenguaje escrito, géneros, etc.)

Reconocimiento de palabras
Conciencia fonológica (sílabas, fonemas, etc.)
Decodificación (principio alfabético, RCGF*)
Reconocimiento (de palabras familiares)

cada
vez más
estratégico

Lectura hábil
Ejecución coordinada
y fluida del
reconocimiento de
palabras y la
comprensión del texto

cada
vez más
automático

*RCGF: reglas de conversión entre grafemas y fonemas

Los precursores más estudiados y relacionados con un mejor aprendizaje de la lectura han sido la conciencia fonológica y el conocimiento de las letras. Es muy habitual encontrarlos como contenidos en los currículos o programas de enseñanza inicial de la lectoescritura, especialmente si tienen un enfoque sintético-fonológico (en el capítulo ocho intentaremos aclarar en qué consiste este enfoque).

Más recientemente, se ha encontrado que la velocidad de denominación (nombrar rápidamente dígitos, letras, colores u objetos familiares) correlaciona con un mejor aprendizaje lector. Por tanto, aunque hemos dicho que puede haber muchos precursores del aprendizaje de la lectura, aquí tenemos los tres que actualmente se consideran los principales predictores de la decodificación: conciencia fonológica, conocimiento de las letras y velocidad de denominación.

A modo de orientación, la siguiente tabla muestra el grado de relación entre distintas habilidades precursoras de la lectoescritura en Educación Infantil y el nivel alcanzado en las dimensiones de decodificación, comprensión lectora y escritura. Esta información se ha obtenido del informe del National Early Literacy Panel (NELP), que fue publicado en 2008. Este informe recoge las aportaciones de un grupo de nueve especialistas que revisaron la investigación sobre el aprendizaje de la lectura hasta los 5 años de edad.

Predictores del aprendizaje de la lectura y la escritura según el NELP			
	Relación fuerte	Relación moderada	Relación débil o ausencia de relación
Decodificación	Conocimiento alfabético	Denominación rápida de dígitos, letras, colores y objetos Conciencia fonológica Conceptos sobre el lenguaje escrito Lenguaje oral Escritura del nombre	Conciencia de lo escrito Percepción visual Memoria fonológica a corto plazo
Comprensión lectora	Conceptos sobre el lenguaje escrito	Denominación rápida de dígitos, letras, colores y objetos Conciencia fonológica Conocimiento alfabético Lenguaje oral Escritura del nombre Memoria fonológica Conciencia de lo escrito	Percepción visual
Escritura	Conocimiento alfabético	Denominación rápida de colores y objetos Conciencia fonológica Conceptos sobre el lenguaje escrito Escritura del nombre Lenguaje oral Memoria fonológica Percepción visual	

Según hemos anticipado, en esta tabla no se encuentran todos los posibles predictores de la lectura y la escritura. Los que se han incluido son aquellos de los que, en aquel momento, se encontró suficiente investigación que mostraba que el nivel que se encuentra en ellos cuando se evalúan antes de los 6 años de edad tiene relación con el rendimiento futuro en pruebas de lectura o escritura. Aunque estos datos se obtuvieron hace bastantes años, la investigación realizada posteriormente suele ofrecer resultados similares.

Algunas de las denominaciones que utiliza el National Early Literacy Panel nos pueden resultar confusas o poco familiares, así que vamos a ver cómo explican los distintos precursores:

- Conciencia fonológica: en este documento, se refiere a la habilidad para manipular, detectar o analizar los sonidos del habla, con independencia de su significado. El informe indica que esto incluye la habilidad para distinguir y segmentar fonemas, sílabas y palabras (más adelante veremos que hay especialistas que indican que la conciencia fonológica solo abarca unidades de sonido más pequeñas que la palabra).
- Conocimiento alfabético: conocimiento sobre las letras y sus propiedades, especialmente sus nombres y los fonemas o sonidos que representan. No hay que confundir este concepto con el conocimiento del abecedario.

- Conceptos sobre el lenguaje escrito: conocimientos acerca de las convenciones del lenguaje escrito, por ejemplo, saber que se escribe de izquierda a derecha, que los libros tienen un autor, una portada, etc. El NELP también utiliza la denominación "conocimiento o conciencia de lo escrito" para referirse a pruebas mixtas en las que se combinan la evaluación de los conceptos sobre lenguaje escrito, conocimiento alfabético y habilidades rudimentarias de decodificación (reconocer letras y sus fonemas y tratar de decodificarlas).
- Lenguaje oral: habilidad para comprender y producir el habla, incluyendo el vocabulario y la gramática.
- Percepción visual: habilidad para emparejar o distinguir símbolos visuales.
- Memoria fonológica: el informe especifica que se refiere a la memoria fonológica de corto plazo o habilidad para recordar la información oral durante un periodo de tiempo breve, por ejemplo, cuando se pide repetir oraciones o palabras inventadas.
- Velocidad de denominación: habilidad para nombrar de forma rápida dígitos, letras, colores u objetos familiares. Normalmente se evalúa con láminas en las que estos elementos están dispuestos en un orden aleatorio.

Como docentes nos interesa especialmente conocer cómo trabajar y mejorar los predictores del aprendizaje de la decodificación, la comprensión y la escritura. A continuación, vamos a detenernos en los cuatro que antes hemos señalado como principales predictores de la decodificación: conciencia fonológica, conocimiento de las letras, conocimiento de lo escrito y velocidad de denominación.

Conocer más

- National Early Literacy Panel (2008): *Developing early literacy*. National Institute for Literacy.
- Sellés, P. (2008): *Elaboración de una prueba de habilidades relacionada con el desarrollo inicial de la lectura (BIL 3-6)* [Tesis doctoral, Universidad de Valencia]. RODERIC.
- Scarborough, H. S. (2001): "Connecting early language and literacy to later reading (dis)abilities: evidence, theory, and practice". En S. Neuman y D. Dickinson (Eds.), *Handbook for research in early literacy*. Guilford Press.

Predictor: conciencia fonológica

Como docentes sabemos lo que disfrutan los niños y las niñas en Educación Infantil cuando escuchan cosas como: "¡Te has equivoquido!" o "¡Dame una puruleta!".

¿Qué ocurre cuando escuchan estas frases? Pues que los niños analizan, reflexionan y examinan el lenguaje y se dan cuenta de la existencia de incorrecciones. A esta habilidad se le llama habilidad metalingüística, y nos permite manipular, analizar, reflexionar y examinar las distintas dimensiones del sistema lingüístico (fonología, léxico, morfología, sintaxis, semántica y pragmática), de manera independiente a su comprensión y producción. Así, una de las habilidades metalingüísticas más conocidas y con mayor peso para la lectura es el conocimiento fonológico o conciencia fonológica.

La conciencia fonológica es la capacidad de percibir, reflexionar y realizar operaciones de forma consciente con los segmentos o sonidos que componen las palabras. Normalmente, esos segmentos son la sílaba y el fonema, aunque en lengua inglesa se da importancia a partes dentro de la sílaba: el ataque y la rima. Sin embargo, en ocasiones también se ha entendido la conciencia fonológica de una forma más amplia, como el conjunto de conocimientos y habilidades que permiten separar las unidades del habla, incluyendo entre estas las palabras. Por ejemplo, esto era lo que proponía el National Early Literacy Panel.

Actualmente, se tiende a considerar la conciencia fonológica como análisis de las partes de la palabra, así que nos vamos a centrar en la sílaba y el fonema. Por ejemplo, la palabra "pantera" tiene tres sílabas: pan - te - ra, mientras que la palabra "pan" solo tiene una "pan". En la palabra "pan" hay tres fonemas: /p/ - /a/ - /n/[6]. El ataque lo forman los sonidos consonánticos anteriores a la vocal de la sílaba. En este caso se trata del fonema /p/, pero en la palabra "plan" el ataque sería /pl/. El resto de la sílaba sería la rima. La vocal o vocales de la sílaba son su núcleo y las consonantes que se puedan encontrar tras ellas forman la coda.

Aquí podemos ver un ejemplo en el que se distinguen todas estas partes.

Oración:	Juegan al ajedrez.
Palabras:	Juegan al ajedrez
Sílabas:	Jue gan al a je drez
Ataques y *rimas*:	Jue g*an* a*l* a *je* d*rez*
Ataques, núcleos y codas:	Jue g*an* al a *je* d*re*z
Fonemas:	/j/ /u/ /e/ /g/ /a/ /n/ /a/ /l/
	/a/ /j/ /e/ /d/ /r/ /e/ /z/

Por supuesto, nuestro alumnado no necesita saber qué es un ataque, un núcleo o una coda. Es muy común que el término "fonemas" se sustituya por "sonidos" y hay quien habla de "partes" en lugar de "sílabas".

Esto nos puede servir para clasificar y aclarar algunos términos que pueden parecernos confusos por lo similares que resultan sus nombres.

---

[6] Vamos a utilizar la barra inclinada "/" como signo para señalar que nos estamos refiriendo a un fonema. Aunque lo más preciso sería transcribir los sonidos del habla con un alfabeto fonético, para no confundir a quienes no estén familiarizados con esos signos, utilizaremos letras del alfabeto español.

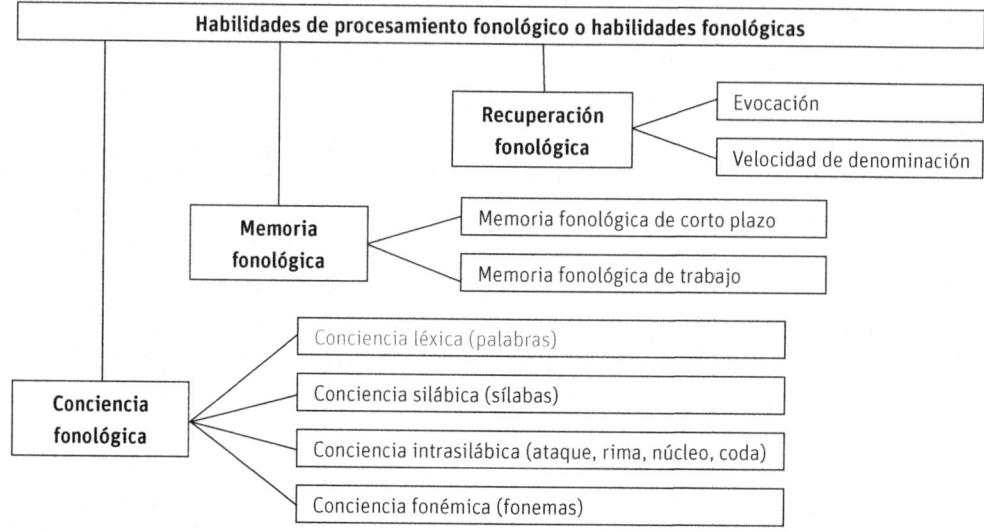

Sin duda, hay especialistas que añadirían, retirarían o cambiarían de lugar algunos de los conceptos que aparecen en este esquema, como la conciencia léxica. A lo mejor nos queda la inquietud de si debemos considerar la palabra como unidad de análisis del habla, ya que hay definiciones que consideran que eso no forma parte de la conciencia fonológica. En cualquier caso, saber cuántas palabras tiene una frase o separarlas dando una palmada forma parte de las habilidades metalingüísticas y es algo que podemos incluir sin reparos en nuestro repertorio de actividades.

Predictor: conocimiento alfabético

Como hemos señalado anteriormente, el conocimiento alfabético o conocimiento de las letras es la habilidad que mayor relación tiene con el aprendizaje de la decodificación y la escritura inicial. Se trata, fundamentalmente, de reconocer las letras y asociarlas con un nombre. Esto implica el reconocimiento de los rasgos que las componen y, para algunos autores, la habilidad para trazarlas o escribirlas.

En nuestra cultura, aún pervive la idea de que tradicionalmente se enseña a leer con fórmulas como "la 'pe' con la 'a', 'pa'". En estos métodos alfabéticos se aprendían los nombres de las letras y se practicaban sus combinaciones sin una especial preocupación por su sonido, ya que se consideraba que este sería obvio para el alumnado cuando lo practicase en la lectura de sílabas y palabras.

Posteriormente se extendió la idea de que sería más claro y eficiente enseñar los sonidos de las letras, en lugar de su nombre. Con ello se evitarían errores como "la 'eme' con la 'a' suena 'emea'". En este caso se omite la enseñanza de los nombres de las letras o se sustituye por otras referencias que no interfieran en la lectura. Por ejemplo, a la "eme" se le llama "la letra de 'mamá'".

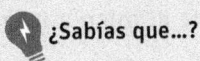 **¿Sabías que...?**

Se ha considerado que las letras son esqueletos o fantasmas terroríficos

Durante los años setenta del siglo XX predominaba la idea de que las letras eran elementos abstractos, difíciles de comprender y muy poco motivantes para el alumnado, que no encontraba sentido en ellas ni las podía utilizar en la comunicación por su falta de significado. La consecuencia de esas supuestas propiedades de las letras era que no resultaba adecuado presentarlas en el inicio de la enseñanza de la lectoescritura porque, "el cerebro de los niños tiende a lo global".

Esta idea se remonta, como mínimo a Horace Mann, que fue secretario de Educación del estado de Massachussets y está considerado "el padre de la educación pública estadounidense". En una serie de conferencias, realizadas en el American Institute of Instruction y publicadas en 1844, Mann dijo lo siguiente sobre las letras:

Pero, de nuevo, se dice que las letras del alfabeto no tienen sentido que son "esqueletos", "descarnadas", "apariciones fantasmales" y que por eso es por lo que los niños sienten temor cuando se les enfrenta a ellas.

¿Es verdad que las letras asustan más que el coco? Theresa Roberts, Patricia Vadasy y Elizabeth Sanders realizaron una investigación en la que compararon una enseñanza descontextualizada en la que el alumnado de 3 y 4 años de edad practicaba los nombres y sonidos de las letras, presentadas en tarjetas y cartillas, y una enseñanza contextualizada en la que el alumnado practicaba los nombres y sonidos de letras que encontraban en cuentos, en sus nombres y en otras palabras. Ambos grupos mejoraron su conocimiento de las letras, pero el grupo que recibió la enseñanza descontextualizada obtuvo resultados significativamente mejores en el reconocimiento de las letras y en la conciencia fonológica y, curiosamente..., ¡se mostró más motivado!

Si consideramos que una clave en el aprendizaje de la lectura y la escritura es aprender las reglas que relacionan las letras con sus sonidos, parece importante trabajar y conocer los sonidos de las letras. No obstante, un conocimiento alfabético completo también supone conocer los nombres de las letras. Es posible aprender a leer sin saber los nombres de las letras, pero este conocimiento puede ser interesante por las siguientes razones:

- Normalmente hacemos referencia a las letras por su nombre. Puede que en la clase hayamos acordado llamar "la letra de Martina" a la letra "eme", pero los padres del alumnado o un docente que haga una sustitución no tienen por qué tener ese conocimiento. Al final, el código que todos compartimos es el de los nombres que aparecen en el abecedario.
- En la mayoría de los casos, el nombre de las letras incluye su sonido y, cuando una letra tiene más de un sonido, suele incluir el más frecuente. El alumnado prelector o que se está iniciando en el aprendizaje de la lectura y conoce el nombre de una letra, tiene más probabilidades de conocer su sonido y de escribirla correctamente que el alumnado que no conoce el nombre de la letra.

- Las interferencias entre el nombre de la letra y su sonido parecen ser una confusión que se produce en etapas iniciales del aprendizaje de la lectura. Quienes ya tienen una habilidad básica no suelen cometer ese tipo de errores. La mayor parte del alumnado aprende que son dos propiedades distintas: el nombre y el sonido, de la misma manera que la vaca hace "mu" o el pato hace "cua".
- Curiosamente, esa habilidad para hacer una lectura basada en el nombre de las letras, en lugar de en su sonido, es utilizada por lectores más avanzados para leer siglas como FMI, IPC, DNI, ONG o PDF. También podemos necesitar el conocimiento de las letras para leer que la fórmula química del agua es H_2O, que mi clase es 2.º C o que alguien buscó una fotografía de R2-D2.

Existe un trabajo de revisión sobre los efectos del aprendizaje del alfabeto o abecedario, publicado en 2010 por Shayne Piasta y Richard Wagner, del centro de investigación de la lectura de la Universidad Estatal de Florida. Las investigaciones sobre enseñanza del abecedario a alumnado de Educación Infantil mostraron un pequeño efecto positivo sobre el conocimiento del nombre de las letras, y un efecto moderado en el conocimiento de sus sonidos y en su escritura. En cambio, no se encontraron mejoras en la velocidad con la que se nombraban las letras.

Conocer más
- PIASTA, S. B., y WAGNER, R. K. (2010): "Learning letter names and sounds: effects of instruction, letter type, and phonological processing skill". *Journal of Experimental Child Psychology*, 105(4), 324-344.
- ROBERTS, T. A.; VADASY, P. F., y SANDERS, E. A. (2018): "Preschoolers' alphabet learning: Letter name and sound instruction, cognitive processes, and English proficiency". *Early Childhood Research Quarterly*, 44, 257-274.

Predictor: conocimiento de lo escrito

Como hemos comentado al inicio del capítulo, muchos niños y niñas "leen" antes de saber leer. Así se manifiesta un precursor importante de la lectoescritura: los conocimientos sobre el lenguaje escrito. Se trata de una amalgama de conocimientos, hipótesis y habilidades relacionadas con la forma en que el lenguaje escrito transmite mensajes, sus funciones y sus convenciones.

Pensemos en una niña de 4 años que no sabe leer, pero distingue lo que está escrito de los dibujos. Piensa que, si encuentra algo escrito bajo una imagen, eso es el nombre de lo que aparece en ella. De vez en cuando sostiene un libro, como si se dispusiera a leer, y pasa las páginas de izquierda a derecha contándose una historia. Alguna vez ha "escrito" pequeños textos, como una felicitación para su hermano, que tenía el dibujo de una tarta y varias líneas de circulitos puestos en fila. Seguramente, nada de esto nos parece extraño.

Algunos estudios han encontrado que, hacia los 3 años, al inicio de la Educación Infantil, o quizá antes, el alumnado ya puede tener algunos conocimientos sobre las funciones de la lectura. Estos evolucionan progresivamente, especialmente en los primeros años de la etapa.

El conocimiento de lo escrito puede incluir aspectos formales y abstractos, como que el lenguaje oral se escribe mediante letras que se estructuran en palabras y frases con determinadas reglas. En una investigación que contó con nuestra participación, realizada por Liz Ysla y Vicenta Ávila, y publicada en 2017, se evaluaron algunos conocimientos sobre lenguaje escrito de 58 niños y 32 niñas de un aula de 3.er curso de Educación Infantil de una escuela peruana. Los resultados fueron que:

- Acertaban si lo que se les mostraba era una palabra escrita una media de 7,7 veces en 10 estímulos diferentes. En esta tarea acertaban con más facilidad los elementos que representaban nombres de personas, como "Ana" o "Laura", y los que incluían números o símbolos como "&" o "$".
- En una tarea de reconocimiento de frases escritas, con 5 elementos acertaron una media de 3,7, descartando con facilidad los elementos que contenían símbolos no ortográficos y dibujos (por ejemplo: La ⇐ corto salta ▽ para ©).
- En la prueba de reconocimiento de frases se descartaron con facilidad estímulos con símbolos y dibujos. Sin embargo, un ítem con tres palabras acompañadas por signos ortográficos repetidos fue aceptado frecuentemente como correcto (pensemos en algo como: ???sin!!"" // ¿¿¿cuatro¡¡!! // //espejo). Esto hace pensar que estaban familiarizados con esos signos y los asociaban con los textos escritos, pero el conocimiento sobre su uso era muy limitado.
- En la prueba de reconocimiento de funciones de la lectura escuchaban 5 historias apoyadas con ilustraciones y se preguntaba para qué le había servido leer al protagonista de cada narración. La media de aciertos fue de 3,1.

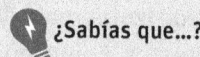
Martínez y Sellés, en un estudio de 2022, indican que a los tres años no se distinguen bien los conceptos de número, letra y palabra, pero la mayoría del alumnado es capaz de diferenciar esos elementos de otros símbolos.

La habilidad para diferenciar entre palabras escritas o letras y números resulta más compleja. En el habla no se da esta distinción y, al fin y al cabo, las cifras son una forma de escribir esas palabras referidas a cantidad u orden que clasificamos como números. Podemos escribir el número diez o el número 10, aunque ambas formas de escritura se diferencian, sobre todo por el repertorio de signos que utilizan y también por las reglas para combinar e interpretar esos signos.

Entre los conocimientos explorados que se consolidan más tarde está la distinción entre letra y palabra, probablemente porque el alumnado escucha esos conceptos en el mismo contexto y ante estímulos idénticos o muy parecidos. Es razonable pensar que la enseñanza explícita de la lectura ayuda a diferenciarlos.

Por último, el concepto de frase parece ser uno de los últimos aprendizajes en consolidarse. Hay que tener en cuenta que su representación en el lenguaje escrito no es tan clara como la de las letras y las palabras. Incluso personas adultas con estudios superiores pueden tener muchas dudas si se les pide argumentar sobre si las palabras "frase", "oración" o "enunciado" tienen el mismo significado o se refieren a conceptos distintos.

> **Conocer más**
> - MARTÍNEZ, T., y SELLÉS, P. (2022): "El desarrollo del conocimiento de los componentes y funciones del lenguaje escrito en estudiantes prelectores". *Revista Signos*, 55(108).
> - YSLA, L., y ÁVILA, V. (2017): "La evaluación del conocimiento metalingüístico en niños del último ciclo de la Educación Infantil peruana". *Revista Iberoamericana de Evaluación Educativa*, 10(1).

Predictor: velocidad de denominación

Antes hemos visto cómo entre los predictores del aprendizaje de la lectura y la escritura identificados por el National Early Reading Panel están la denominación rápida de letras, dígitos, colores u objetos. Esta habilidad recibe otros nombres como "nombrado rápido", "velocidad de denominación", "velocidad de nombrado" o, en inglés, "rapid automatized naming (RAN)".

En las primeras décadas del siglo XXI ha habido un gran interés por la velocidad de denominación, con numerosas investigaciones sobre su relación con la dislexia. En 2019, los investigadores portugueses Susana Araújo y Luís Faísca sintetizaron datos obtenidos en 214 investigaciones que comparaban la velocidad de denominación en personas con y sin dislexia. Su conclusión principal es que los grupos de personas con dislexia mostraban una velocidad de denominación inferior a la de personas de la misma edad sin dislexia, tratándose de una diferencia grande.

Si no tienes una formación avanzada en aprendizaje de la lectoescritura o en trastornos del aprendizaje, es posible que te estés preguntando: ¿qué es la velocidad de denominación?, ¿qué relación tiene la velocidad de denominación con la lectura?, o ¿habría que hacer un trabajo escolar para mejorar la velocidad de denominación?

Vamos a suponer que estamos haciendo una prueba de evaluación. Tenemos una pantalla vacía en la que va a aparecer algo y tu tarea es nombrarlo, decir qué es lo que hay en la pantalla. Iniciamos la prueba y aparece esto:

Cuando ves la imagen dices: "mesa". Aunque no lo parezca, no todos decimos "mesa" al mismo tiempo. Incluso sabiendo bien qué es y prestando atención a la actividad, unas personas tardan un poco más y otras un poco menos.

La velocidad de denominación discreta es el tiempo que tardamos en decir el nombre de algo que nos resulta familiar, como la mesa de la imagen anterior. El problema que tenemos con ella es que, en la mayoría de los casos, las diferencias son muy pequeñas, de milisegundos, y para medirlas necesitamos instrumentos sofisticados, más propios de un laboratorio de psicolingüística que de una escuela.

Hay otra forma de evaluar la velocidad de denominación. En esta tenemos que nombrar lo más rápidamente que podamos y sin equivocarnos una serie de objetos. Por ejemplo, nombrar en voz alta los que aparecen en la siguiente imagen comenzando por la fila superior y de izquierda a derecha:

En este caso, las pequeñas diferencias en la velocidad de denominación de cada una de las figuras se van acumulando. Si la prueba es lo suficientemente extensa, simplemente con un cronómetro y controlando que no se produzcan errores, podremos percibir diferencias entre distintas personas participantes. Esta sería una tarea de velocidad de denominación serial.

Las pruebas de velocidad de denominación de letras son las que más relación suelen tener con el rendimiento en lectura. Ya hemos visto que el conocimiento alfabético es el mejor predictor de la decodificación y la escritura inicial, así que podríamos pensar que esas pruebas están midiendo de alguna forma el conocimiento alfabético. Sin embargo, las tareas de denominación de dígitos, figuras y colores también se relacionan con el nivel en decodificación y escritura, así que esa explicación no es válida o es insuficiente.

En el trabajo que mencionamos antes, Susana Araújo y Luís Faísca indican que la relación entre lectura y denominación rápida "es (parcialmente) esperable, ya que ambas comparten procesos perceptivos y cognitivos, incluyendo el reconocimiento visual de objetos (desde la detección inicial de componentes hasta el acceso a representaciones abstractas de los objetos) y procesos de producción del habla. Sin embargo, el motivo exacto del poder predictivo y discriminativo de las tareas de denominación rápida automatizada ha sido esquivo". Dicho de otra forma: la comunidad científica aún no tiene una explicación clara sobre la relación entre denominación rápida y lectoescritura.

Una de las hipótesis más populares es que la velocidad de denominación nos indica la eficiencia con la que recuperamos información de nuestra memoria de largo plazo. En el caso de la lectura estaría reflejando la mayor o menor facilidad para recuperar la información sobre las correspondencias entre letras y sonidos o la pronunciación de palabras familiares que somos capaces de reconocer visualmente.

En los últimos años han aparecido algunas propuestas de enseñanza de la lectura que incluyen el entrenamiento de la velocidad de denominación. Este entrenamiento se realiza practicando el nombrado de listas de letras, dígitos, colores o figuras; el mismo tipo de tareas que se suele emplear para su evaluación. Los datos sobre la eficacia de estas tareas son dispersos. En una síntesis de investigación sobre mejora de la precisión lectora en hispanohablantes, que publicamos Juan Cruz Ripoll y Sofía Zevallos en 2023, solo encontramos una investigación (con cierto nivel de calidad) en la que se empleaba el entrenamiento de la velocidad de denominación. Este entrenamiento formaba parte de un programa en el que también se trabajaba la conciencia fonológica y produjo un efecto positivo sobre la precisión en la decodificación, sin que podamos saber hasta qué punto fue motivado por el trabajo de conciencia fonológica, de velocidad de denominación o de la combinación de ambos.

Conocer más

- ARAÚJO, S., y FAÍSCA, L. (2019): "A meta-analytic review of naming-speed deficits in developmental dyslexia". *Scientific Studies of Reading*, 23(5), 349-368.
- RIPOLL, J. C., y ZEVALLOS, D. S. (2023): "Mejora de la precisión lectora en alumnado hispanohablante de Educación Infantil y Primaria. Un meta-análisis". *Revista de Investigación en Logopedia*, 13(2), 91-104.

Subiendo de nivel

Existen numerosas investigaciones sobre qué variables se relacionan o anticipan el nivel de lectura. Afortunadamente, se han realizado algunas grandes revisiones de esos datos para sintetizarlos y ver qué tendencias muestran. A lo largo de este capítulo nos hemos basado en el informe del National Early Literacy Panel. Un equipo de la Universidad de Oslo publicó en 2017 una revisión Campbell (un tipo de trabajo especialmente riguroso) que sintetiza 64 investigaciones longitudinales o de seguimiento y establece como predictores de la precisión lectora:

- El conocimiento de las letras.
- La conciencia fonológica.
- La velocidad de denominación.
- La conciencia de la rima (parte final de la sílaba, situada tras el ataque y compuesta por núcleo y coda).

Como predictores de la comprensión lectora señala:

- El vocabulario.
- El conocimiento de las letras.
- La gramática.
- La conciencia fonológica y de la rima.
- La memoria de oraciones.
- La inteligencia no verbal.
- La velocidad de denominación.
- La repetición de pseudopalabras.

No solo eso, sino que, además, ofrece un modelo de cómo se articulan los principales predictores:

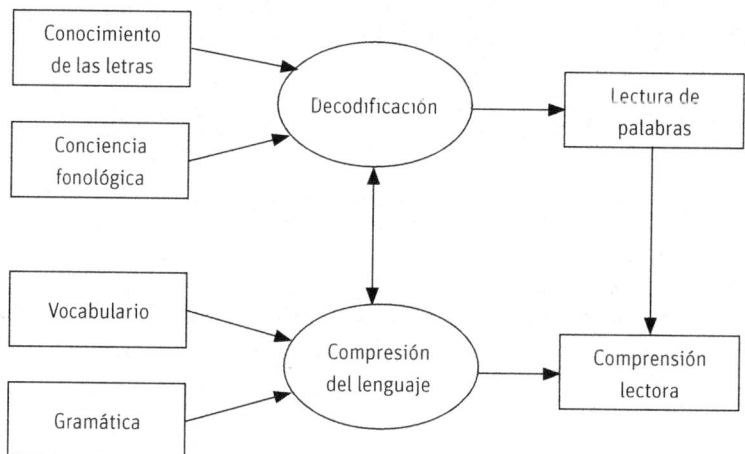

Conocer más

- HjETLAND, H. N.; BRINCHMANN, E. I.; SCHERER, R., y MELBY-LERVÅG, M. (2017): "Preschool predictors of later reading comprehension ability: a systematic review". *Campbell Systematic Reviews*, 13, 1-155.

La cantidad de investigación sobre precursores de la lectura realizada con hablantes de español es más reducida, pero sus resultados parecen compatibles con lo encontrado en la investigación general. Centrándonos en predictores de la lectura medidos en la etapa de Educación Infantil, encontramos investigaciones como las que resumimos a continuación.

Autores: Paz Suárez-Coalla, Marta García y Fernando Cuetos.
Número de participantes: 50.
Procedencia: España (Asturias).
Momento de evaluación de los predictores: 2.º de Educación Infantil.
Momento de evaluación de la lectoescritura: final de 3.º de Educación Infantil.
Predictores identificados
- Conciencia fonológica (discriminación del fonema inicial y omisión del fonema inicial) → precisión y velocidad en la lectura y precisión en la escritura.
- Memoria fonológica (repetición de palabras inventadas) → precisión en la lectura y la escritura.
- Memoria verbal (repetición de dígitos) → precisión en la lectura.
- Fluidez verbal → velocidad de lectura.
- Denominación rápida (colores y dibujos) → velocidad de lectura.

Autora: Ana María de la Calle.
Número de participantes: 100.
Procedencia: 50 de España (Cádiz) y 50 de Chile (Santiago).
Momento de evaluación de los predictores: 2.º y 3.º de Educación Infantil, mitad de curso.
Momento de evaluación de la lectoescritura: 2.º y 3.º de Educación Infantil, final de curso.
Predictores identificados
- Conocimiento de las letras → velocidad de lectura.

Autores: Ana María de la Calle, Fernando Guzmán Simón y Eduardo García Jiménez.
Número de participantes: 362.
Procedencia: España (Cádiz).
Momento de evaluación de los predictores: 2.º o 3.º de Educación Infantil, segundo trimestre.
Momento de evaluación de la lectoescritura: 1.º o 2.º de Educación Primaria, segundo trimestre.
Predictores identificados
- Velocidad de denominación de letras → eficiencia lectora (velocidad y precisión).
- Conocimiento de las letras → eficiencia lectora.
- Habilidades de lenguaje oral (conocimiento de estructuras gramaticales, vocabulario y conceptos básicos) → comprensión lectora.

Conocer más

Los trabajos revisados en los cuadros anteriores son los siguientes:

- DE LA CALLE, A. M. (2019): "La predicción del rendimiento lector temprano: una perspectiva comparada en escolares españoles y chilenos". *Revista Complutense de Educación, 30*(4), 935-950.
- DE LA CALLE, A. M.; GUZMÁN-SIMÓN, F., y GARCÍA-JIMÉNEZ, E. (2019): "Los precursores cognitivos tempranos de la lectura inicial: un modelo de aprendizaje en niños de 6 a 8 años". *Revista de Investigación Educativa, 37*(2), 345-361.
- SUÁREZ, P.; GARCÍA, M., y CUETOS, F. (2013): "Variables predictoras de la lectura y la escritura en castellano". *Infancia y Aprendizaje,* 36(1), 77-89.

Pilar Sellés, Vicenta Ávila, Tomás Martínez y Liz Ysla, del grupo de investigación ERI de la Universidad de Valencia, hemos estudiado las diferencias en el grado de adquisición de habilidades prelectoras (habilidades lingüísticas, conocimiento fonológico, conocimiento de los componentes y funciones del lenguaje escrito, conocimiento alfabético, velocidad de denominación, percepción visual y memoria verbal) a los 5 años, comparando los resultados de 119 participantes españoles y 128 peruanos.

Los resultados muestran diferencias significativas en el grado de adquisición de estas habilidades entre los dos grupos, normalmente, con mejores resultados del alumnado español.

En 2022 publicamos un nuevo trabajo en el que diseñamos y comprobamos la eficacia de un conjunto de actividades basadas en la literatura científica para la estimulación de los precursores de la lectura.

Las actividades se diseñaron basándose en las competencias y capacidades que propone el currículo peruano de Educación Inicial para el área de Comunicación y fueron aplicadas por el profesorado. Participaron 208 estudiantes de 5 años, de tres colegios públicos de Lima, divididos en un grupo experimental, que realizó este programa, y un grupo de control que trabajó con los mismos textos, pero realizando las actividades habituales del área de Comunicación.

Las actividades propuestas para el grupo experimental fueron:
- Contar sílabas y palabras.
- Actividades de rima: lectura de poemas, canciones infantiles y juegos de palabras.
- Aislar sílabas y fonemas y omitir sílabas.
- Conocimiento alfabético a través de los textos trabajados.
- Reflexión sobre los elementos del lenguaje escrito, aprendiendo a identificar la estructura y funcionalidad de la lectura.
- Ampliar el vocabulario y analizar oraciones.
- Memorizar poemas, adivinanzas, cuentos o recetas.
- Identificar símbolos e imágenes.

Tras 20 sesiones de trabajo, realizadas durante 10 semanas, el grupo que recibió la intervención obtuvo resultados significativamente mayores que el grupo de control, especialmente en conciencia fonológica. Esto indica que las actividades escolares pueden ayudar a desarrollar predictores de la lectura como conciencia fonológica, conocimientos sobre el lenguaje escrito, vocabulario o habilidades gramaticales.

Y para terminar este capítulo, mencionaremos una revisión sistemática de literatura científica sobre trabajos dirigidos a mejorar las habilidades prelectoras, realizada por María Eugenia Chávez, Sandra González y Felipe Sepúlveda, de la Universidad Católica de la Santísima Concepción, de Chile. Este equipo localizó 20 investigaciones sobre programas de lectura inicial, realizadas con hispanohablantes. Los predictores de la lectura que se trabajaban en esos programas eran:

1. Conciencia fonológica, presente en el 85 % de los programas.
2. Conocimiento alfabético: presente en el 65 % de los programas.
3. Vocabulario: presente en el 45 % de los programas.
4. Velocidad de denominación: presente en el 30 % de los programas.
5. Lenguaje oral: presente en el 5 % de los programas.

Conocer más

- CHÁVEZ, M. E.; GONZÁLEZ, S., y SEPÚLVEDA, F. (2022): "Revisión sistemática de literatura sobre programas de intervención en habilidades de lectura inicial". *Páginas de Educación,* 15(2), 98-127.
- MARTÍNEZ, T.; ÁVILA, V.; YSLA, L. C., y SELLÉS, P. (2022): "Fortalecimiento de los precursores de la lectura". *Revista de Educación*, 396, 177-204.
- SELLÉS, P.; ÁVILA, V.; MARTÍNEZ, T., e YSLA, L. (2018): "The skills related to the early reading acquisition in Spain and Peru". *PLoS ONE*, 13(3), Article e0193450.

El programa de intervención utilizado en las escuelas peruanas se llama Programa de desarrollo de habilidades de inicio a la lectura y se puede descargar gratuitamente en la web del grupo de investigación ERI-Lectura.

En los trabajos citados en la segunda y tercera referencia y en otras investigaciones que hemos mencionado anteriormente sobre precursores de la lectoescritura se ha utilizado como herramienta de evaluación la batería de inicio a la lectura BIL 3-6:

- SELLÉS, P.; MARTÍNEZ, T.; VIDAL-ABARCA, E., y GILABERT, R. (2008): *Batería de inicio a la lectura para niños de 3 a 6 años*. ICCE.

Mientras escribimos este texto, dicha batería está siendo revisada para una nueva edición.

En ninguno de los programas se trabajó la memoria fonológica. Sin dar muchos detalles, esta revisión menciona que los programas analizados tuvieron impacto sobre las habilidades trabajadas. Esto nos sugiere que algunos predictores del aprendizaje de la lectura y la escritura pueden trabajarse y mejorarse durante la Educación Infantil y los cursos iniciales de la Educación Primaria. No obstante, esta revisión no nos aporta datos sobre si ese trabajo tiene un efecto positivo en el aprendizaje de la lectura.

En los tres siguientes capítulos vamos a centrarnos en aquellos precursores que han mostrado una mayor relación con una mejor habilidad lectora y que pueden trabajarse en la escuela: la conciencia fonológica, el conocimiento de las letras, especialmente de sus relaciones con los fonemas (principio alfabético), y los conocimientos sobre el lenguaje escrito.

No olvides

- ☐ Existen habilidades que el alumnado adquiere antes de la enseñanza formal de la lectoescritura y que, según la literatura científica, están relacionadas con su rendimiento futuro en lectura y escritura. Sin embargo, no se puede afirmar que tener dichas habilidades garantice ser un buen lector en el futuro.
- ☐ Algunas de estas habilidades se relacionan con la decodificación, otras con la comprensión o con la escritura. No obstante, actualmente se piensa que los principales precursores de la lectoescritura son: conciencia fonológica, conocimientos sobre el lenguaje escrito y conocimiento de las letras.
- ☐ En los últimos años se ha publicado una cantidad notable de datos que muestra la velocidad de denominación como otra habilidad relacionada con la lectura y la escritura.
- ☐ Bastantes de estas habilidades predictoras pueden ser trabajadas y mejoradas, tanto en la escuela infantil como en el ámbito familiar.

Capítulo cinco

La conciencia fonológica

Como ya hemos mencionado, la conciencia fonológica es el conjunto de conocimientos y habilidades que nos permiten reconocer los sonidos de las palabras y hacer operaciones con ellos (aislarlos, eliminarlos, añadirlos, intercambiarlos, modificar su orden, contarlos...). Este conjunto recibe otros nombres como "habilidades fonológicas" o "metafonología". Cada uno de estos nombres tiene sus matices de significado, pero en las escuelas o en la intervención con alumnado con dificultades de lectura y escritura, las actividades que se plantean suelen ser similares, sea cual sea el nombre que se utilice.

Actualmente hay un amplio consenso en que la conciencia fonológica es importante para el desarrollo de la lectura y la escritura. Además, la investigación nos enseña que:

- El aprendizaje de la lectura se construye, en parte, sobre la conciencia fonológica.
- Mejorar la conciencia fonológica mejora el rendimiento en escritura.
- Es posible mejorar las habilidades de conciencia fonológica mediante actividades que, además, pueden ser implantadas en el aula (aunque, seguramente, las intervenciones individualizadas son más eficaces).

A lo largo de este capítulo vamos a intentar desarrollar esos tres puntos.

¿Por qué es importante profundizar en esto?

En las últimas décadas del siglo xx, un extenso conjunto de investigaciones puso de manifiesto que existe una notable relación entre la habilidad para distinguir y procesar los sonidos del habla y el aprendizaje de la lectura y la escritura o las dificultades en su aprendizaje. Las propuestas más audaces afirmaban que era necesario un buen desarrollo de la conciencia fonológica para el aprendizaje inicial de la lectoescritura o que las dificultades en conciencia fonológica eran el núcleo de la dislexia.

Sin duda, desde un punto de vista didáctico, es conveniente saber si la realización de actividades para el desarrollo de la conciencia fonológica antes de o durante la enseñanza formal de la lectura y la escritura es algo que puede facilitar esos aprendizajes.

En el capítulo cuatro sobre los predictores del aprendizaje de la lectura vimos cómo en el habla podemos distinguir distintas partes: oraciones, palabras, sílabas, partes de la sílaba (ataque, núcleo, coda o rima) o fonemas. Se suele considerar que la conciencia fonológica se refiere a las partes que forman las palabras y que se pueden distinguir varios niveles en ella: conciencia silábica, conciencia intrasilábica y conciencia fonémica.

Hay tanto especialistas como profesionales de la educación o de la logopedia que consideran que distinguir las palabras (conciencia léxica) forma parte de la conciencia fonológica. Tal como sugeríamos en ese capítulo, podemos trabajar la conciencia léxica sin preocupación, con independencia de si los modelos o teorías la incluyen o no la incluyen dentro de la conciencia fonológica. Una conciencia léxica poco desarrollada se manifestará, probablemente en errores de unión o separación incorrecta de palabras al escribir. De una forma más sutil, los problemas de conciencia léxica también se pueden percibir en dificultades para comprender mensajes orales ambiguos, como en el siguiente ejemplo.

¿Qué papel tiene la conciencia fonológica en el aprendizaje de la lectura y la escritura?

Lectura y conciencia fonológica tienen una relación muy estrecha; el aprendizaje y la práctica de una produce mejoras en la otra. Sin embargo, no son completamente interdependientes. Por ejemplo, antes del aprendizaje formal de la lectura y la escritura ya se puede encontrar cierto desarrollo en la conciencia fonológica. Esta aparición previa y la relación que muestran los datos empíricos entre el nivel de conciencia fonológica y el futuro nivel en lectura hacen pensar que la conciencia fonológica puede ser un facilitador del aprendizaje de la lectura.

La idea no es especialmente novedosa: en 2004, Anne Castles y Max Coltheart, de la Universidad Macquaire de Sidney, publicaron un influyente artículo con este título: "¿Existe una relación causal de la conciencia fonológica con el éxito en el aprendizaje de la lectura?". La respuesta era que, hasta ese momento, ninguna investigación había proporcionado una evidencia clara de esa relación causal.

Avanzamos en el tiempo hasta 2012 para fijarnos en otra revisión, realizada por Monica Melby-Lervåg y Solveig-Alma Halaas Lyster, de la Universidad de Oslo, con Charles Hulme, del Colegio Universitario de Londres. Esta revisión encuentra que la conciencia fonémica es un buen predictor de las diferencias en el aprendizaje de la lectura o que en evaluaciones de la conciencia fonémica el alumnado con dislexia obtiene resultados claramente inferiores a los del alumnado sin dislexia. Pero lo que más nos interesa aquí es que, al interpretar los datos, el equipo de investigación considera que la convergencia en los resultados de estudios de seguimiento y de estudios de intervención sugiere la existencia de una relación causal entre habilidades fonológicas y aprendizaje de la lectura, de modo que puede ser necesario un nivel adecuado de conciencia fonémica para aprender a leer de forma eficiente.

En 2022 se publicaron dos revisiones que trataban sobre la relación entre conciencia fonológica y lectura en hispanohablantes. Una, realizada por Carla Míguez, Miguel Cuevas y Ángeles Saavedra, de la Universidad de Vigo, analiza 47 investigaciones realizadas con alumnado de 4 a 11 años de edad, aunque casi dos tercios de los 7 956 evaluados tenían entre 5 y 7 años, es decir, se encontraban en la edad en la que se suele realizar la enseñanza formal de la lectoescritura.

La otra está realizada por Doris Baker, Patricia Crespo, Manuel Monzalve, Isabel García y Mónica Gutiérrez. En este trabajo analizan 44 estudios realizados con alumnado de entre 5 y 12 años de edad. Entre ellos hay un subgrupo de nueve estudios sobre la relación entre conciencia fonológica y comprensión lectora en alumnado de 5 y 6 años de edad.

En estas dos revisiones se encuentran relaciones significativas entre conciencia fonológica y lectura, normalmente de tamaño moderado. También se encuentra que existe relación entre distintos niveles de conciencia fonológica (silábica, intrasilábica y fonémica) y diferentes habilidades de lectura (lectura de palabras, lectura de palabras inventadas y comprensión lectora).

Hay otra revisión, que ha contado con nuestra participación, sobre la eficacia de distintas actuaciones para la mejora de la lectura en alumnado hispanohablante de Educación Infantil y Educación Primaria. Las dos primeras partes de este trabajo, publicadas en 2023 y 2024 por Juan Cruz Ripoll y Sofía Zevallos, encuentran que los programas de lectura que incluyen el entrenamiento de la conciencia fonológica producen mejoras en la precisión y en la fluidez lectora significativamente mayores que las de los programas que no incorporan el trabajo de la conciencia fonológica.

Finalmente, es importante recordar que la conciencia fonológica es uno de los saberes básicos incluidos en las enseñanzas mínimas del segundo ciclo de Educación Infantil, en el área de Comunicación y Representación de la realidad del currículo español.

Conocer más

- CASTLES, A., Y COLTHEART, M. (2004): "Is there a causal link from phonological awareness to success in learning to read?". *Cognition*, 91(1), 77-111.
- MELBY-LERVÅG, M.; LYSTER, S. A., y HULME, C. (2012): "Phonological skills and their role in learning to read: a meta-analytic review". *Psychological Bulletin*, 138(2), 322-352.
- MÍGUEZ-ÁLVAREZ, C.; CUEVAS-ALONSO, M., y SAAVEDRA, Á. (2022): "Relationships between phonological awareness and reading in Spanish: a meta-analysis". *Language Learning*, 72, 113-157.
- RIPOLL, J. C., y ZEVALLOS, D. S. (2023): "Mejora de la precisión lectora en alumnado hispanohablante de Educación Infantil y Primaria. Un meta-análisis". *Revista de Investigación en Logopedia*, 13(2), 91-104.
- RIPOLL, J. C., y ZEVALLOS, D. S. (2024): "Intervenciones para la mejora de la velocidad y fluidez lectora en hispanohablantes de Educación Infantil y Primaria: un metaanálisis". *Revista de Investigación en Logopedia*, 14(1), e90521.

¿Cuál es la relación entre conciencia fonológica y aprendizaje de la escritura?

De un modo similar a lo que encontrábamos en la lectura, si en la escritura representamos los sonidos del habla, la conciencia fonológica también resulta importante. Escribir (pensemos en un dictado) requiere segmentar lo que se escucha en fonemas (sonidos) y convertir cada uno de esos fonemas en su correspondiente grafema (letras).

La relación de la conciencia fonológica con la escritura ha sido menos investigada que la relación con la lectura, pero es posible encontrar algunos datos que la respaldan. Steve Graham es un profesor de la Universidad Estatal de Arizona que aparecerá mencionado en varias ocasiones, especialmente en el capítulo diez sobre cómo iniciar la enseñanza de la escritura, tema en el que es experto. En 2018 publicó, junto con otros ocho autores, una revisión sobre el efecto que tienen en la escritura las intervenciones para mejorar la lectura. En veinte de los estudios analizados se había trabajado la conciencia fonológica produciendo un efecto significativo y moderado en habilidades de escritura. En la mayoría de estos estudios, el aspecto de la escritura que se evaluaba era la precisión (*spelling* o escribir correctamente las letras que forman las palabras). La mitad de los estudios fue realizada con alumnado de Educación Infantil y el resto con alumnado de Educación Primaria.

En el caso del alumnado hispanohablante hay investigaciones que indican que existe una relación entre nivel de conciencia fonológica y desarrollo de la escritura inicial. También hay algunos estudios sobre el efecto en la escritura de enseñar o trabajar explícitamente habilidades de conciencia fonológica. Entre ellos resultan interesantes los que publicaron María González, Fernando Cuetos, Juan Vilar y Eva Uceira en 2015 o el publicado en 2017 por Raúl Gutiérrez y Antonio Díez. La razón por la que los destacamos es que en ellos se trabajó con alumnado de Educación Infantil y de cursos iniciales de Educación Primaria.

González, Cuetos, Vilar y Uceira aplicaron un programa de intervención en conciencia fonológica y en velocidad de denominación desde 2.º curso de Educación Infantil hasta 1.º de Educación Primaria. Gutiérrez y Díez trabajaron la conciencia fonológica en el primer curso de Primaria. En ambos casos, el alumnado que recibió las intervenciones obtuvo mejores resultados que los grupos de control en tareas de escritura como escritura de sílabas, de palabras reales o de palabras inventadas (pseudopalabras).

Conocer más

- GONZÁLEZ, R. M.; CUETOS, F.; VILAR, J., y UCEIRA, E. (2015): "Efectos de la intervención en conciencia fonológica y velocidad de denominación sobre el aprendizaje de la escritura". *Aula Abierta*, 43(1), 1-8.
- GRAHAM, S.; LIU, X.; BARTLETT, B.; NG, C.; HARRIS, K. R.; AITKEN, A.; BARKEL, A.; KAVANAUGH, C., y TALUKDAR, J. (2018): "Reading for writing: a meta-analysis of the impact of reading interventions on writing". *Review of Educational Research*, 88(2), 243-284.
- GUTIÉRREZ, R., y DÍEZ, A. (2017): "Efectos de un programa de conciencia fonológica en el aprendizaje de la lectura y la escritura". *Revista Española de Orientación y Psicopedagogía*, 28(2), 30-45.

¿Cómo se desarrolla la conciencia fonológica?

Para describir el desarrollo de la conciencia fonológica debemos tener en cuenta dos dimensiones. La primera ya la hemos mencionado anteriormente: es la unidad lingüística que se maneja. Estas unidades pueden ser la sílaba (conciencia silábica), partes de la sílaba (conciencia intrasilábica) o el fonema (conciencia fonémica). Entre los 3 y 4 años se puede percibir de forma clara el desarrollo de la conciencia silábica. A medida que aumenta la edad, el alumnado muestra una mayor sensibilidad hacia unidades lingüísticas pequeñas. El desarrollo de la conciencia fonémica suele estar muy relacionado con el aprendizaje inicial de la lectura y la escritura.

La segunda dimensión es el tipo de tarea que el alumnado es capaz de llevar a cabo cuando "manipula" las unidades lingüísticas. Las habilidades de conciencia fonológica implican la manipulación de unidades lingüísticas de distintas maneras: identificar, comparar, aislar, segmentar, suprimir, sintetizar, añadir o cambiar el orden, entre otras. Veamos algunos ejemplos con las dos unidades que más se suelen trabajar en español: la sílaba y el fonema .

Operaciones de conciencia fonológica		
	Sílaba	**Fonema**
Identificar, separar o aislar	¿Cómo comienza "bufanda"?	¿Cuál es el último sonido de "calcetín"?
Segmentar	Separa las sílabas de "go-rro".	Separa los sonidos de /b/ - /o/ - /t/ - /a/.
Comparar	¿Cuál empieza de forma diferente? "calzoncillo, pantalón, calcetín".	¿Cuál empieza como "gorra"? "camisa, guantes, sandalias".
Categorizar	¿Qué prendas de vestir comienzan con "/ca/"?	¿Qué prendas de vestir comienzan con /b/?
Contar	¿Cuántas sílabas tiene "pijama"?	¿Cuántos sonidos tiene "falda"?
Sintetizar (combinar o unir)	¿Qué prenda estoy diciendo? "ma - no - plas"	¿Qué prenda estoy diciendo? /b/-/a/ - /t/ - /a/.
Añadir	¿Qué palabra tengo si a "bata" le añado "cor" al principio?	¿Qué palabra tengo si a "bota" le añado /r/ al final?
Eliminar	¿Qué palabra tengo si a "zapatilla" le quito la primera sílaba?	¿Qué palabra tengo si a "botón" le quito el último sonido?
Sustituir	¿Qué palabra tengo si a "pañuelo" le cambio "pa" por "bu".	¿Qué palabra tengo si a "bolso" le cambio el último sonido por /a/?
Cambiar el orden	¿Qué palabra tengo si digo "ba - ta" al revés?	¿Qué prenda de ropa se puede decir cambiando el orden de los sonidos de "cortaba"?

Con independencia de cuál sea la unidad lingüística con la que trabajemos, algunas de estas tareas son más sencillas y otras más complejas. Es fácil entender que segmentar todos los sonidos (sílabas o fonemas) de una palabra es más complejo que separar o aislar el sonido inicial, y que contar la cantidad de sonidos requiere una operación adicional: contar, además de separar, por lo que resulta más difícil de realizar.

Además, una misma tarea puede ser más o menos difícil dependiendo del segmento con el que se realice. Por ejemplo, aislar, añadir o suprimir sonidos es más fácil si lo hacemos en la parte inicial o final de las palabras que si lo hacemos en la parte intermedia. Por ejemplo, parece más fácil averiguar qué palabra obtenemos eliminando la primera sílaba de "corbata" ("bata") que eliminando la segunda sílaba ("corta"). Según las orientaciones sobre la secuencia de trabajo que presentaremos más adelante, parece razonable trabajar en este orden:

1. Operaciones con el segmento final, por ejemplo, si a la palabra "pelota" le quitamos "ta", ¿qué palabra nos sale?

2. Operaciones con el segmento inicial, por ejemplo, si a la palabra "maduro" le quitamos "ma", ¿qué palabra nos sale?

3. Operaciones con segmentos intermedios, por ejemplo, si a la palabra "cadera" le quitamos "de", ¿qué palabra nos sale?

Aunque hay investigaciones que aportan datos sobre qué tareas resultan más fáciles o difíciles o cuáles se dominan antes o después, suelen ser de corto alcance, empleando solo algunas tareas y no siempre las mismas. Por si fuera poco, la dificultad de una actividad de conciencia fonológica está influida por otros factores, además de la unidad lingüística que se trabaje y la operación que realicemos con ella. Resulta más difícil trabajar con palabras largas, infrecuentes o inventadas, con sílabas complejas y de forma puramente oral que trabajar con palabras cortas, muy familiares, con sílabas simples y con apoyo de imágenes.

Normalmente, en una actividad de conciencia fonológica es importante recordar información verbal: qué palabra estoy trabajando y cuáles son y en qué posición están los sonidos con los que no estoy operando. Esto resulta especialmente desafiante las primeras veces que el alumnado se enfrenta a una nueva actividad. Las ayudas manipulativas y gráficas pueden reducir la carga cognitiva de la actividad, facilitando su realización. Estos apoyos pueden desvanecerse posteriormente.

Respecto a la complejidad estructural de las palabras resulta lógico pensar que su procesamiento es más difícil cuanto más largas son. Una sílaba será más sencilla si es directa, es decir, tiene una estructura de consonante y vocal (CV) como "fa". Las sílabas inversas (VC), como "af", y las mixtas (CVC), como "fal", resultan más difíciles de analizar.

Aún entrañan mayor dificultad las sílabas que incluyen sinfones, es decir, la combinación de dos sonidos consonánticos, como las sílabas trabadas (CCV), por ejemplo "flu" o "flan". En actividades de identificación del fonema inicial no es extraño encontrarse alumnado que lo identifica correctamente en palabras como "falta", pero se siente confuso cuando tiene que realizar la misma operación con palabras como "flaco".

Curiosamente, parece haber una progresión similar en la dificultad de las sílabas al comenzar a leer y escribir o, al menos, son muchos los programas de iniciación que han adoptado un orden similar a este a la hora de introducir los distintos tipos de sílabas. La presencia de más de una vocal en la sílaba es otro factor que afectará a la dificultad para trabajarla; pensemos en sílabas como "fue", "fiel" o "fluen".

A pesar de todos los inconvenientes para describir cómo se desarrolla la conciencia fonológica, tener una guía sobre su evolución es algo importante para programar y secuenciar su enseñanza, para supervisar su aprendizaje y para articularla con el aprendizaje de la lectura. Hay operaciones de conciencia fonológica que no parecen dominarse por lo menos hasta los cursos iniciales de la Educación Primaria, de modo que resulta dudoso el esquema que se sigue en algunos centros escolares: comenzamos trabajando la conciencia silábica, continuamos trabajando la conciencia fonémica y, a continuación, comenzamos la enseñanza formal de la lectura y la escritura.

A continuación, presentamos una propuesta sobre cómo distribuir el trabajo de conciencia fonológica y otras habilidades de procesamiento del habla a lo largo de los tres cursos de Educación Infantil. Esta propuesta está basada en distintos datos obtenidos con alumnado hablante de español en distintas investigaciones o en la estandarización de pruebas de evaluación. Por tanto, deben tomarse como una simple orientación y no interpretarse como una guía del desarrollo de la conciencia fonológica. Hay contenidos que aparecen en color gris. Eso indica que no hemos encontrado datos sobre su desarrollo en ese momento, pero hemos considerado conveniente añadirlos por su interés pedagógico.

Trabajo de la conciencia léxica en Educación Infantil		
Curso 1.º	**Curso 2.º**	**Curso 3.º**
Reconocer una palabra concreta en el habla. *Ejemplo* Voy a contar una historia y tenéis que levantar la mano cada vez que diga la palabra "sopa".	Separar y contar el número de palabras en una oración. *Ejemplo* Vamos a dar un paso por cada palabra que diga: "llueve", "Luis canta bien", "comemos tomate".	Separar y contar el número de palabras en una oración. *Ejemplo* Vamos a contar cuántas palabras hay en "los libros nuevos", "mi casa es pequeña".
Distinguir palabras que formen pares mínimos, es decir que solo se diferencien en un fonema. *Ejemplo* Me tenéis que decir si he dicho dos veces la misma palabra o dos palabras diferentes: "saco, saco"; "saco, sapo"; "mago, malo".		

Trabajo de la conciencia de la rima en Educación Infantil		
Curso 1.º	**Curso 2.º**	**Curso 3.º**
Escuchar rimas *Ejemplo* Escuchad: "soy feliz porque me brilla la nariz".	Completar rimas *Ejemplo* ¿Cómo termina esta frase?: "este ojo se me puso de color...".	Completar rimas *Ejemplo* ¿Cómo termina esta frase?: "encontré un balón en el...".
		Comparar rimas *Ejemplo* ¿Riman estas palabras?: "mesa, fresa"; "planta, guante"; "mago, vago".

Trabajo de la conciencia silábica en Educación Infantil		
Curso 1.º	**Curso 2.º**	**Curso 3.º**
Separar palabras en sílabas. *Ejemplo* Vamos a decir palabras dando una palmada en cada una de sus partes: "fo - to", "pe - lo - ta", "luz".	Contar las sílabas de las palabras. *Ejemplo* Vamos a contar las partes que tiene las palabras: "fo - to: dos partes", "pe - lo - ta: tres partes".	
	Localizar si una sílaba se encuentra al principio o al final de una palabra. *Ejemplo* Decidme cuáles de estas palabras tienen /la/: "farola, cadena, lavabo".	
	Identificar la palabra que comienza por una sílaba concreta. *Ejemplo* Vais a levantar la mano cada vez que diga una palabra que empiece por /ni/: "mesa, nido, vista, Nicolás, niñas".	Comparar la sílaba inicial de varias palabras. *Ejemplo* Decidme cuál de las tres palabras empieza de forma diferente: "música, mudo, morena"; "traje, tarde, tarta".
		Añadir sílabas en posición final. *Ejemplo* ¿Qué palabra sale si a "libre" le pongo /ta/ al final?
	Omitir sílabas en posición final. *Ejemplo* ¿Qué palabra sale si a "corona" le quito /na/?	Omitir sílabas en posición inicial. *Ejemplo* ¿Qué palabra sale si a "mesilla" le quito /me/?
		Acrósticos silábicos. Ejemplo ¿Qué palabra sale si junto el principio de cada una de estas? (se enseñan los dibujos de "nariz" y "dado").

Trabajo de la conciencia fonémica en Educación Infantil		
Curso 1.º	Curso 2.º	Curso 3.º
	Identificar y comparar fonemas en posición inicial. *Ejemplo* ¿Qué palabra empieza igual que "luz"?, "cana, lana, rana".	Identificar y comparar fonemas en posición inicial. *Ejemplo* Encontrad la palabra que comienza con un sonido distinto: "cine, zapato, fuerte".
		Añadir fonemas en posición final. *Ejemplo* Si a "pie" le añado /l/ al final, ¿qué palabra tengo?

Ya hemos señalado que el dominio de la conciencia fonológica no suele producirse al terminar la Educación Infantil. Por otra parte, hay investigaciones que indican que el entrenamiento de la conciencia fonológica en los primeros cursos de Educación Primaria puede mejorar el aprendizaje de la decodificación y también puede ser una ayuda considerable para el alumnado con mayores dificultades.

Tenemos aún menos datos sobre cómo es el desarrollo de la conciencia fonológica después de los 5 años de edad y, además, al comenzar la etapa primaria se suele realizar la enseñanza formal de la lectura y la escritura, si es que no se ha realizado en la etapa anterior. Una vez que comienza este aprendizaje, la conciencia fonológica, la lectura, entendida como decodificación, y la escritura, entendida como transcripción, se hacen interdependientes.

¿Qué actividades son útiles para mejorar la conciencia fonológica?

Aunque parezca una simpleza, la conciencia fonológica se mejora con programas y actividades de entrenamiento de la conciencia fonológica. Lo que quiere decir esto es que la enseñanza directa y la práctica de operaciones propias de la conciencia fonológica mejora los resultados en estas habilidades. Estamos hablando de actividades en las que se practica la manipulación de los segmentos que componen el habla (palabras, sílabas y fonemas) y otras operaciones relacionadas con esas manipulaciones, como contar o comparar.

Podemos tener dudas sobre la utilidad de todo esto, ya que las pruebas de evaluación de la conciencia fonológica suelen incluir actividades similares a las que se usan para su entrenamiento. Sin embargo, ya hemos visto en este capítulo cómo esa práctica parece producir mejoras en las habilidades básicas de lectura y escritura. También sabemos que los efectos en la lectura no son momentáneos, sino que se aprecian en evaluaciones de seguimiento realizadas entre 7 meses y 3 años después de concluir las intervenciones.

Al hablar del desarrollo de la conciencia fonológica hemos presentado varias tablas en las que se podían ver las distintas operaciones que se pueden realizar para entrenar la conciencia fonológica, con algunos ejemplos de actividades.

Aunque la cantidad de operaciones que se pueden llevar a cabo es limitada, las actividades que se pueden realizar para practicarlas son muy variadas. Esa variedad es debida, en gran parte, a la posibilidad de combinar distintas características de las actividades:

1. Tipo de operación que, como mínimo, podría ser: identificar, separar o aislar; segmentar, comparar, categorizar, sintetizar o unir, añadir, eliminar, sustituir o cambiar el orden.
2. La unidad lingüística que empleemos. Fundamentalmente van a ser la sílaba y el fonema. Con una perspectiva más abierta, también podríamos trabajar la palabra o la rima.
3. La posición de la unidad lingüística (sílaba o fonema) en la que podemos diferenciar las unidades que están al principio de la palabra, las que están al final de la palabra y las intermedias.
4. El modo de trabajo: puramente oral, con apoyos gráficos, con apoyos manipulativos o con apoyos escritos.

Combinando esas cuatro características obtendríamos 192 tipos de actividades diferentes y a eso se podrían añadir otras cuestiones, como:

- Las palabras concretas que utilicemos: más largas, cortas, familiares, extrañas, sencillas, complejas o relacionadas entre sí.
- Las instrucciones o ejemplos que proporcionemos.
- Que las actividades se realicen individualmente o con otras personas.
- El soporte oral, impreso o informático.
- El tipo de apoyos: el estilo de las imágenes o las ayudas manipulativas (bolitas, botones, pegatinas, etc.).

A continuación, incluimos un ejemplo del uso de apoyos manipulativos y lenguaje escrito en una actividad de conciencia léxica: separar las palabras que forman una oración. Las piezas de construcción que sujetan las tarjetas permiten distinguir palabras con significado y palabras funcionales. Las tarjetas con dibujos o palabras pueden ayudar a realizar operaciones más complejas, como omitir una palabra ("me gusta ese sombrero") o cambiar el orden de las palabras ("ese sombrero negro me gusta").

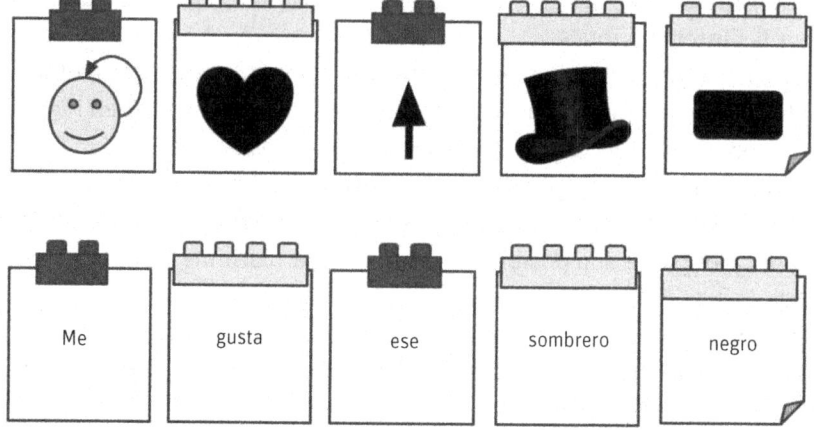

Es improbable que necesitemos utilizar todas las posibles actividades de conciencia fonológica. Seguramente, tampoco habría tiempo suficiente para realizarlas durante la Educación Infantil y los primeros cursos de Primaria. Entonces, ¿cómo seleccionamos las actividades o los programas más útiles?

La investigadora Marianne Rice, de la Universidad A&M de Texas, dedicó su tesis doctoral a estudiar la eficacia del entrenamiento de la conciencia fonológica. A partir de ese trabajo publicó en 2022 un artículo, escrito con otras cuatro autoras, en el que revisan 46 investigaciones con grupo de control, encontrando resultados positivos en casi todos los análisis.

Quizá lo más interesante aquí sea que las operaciones más investigadas y que producen el mayor efecto en la mejora de la conciencia fonológica son las de síntesis y segmentación, seguidas por las de omisión y sustitución y, en tercer lugar, las de identificación, separación y categorización.

Resultan útiles intervenciones:
- con distintos aplicadores: profesorado, familias o informáticas;
- en distintas agrupaciones: individuales, en pequeño grupo o con toda la clase;
- con o sin apoyo de las letras.

Ruth Sánchez y Raquel Fidalgo, de la Universidad de León, nos presentan otro tipo de información. Estas investigadoras parten de la observación de 113 maestras de Educación Infantil en 40 colegios de la provincia de León y ofrecen datos sobre las actividades registradas. El fonema fue el segmento más trabajado, casi siempre con actividades de identificación. En menos del 20 % de las observaciones se encontraron actividades de otro tipo. El segundo segmento más trabajado fue la sílaba. En este caso, la identificación fue también la actividad más frecuente, pero el recuento se observó con una frecuencia solo un poco más baja. Aunque la segmentación, la combinación y la adición se observaron en menor medida, se encontraron en más del 20 %

de las observaciones. El segmento menos trabajado fue la rima, que se encontró solo en el 13,3 % de las observaciones y siempre con actividades de identificación.

La mayor parte del trabajo se realizó en asamblea o grupos, aunque entre el 20 y el 37,4 % de las observaciones eran de trabajo individual. En este sentido, se encontró una tendencia, en el nivel de conciencia fonémica, a pasar de un trabajo fundamentalmente grupal en el primer curso a un trabajo mayoritariamente individual en el tercero.

Las actividades de conciencia fonológica que se pueden plantear son prácticamente infinitas y hemos visto que distintos tipos de actividades pueden tener un resultado positivo. Desde nuestro punto de vista, la clave está en la elección del material lingüístico y en plantear una situación acorde con el desarrollo del alumnado, de manera que la actividad no sea excesivamente sencilla, pero tampoco imposible o de poca utilidad.

Confiamos en que es posible conseguir ese ajuste con un buen conocimiento de la conciencia fonológica y de otras habilidades relacionadas y teniendo presentes los factores que pueden influir en la dificultad de las actividades.

Por eso, en este capítulo hemos optado por tratar de mostrar la progresión en el desarrollo de estas habilidades y la manera de graduar las tareas. Una vez asimilados estos conceptos, el diseño, la selección o la adaptación de las actividades quedan supeditados a nuestro buen hacer, ingenio y creatividad.

Existe una cantidad notable de recursos ya elaborados para el trabajo de la conciencia fonológica. Podemos comprar programas completos y también podemos encontrar muchas actividades y algunos programas gratuitos en internet.

Sea cual sea el origen del material, siempre será conveniente valorarlo teniendo en cuenta lo que conocemos sobre conciencia fonológica y sobre el alumnado al que se va a destinar. Hay propuestas que incluyen palabras muy infrecuentes, y largas o complejas, como "otorrinolaringólogo" o palabras que son de uso frecuente en algunos países o regiones, pero no en otros, como "armario", "tamal", "pibe", "zumo" o "auto".

En la siguiente lista aparecen varios programas o materiales de enseñanza de la conciencia fonológica. Hemos señalado con el ícono aquellos que se pueden encontrar en internet para su uso gratuito.

- "Avanza" y "Avanza Dos", de Patricia María Espejo, María Dolores Llambés, Beatriz Vallejo y Raúl Gutiérrez.
- "Ayudando a futuros lectores", de Ariel Cuadro y Carolina Castro (en ediciones anteriores también participó Daniel Trías).
- 🎁 "Comunicarnos. Conocimiento fonológico", colección de actividades interactivas, también con versiones impresas, creada por el Equipo Comunicarnos.
- "Conciencia fonológica", de Antonio Vallés.
- "Conciencia fonológica. Cuadernillo de actividades", de Verónica Cassariga y Alejandra Gettar.

- "Conciencia fonológica. Libro de actividades", de Cecilia Centeno y Constanza Dechert.
- "Conciencia fonológica y aprendizaje de la lectura: teoría, evaluación e intervención", donde se encuentra el programa PROCONFO, de Juan Eugenio Jiménez y María del Rosario Ortiz.
- "Javitor, el castor lector y los amigos de las letras", de Alfredo Rodriguez, Fernando Cuetos, Rosa María Gonzalez y Silvia López.
- "Komunica. Programa para el desarrollo del conocimiento fonológico", de María del Carmen de la Torre, María Dolores Guerrero, María Isabel Conde y Rosa María Claros.
- "LOLE. Del lenguaje oral al lenguaje escrito", de María Ángeles Mayor y Begoña Zubiauz.
- "Los sonidos de las palabras", de Consuelo García.
- 🎁 "Materiales para trabajar las habilidades fonológicas", del equipo de audición y lenguaje del CREENA.
- 🎁 "PROCONFO. Programa de conciencia fonológica para Educación Infantil", de Elena Serrano y Almudena Vergara.
- 🎁 "Programa de conciencia fonológica y silábica para el aprendizaje de la lectoescritura", de Rosa García.
- "Programa de habilidades metafonológicas", de Amelia Carrillo y Celia Carrera.
- "Programa de refuerzo del conocimiento fonológico", de José Luis Ramos e Isabel Cuadrado.
- 🎁 "Te cuento cómo suenan las palabras", de Belinda Haro y María Blanco.
- "Vamos a jugar con… las palabras, las sílabas, los sonidos y las letras", de Miren García.

Conocer más

- RICE, M.; ERBELI, F.; THOMPSON, C. G.; SALLESE, M. R., y FOGARTY, M. (2022): "Phonemic awareness: a meta-analysis for planning effective instruction". *Reading Research Quarterly*, 57, 1259-1289.
- SÁNCHEZ-RIVERO, R., y FIDALGO, R. (2020): "La enseñanza de la conciencia fonológica en la Educación Infantil: un estudio observacional". *Revista de Psicología y Educación*, 15, 184-200.

Las cajas de Elkonin

Podemos encontrar con el nombre de "cajas de Elkonin" distintas actividades en las que se trabaja la segmentación de los fonemas que forman una palabra con un apoyo manipulativo, ya que cada uno de ellos está representado por una bolita que se coloca en un hueco o por un punto o pegatina que se coloca en una casilla.

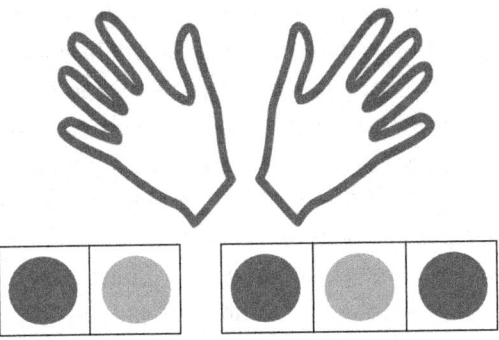

Representación de la palabra "manos". Bajo el dibujo de las manos se ha separado la palabra en sílabas y cada una de estas se ha segmentado según la cantidad de fonemas que la componen, distinguiendo entre los vocálicos y los consonánticos.

Este formato de actividad es una reducción de un programa de enseñanza de la lectura creado por el pedagogo ruso Daniil Elkonin (1904-1984). Un libro sobre la lectura en la psicología soviética resume su propuesta así:

En el enfoque de análisis de los sonidos de Elkonin, al niño se le muestra la imagen de un objeto. Entonces, cada sonido de la palabra que nombra ese objeto se alarga pronunciando la palabra muy despacio. Simultáneamente coloca una bolita en cada una de las cajas que se encuentran en diagrama bajo la imagen. Por ejemplo, bajo la palabra "flan" ("tent" en el texto original) hay un diagrama con cuatro cajas y cada caja corresponde a un sonido.

En realidad, lo que se describe es solo una parte de la propuesta de Elkonin, que comienza destacando cada uno de los sonidos que forman la palabra y termina sustituyéndolos por grafemas.

Conocer más

- ELKONIN, D. B. (1988): "How to teach children to read". En J. A. Downing (Ed.), *Cognitive psychology and reading in the U.S.S.R.* (pp. 387-426). North-Holland.

Actividades lúdicas para trabajar la conciencia fonológica

Seguramente, cualquier actividad en que se trabaje la conciencia fonológica u otras habilidades fonológicas se puede convertir en un juego. Veamos algunos ejemplos de estas transformaciones.

Conciencia léxica: una actividad de representar o contar las palabras de una oración se puede transformar en un juego en el que la clase se divide en grupos. La maestra ofrece a cada grupo varias tarjetas de colores, cada una con una oración. Cada componente elige una tarjeta y, a continuación, la maestra lee todas las oraciones. Luego, las vuelve a leer, color por color. Quienes han elegido ese color se desplazan tantos pasos como palabras tenga la oración (se puede hacer una fila de aros u otro tipo de marcas en el suelo para que las distancias sean homogéneas). Si hay diferencias entre distintos participantes, se ajustan según el número de palabras que hay realmente y se repite el proceso con otros colores.

Se puede organizar el juego para que gane el color que más lejos haya llegado o el equipo que mejor haya medido la cantidad de palabras de sus oraciones. Es interesante que en las tarjetas haya contraste entre la cantidad de palabras y lo que ocupa la oración. Por ejemplo:

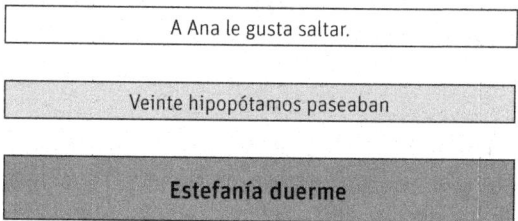

Puede ser que el alumnado descubra el truco de que el número de palabras escritas es el número de palabras que tiene la oración, independientemente de su significado, su longitud o el tamaño de las letras. Es un conocimiento interesante, pero si no queremos que lo resuelvan así, podemos presentar las frases oralmente y en las tarjetas solo mantenemos el color o una ilustración que recuerde la oración.

Conciencia silábica: una actividad como comparar la sílaba inicial de las palabras se puede convertir en un juego de memoria. Basta con preparar un conjunto de tarjetas que representen palabras con parejas que empiecen por la misma sílaba, como "rana, ratón" o "gato, gafas".

Las tarjetas se colocan bocabajo y se mezclan. Cada participante descubre dos tarjetas y, si comienzan por la misma sílaba, se queda ese par y puede descubrir otras dos.

Conciencia fonémica: identificar qué palabras contienen un fonema determinado es una actividad muy común. Se puede convertir en un juego colocando un aro grande en el suelo de la clase o señalando una zona con una cuerda o de otra forma. Cada participante recibe una tarjeta que representa una palabra (también podría jugarse con los nombres del alumnado). Se dice un sonido y quienes lo tengan en su palabra deben ir rápidamente a la zona señalada. Por ejemplo, si decimos el sonido /fff/, quienes tienen la tarjeta con "gafas", "flor" o "sofá" deben colocarse en la zona.

Después de eso se supervisa si falta alguien en el grupo de palabras con /f/ o si alguna persona no debería estar.

Además de estas adaptaciones, existen actividades de entretenimiento que permiten trabajar la conciencia léxica y fonológica, lo que las hace interesantes para practicar fuera del aula:

- Canciones o retahílas en las que determinadas palabras se asocian con gestos.
- Canciones o retahílas en las que no se pueden decir algunas palabras, como en la canción "Mi barba tiene tres pelos".
- El juego de las palabras encadenadas, que se puede hacer según sílabas o según fonemas.
- Variaciones del juego "De La Habana ha venido un barco" en las que se deben pensar palabras que comiencen por el mismo sonido.
- El juego del "Veo, veo" (dando las pistas con fonemas en lugar de con letras).
- Lenguajes inventados, como decir las palabras al revés o añadir un segmento entre las sílabas de las palabras.

Subiendo de nivel

A lo largo de todo este capítulo hemos presentado la conciencia fonológica como algo que solo podemos conocer indirectamente, proponiendo pruebas o actividades en las que sea necesario realizar operaciones con los sonidos que forman las palabras habladas.

En aulas de Educación Infantil o de los cursos iniciales de Educación Primaria podemos encontrarnos con algo fácilmente observable y que tiene muchos puntos en común con esas operaciones de la conciencia fonológica. Pensemos en una alumna que dice "ayé fuimo la pitina (ayer fuimos a la piscina)" o en un alumno que dice "quiedo el coló golojo (quiero el color rojo)". Fácilmente podemos pensar que han omitido, sustituido o añadido fonemas de forma incorrecta.

A edades tempranas, esto no resulta llamativo; la adquisición de los sonidos del habla y la capacidad para articular sílabas y palabras cada vez más complejas y largas se desarrollan de forma progresiva. Pero en edades algo más avanzadas empieza a ser notorio que hay alumnado que tiene dificultades con fonemas o estructuras que la mayor parte de sus compañeros ya utiliza correctamente.

Los retrasos o alteraciones de cierta gravedad en el desarrollo del habla han recibido nombres como "dislalia" o "trastorno fonológico" y actualmente se está extendiendo la denominación de "trastorno de los sonidos del habla". Es mucho lo que se podría decir sobre estos problemas; de hecho, se han publicado libros completos que analizan su origen, la forma de valorar su gravedad, su relación con dificultades para percibir los sonidos del habla o su tratamiento. Lo que nos interesa aquí es su relación con la conciencia fonológica y con el aprendizaje de la lectura y la escritura.

En una revisión de investigaciones que aún no hemos publicado hemos visto que las personas con trastorno de los sonidos del habla (TSH) tienen un rendimiento en lectura o escritura significativamente menor que las personas sin dificultades en el habla. La diferencia es grande en el caso de la lectura y moderada en el caso de la escritura, y tiende a mantenerse a lo largo del tiempo.

En investigaciones realizadas con angloparlantes, un 36,3 % de los participantes con TSH tiene bajo rendimiento en lectura, frente a un 9,3 % de los participantes sin problemas de habla. El bajo rendimiento en escritura se identifica en un 23,9 % de los participantes con TSH y en un 4,6 % de los participantes sin dificultades en el habla.

Es decir, la mayor parte del alumnado con problemas en el habla no va a tener especiales dificultades con la lectura y la escritura, pero eso sí que va a suceder a, aproximadamente, la tercera parte, por lo que es algo que debemos tener en cuenta. También es importante saber que el riesgo de dificultades en el aprendizaje de la lectura y la escritura se incrementa notablemente si los problemas de habla están acompañados por problemas de lenguaje, como dificultades en el vocabulario o la sintaxis.

El alumnado con TSH tiene, como grupo, un nivel de conciencia fonológica inferior al del alumnado sin dificultades en el habla y, de hecho, el entrenamiento en conciencia fonológica es parte de los recursos que se utilizan para el tratamiento del TSH.

A pesar de la considerable importancia práctica que puede tener este tema en las aulas, la investigación con hispanohablantes ha sido muy escasa. Entre los pocos trabajos relevantes encontramos la tesis doctoral de Miriam Zarzo. Este trabajo confirma que el alumnado con peor percepción del habla y más problemas en la articulación o pronunciación obtiene peores resultados en tareas de conciencia fonológica. Sin embargo, el mejor predictor de la conciencia fonológica no es la precisión en la articulación, sino la percepción del habla.

En este estudio, la percepción del habla se medía con una prueba de discriminación de pares mínimos como "bata, gata" o "tubo, cubo".

Conocer más

- ZARZO, M. (2021): *Relaciones entre la percepción y producción de habla y las habilidades de procesamiento fonológico en niños con trastorno fonológico* [Tesis doctoral, Universidad de Valencia]. RODERIC.(Repositori d'Objectes Digitals per a l'Ensenyament la Recerca i la Cultura). https://hdl.handle.net/10550/80314

La autora destaca una implicación para la práctica clínica logopédica[7]: en la intervención dirigida a mejorar la conciencia fonológica no se debe descuidar el entrenamiento en la percepción del habla, contemplando siempre aquellos fonemas y estructuras silábicas en los que exista una dificultad. Ambas habilidades (percepción del habla y conciencia fonológica) deberían trabajarse en los programas de intervención para asentar las bases del lenguaje escrito.

---

[7] Hay que tener en cuenta que el alumnado participante en esta investigación fue seleccionado por cumplir los criterios para el diagnóstico de un trastorno fonológico.

No olvides

☐ Existe una relación muy estrecha entre conciencia fonológica y aprendizaje de la lectura y la escritura. Distintos datos de investigación sugieren que para aprender a leer y escribir de forma eficiente es necesario cierto nivel de conciencia fonológica.

☐ La adquisición de la conciencia fonológica es progresiva. La mayor o menor dificultad de una actividad de conciencia fonológica tiende a estar influida, sobre todo, por la unidad lingüística con la que se trabaje (palabras, sílabas o fonemas) y por el tipo de operación que se realice (identificar, segmentar, contar, omitir, añadir, etc.).

☐ Cuando se diseñan actividades para la enseñanza de la conciencia fonológica es importante tener en cuenta factores como la posición de la unidad lingüística que se ha de manipular (inicial, final o intermedia), la familiaridad y longitud de la palabra y el uso de apoyos gráficos o manipulativos, ejemplos o pistas.

Capítulo seis

El conocimiento de las letras

Como hemos resaltado, el conocimiento de las relaciones entre letras y sonidos es la piedra angular del aprendizaje de la lectura y la escritura, especialmente en una lengua alfabética y con unas reglas de conversión entre grafemas y fonemas relativamente sencillas.

¿Por qué es importante profundizar en esto?

Por sorprendente que pueda parecer, en la didáctica de la lectura y la escritura no siempre se ha dado importancia al conocimiento de las letras. En el capítulo cuatro ya vimos cómo Horace Mann consideraba que era inadecuado enseñar las letras en la edad infantil. Lejos de ser una anécdota o una curiosidad histórica, estas ideas perviven en el método global o analítico de enseñanza de la lectura, que presentaremos en el capítulo ocho.

Por otra parte, es muy común pensar que el conocimiento de las letras se reduce a reconocer su forma y asociarla con su nombre ("eso es una ele"). Los nombres técnicos también nos pueden jugar malas pasadas y es posible que pensemos que el principio alfabético o el conocimiento alfabético se refieren a la memorización y el uso del abecedario.

El conocimiento de las letras es algo bastante más extenso y, aunque les hemos dedicado este capítulo, hemos tenido que tratarlas en otros:

- En el capítulo cuatro, como predictores del aprendizaje de la lectura.
- En el capítulo siete, como uno de los conocimientos sobre el lenguaje escrito que puede tener el alumnado prelector.
- En el capítulo nueve, como elementos de la decodificación.
- En el capítulo diez, desde la perspectiva de la escritura, centrándonos en el trazado.

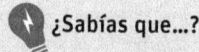
Conocer más

- BYRNE, B., y FIELDING-BARNSLEY, R. (1989); "Phonemic awareness and letter knowledge in the child's acquisition of the alphabetic principle". *Journal of Educational Psychology*, 81(3), 313-321.

¿En qué consiste conocer las letras?

Reconocer o discriminar las letras, saber su nombre y qué fonema representan son una parte del conocimiento de las letras, pero este es más extenso. Ray Reutzel, profesor de la Universidad Estatal de Utah y especialista en enseñanza de la lectura, propone que el conocimiento de una letra tiene ocho componentes, representados en la siguiente ilustración.

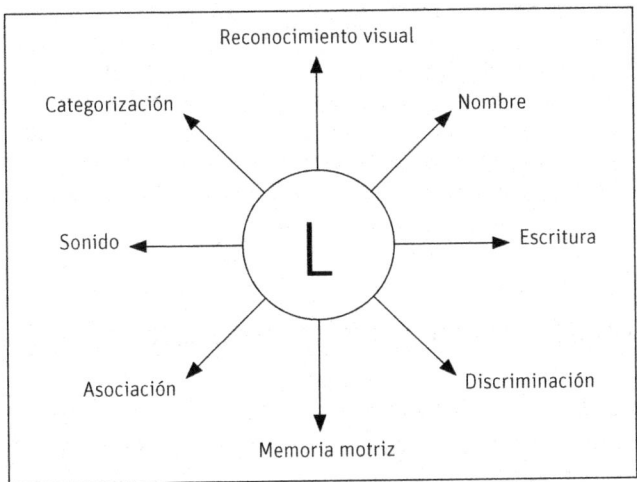

Quizá tendríamos que pedir al doctor Reutzel que nos aclare algunos de estos componentes, pero la idea es que de una letra como la "L" podemos aprender muchas cosas, incluso más de ocho:

- Identificarla visualmente.
- Identificarla por el tacto (poner una "L" en relieve dentro de una bolsa de tela y adivinar qué letra es tocándola, cubrir varias letras en relieve con un paño y adivinar cuál es la "L", adivinar la letra cuando alguien me la traza con su dedo en la palma o en el dorso de la mano, etc.).
- Reconocerla en distintas formas (mayúscula, minúscula, manuscrita o en distintos tipos de letra).
- Diferenciarla de otras letras y signos parecidos como "I" o "1".
- Conocer el sonido que representa.
- Conocer su nombre.
- Saber que se trata de una consonante.
- Formarla con piezas, pasta de modelar u otros materiales.
- Tener la habilidad para copiarla en distintos tamaños y con diferentes herramientas o materiales.
- Tener la habilidad para trazarla de memoria.
- Conocer el lugar que ocupa en el alfabeto.

Parte de estos conocimientos se pueden trabajar antes del inicio formal de la enseñanza de la lectoescritura, hay otra parte que es característica de la enseñanza formal (la relación con el fonema y la habilidad para trazarla) y, por ejemplo, el conocimiento del alfabeto es poco relevante para el aprendizaje de la lectura y la escritura, aunque puede tener otros usos.

¿Cuáles son las relaciones grafema-fonema?

El conocimiento de las relaciones entre grafemas y fonemas es clave para la lectura y la escritura. Aunque nos resulta muy familiar porque llevamos años empleando esas relaciones para leer y escribir, en esta sección vamos a tratar de exponer esas relaciones.

Según la Real Academia Española, el sistema fonológico del español consta de 24 fonemas: 5 vocálicos y 19 consonánticos. Este número varía según la forma regional de hablar el español (ceceo, seseo, yeísmo...). Pasando a los grafemas, la Real Academia Española propone, desde 1994, un alfabeto con 27 letras, de las cuáles la letra "q" solo la vamos a encontrar (en español) formando parte del dígrafo "qu". Tendríamos que añadir otros cuatro dígrafos: "ch", "gu", "ll" y "rr".

Tenemos, por tanto, 31 grafemas para representar 24 fonemas "oficiales", de modo que es evidente que no hay una correspondencia uno a uno entre grafemas y fonemas.

En la lectura, las correspondencias son más sencillas: normalmente, cada grafema representa un solo sonido con la excepción de algunos casos que están controlados por reglas más complejas:

- La letra "c" representa (en el español estándar) un fonema cuando va seguida por "a", "o", "u" o se encuentra al final de una sílaba, y otro fonema distinto si va seguida por "e" o "i".
- La letra "g" representa un fonema cuando va seguida por "a", "o", "u" o se encuentra al final de una sílaba, y representa otro fonema distinto cuando va seguida por "e" o "i".
- La letra "r" representa un fonema cuando se encuentra al comienzo de una palabra o cuando va tras las consonantes "l", "n" o "s". Cuando se encuentra entre vocales o precedida por consonantes distintas a "l", "n" o "s", representa un fonema diferente
- La letra "y" representa el mismo fonema que la vocal "i" cuando se encuentra aislada o al final de una palabra, y representa otro fonema si se encuentra en otras posiciones.

Hay algunas reglas que no se refieren a la posición del grafema o a las letras que lo acompañan, sino que obedecen a otros motivos: históricos o etimológicos. Bastantes personas competentes en lectura y escritura desconocen estas reglas y, simplemente, parecen haber aprendido cómo se leen o escriben las palabras en las que se aplicarían.

- Respecto al grafema "r", hay casos especiales que tienen que ver con la forma en que se han creado las palabras y su estructura silábica. Por ejemplo, aunque "brazo" y "subrayar" contienen las letras "bra", su pronunciación es distinta.
- La letra "w" representa distintos sonidos, pero, en este caso, las razones son etimológicas: el sonido es diferente en palabras de procedencia germánica o inglesa. Se trata de una letra poco frecuente en el español y que suele aparecer en palabras de origen extranjero.
- El fonema o los fonemas que corresponden a la letra "x" dependen de su posición en la palabra. Al comienzo de una palabra se pronuncia con el mismo sonido que "s". La "x" entre vocales o al final de palabra se puede pronunciar como "ks" o como "gs" (ambas formas se consideran correctas). Cuando se sitúa al final de sílaba (sin ser final de palabra), se debería pronunciar de la misma forma, pero en España es muy común pronunciarlas como "s". En algunos nombres de lugares americanos y algunos apellidos el grafema "x" tiene la misma pronunciación que "j" (México, Xalapa, Ximénez, Mexía). También hay algunos lugares americanos en los que representa el fonema /sh/, como Xola o Xicalango.
- En algunas palabras, como apellidos que han mantenido su forma antigua (Goytisolo), procedentes del extranjero (taylorismo) o siglas y acrónimos (APYMA), la "y" tiene el mismo comportamiento que la "i", incluso puede llevar tilde, como en "Laýnez".

Al escribir la complejidad es mayor, ya que hay fonemas que pueden representarse mediante distintos grafemas. Representan el mismo fonema:
- Los grafemas "b", "v" y "w" (en palabras de origen germánico).
- Los grafemas "c" (en "ca", "co", "cu" y al final de sílaba), "k" y "qu".
- Los grafemas "c" (en "ce" y "ci") y "z".
- Los grafemas "g" (en "ge" y "gi") y "j".
- Los grafemas "i" e "y" (aislado, al final de palabra o en algunas palabras excepcionales).
- Los grafemas "rr" y "r" (al inicio de palabra o tras "l", "n" o "s").
- Los grafemas "s" y algunos casos de "x", por ejemplo, cuando se encuentra al inicio de las palabras.
- Los grafemas "cs" al final de sílaba (como en "cómics" o "tics") y el grafema "x" a final de sílaba. Al ser aceptable la pronunciación de "x" como "gs", tendríamos un caso similar en palabras como "zigzag" o "icebergs".

Además:

- El grafema "h" no representa ningún fonema, con la excepción de palabras de origen extranjero como "hámster" o "hachís".
- Para la mayoría de los hablantes de español, "ll" e "y" (en los casos en que no se comporta como "i") representan el mismo fonema.
- Se utiliza diéresis para escribir "güe" y "güi".

En algunos casos, la escritura correcta de las palabras tendrá que aprenderse de forma ortográfica, por la memorización de su forma al leerlas repetidamente. También podría alcanzarse la corrección por la memorización de un conjunto extenso de normas de cierta complejidad, como que se escriben con "g" los verbos terminados en "-ger" y "-gir", menos tejer y crujir.

Seguramente, estamos de acuerdo en que la enseñanza de todo este conjunto de reglas que relacionan los grafemas y los fonemas del español al alumnado hispanohablante que se está iniciando en la lectura y la escritura es algo totalmente inadecuado. Es posible leer y escribir con solvencia sin conocer todas las reglas de conversión grafema-fonema, fonema-grafema y letras ortográficas, pero sí hay que conocer las más frecuentes e importantes.

¿Cómo enseñamos las relaciones grafema-fonema?

Nuestro alumnado se familiariza con las letras por encontrarlas en su entorno y comienza aprendiendo aquellas a las que presta más atención. Es muy común que las primeras letras conocidas sean las que forman el nombre propio.

Pero si queremos enseñar las letras de forma sistemática, especialmente cuando comencemos a presentar las relaciones grafema-fonema, vamos a necesitar algún tipo de orden.

¿En qué orden introducimos las relaciones grafema-fonema?

Continuando una tradición que se remonta a la antigüedad grecolatina, desde la Edad Media hasta finales del siglo XVIII, la enseñanza de la lectura en español se realizaba, normalmente, siguiendo el orden alfabético. A veces se introducían algunas variaciones, como presentar primero las letras vocales, o agrupar grafemas que representan el mismo fonema.

A partir de esa fecha comienzan a aparecer propuestas diferentes que, a veces, adoptan nombres con expresiones como "nuevo silabario", "conforme a la inteligencia de los niños", "racional", "ordenado" o "moderno".

Algo común en esta nueva corriente es evitar el deletreo. Mayoritariamente, se hacía trabajando la lectura de sílabas. De hecho, muchas de estas propuestas tienen en su título la palabra "silabario". Los autores de estas propuestas solían preocuparse más por el orden en el que se introducían las distintas sílabas que por el orden en el que presentaban las letras. Para introducir las sílabas se seguía un orden basado en su complejidad que solía ser bastante parecido en los distintos programas, por ejemplo: vocales, diptongos, sílabas formadas por consonante y vocal (CV), sílabas VC, CVC, CCV y CCVC. Algunos silabarios incluían también triptongos, y sílabas con diptongos y triptongos (CVVV, CVV, CVVC, CCVV, CCVVC).

El orden en el que se presentaban las letras era más variable y, muchas veces, los autores de estas propuestas no indicaban cómo lo habían decidido. Un criterio que se encuentra en varias ocasiones es el fonético. Vicente Naharro, en su Silabario "dispuesto por el orden de un alfabeto racional", publicado en 1818, indica que las consonantes se habían dispuesto siguiendo este orden: labiales, dentales, palatinas y guturales. Así, la introducción de las consonantes comenzaba con "h, b, v, m, p, f...".

En la actualidad, nos puede parecer extraño comenzar a introducir las consonantes con la "h". Lo que se pretendía era comenzar la lectura con las consonantes más fáciles de pronunciar y, en ese caso, era lógico comenzar con la "h": es la más sencilla de todas, ya que no corresponde a ningún fonema.

Otros criterios que se pueden encontrar en materiales de enseñanza de la lectura del siglo XIX o principios del XX son el de discriminación, o no presentar consecutivamente letras muy parecidas, y el de facilidad del trazado, que propone empezar por trabajar las letras que tienen formas más básicas para crear las demás a partir de ellas.

Tomando estos criterios y otras posibilidades y dejando de lado el poco justificable criterio alfabético, podemos considerar los siguientes:

Criterios para decidir el orden de presentación de las letras	
Criterio	**Prioridad o forma de secuenciar**
Tipo de grafema	• Vocales antes que consonantes. • Letras antes que dígrafos.
Frecuencia	• Letras frecuentes antes que letras infrecuentes. • Letras frecuentes en los tipos de sílaba más sencillos antes que letras infrecuentes en esos tipos de sílaba. • Letras que resultan familiares antes que las que resultan poco conocidas.
Funcionalidad (este criterio se solapa, en gran medida, con el de frecuencia)	• Enseñar antes los grafemas con los que podemos escribir la mayor cantidad de palabras reconocibles por el alumnado. • Enseñar antes los grafemas con los que podemos escribir la mayor cantidad de palabras reconocibles por el alumnado y representables gráficamente.
Fonético	• Fonemas fáciles de pronunciar antes que fonemas difíciles. • No introducir consecutivamente grafemas que correspondan al mismo fonema o a fonemas muy similares. • Introducir tardíamente los grafemas que corresponden a fonemas oclusivos sordos "c" (con "a", "o" y "u"), "k", "qu", "p" y "t".
Gráfico	• Grafemas fáciles de reconocer o trazar antes que grafemas difíciles. • No introducir consecutivamente grafemas muy similares.
Complejidad	• Grafemas que representan un único fonema antes que los que representan varios fonemas.

Ahora vamos a desarrollar un poco más algunos de estos criterios para ayudar en la toma de decisiones.

Criterio de frecuencia

Las orientaciones que ofrecemos sobre la frecuencia de las letras y dígrafos se han formado combinando varias fuentes.

- Orden de frecuencia de las letras en español: A, E, O, S, R, I, N, L, D, T, C, U, M, P, B, G, Q, H, Y, V, F, J, Z, Ñ, X, K, W.
- Orden de frecuencia de los grafemas iniciales en las sílabas formadas por vocal (V) o por consonante + vocal (CV): T, D, L, S, M, N, C (seguida de A, O, U), A, P, R (en inicio de palabra), R (en otras posiciones), B, V, C (seguida de E, I), Q, G (seguida de A, O, U), F, Y (con sonido vocálico), J, O, LL, H, CH, Z, E, RR, U, Ñ, G (seguida de E, I), I, Y (seguida de vocal), GU (seguido de E, I), X, K, GÜ (seguido de E, I), W.
- Orden de frecuencia de la consonante final en las sílabas con estructura VC: N, S, L, R, M, X, C, B, T, D, P, G, Z, F, H, Y.
- Orden de frecuencia de la consonante final en las sílabas con estructura CVC: S, R, N, L, M, D, C, Y, Z, P, X, G, B, T, J, F, K, H, V.

Criterio fonético

Como referencia sobre el orden de adquisición de los distintos fonemas del español, recomendamos la lectura del artículo "Adquisición, desarrollo y aprendizaje de los sonidos del habla del español en niños de 2 años y medio a 6 años y 11 meses. Un estudio transversal normativo", un texto de Franklin Susanibar, Alejandro Dioses y Danilo Chicaiza que, además de recoger datos de 926 niños y niñas de España y Perú, revisa otros estudios anteriores sobre este tema.

- Fonemas fáciles de pronunciar antes que fonemas difíciles: de acuerdo con el trabajo que acabamos de presentar, la pronunciación de los fonemas del español (el 90 % de la muestra lo pronuncia al inició de sílaba) presenta este desarrollo:
  – Antes de los 2 años y medio: /a/, /e/, /i/, /o/ y /u/;
  – 2 años y medio a 2 años y 11 meses: /n/, /t/ y /b/;
  – 3 años a 3 años y medio: /m/, /p/, /k/, /j/ y /y/;
  – 3 años y medio a 3 años y 11 meses: /ñ/, /d/, /g/, /l/, /ch/ y /f/;
  – 5 años a 5 años y medio: /r/, /s/ y /z/;
  – 6 años a 6 años y medio: /R/.

  Los primeros grupos consonánticos o sinfones se consolidan a partir de los 4 años y medio (/bl/ y /fl/). Entre los 5 años y medio y los seis años, al menos el 90 % del alumnado evaluado articulaba todos los grupos de consonante seguida por /l/ o /r/.

  Entre los 3 años y los 3 años y medio comienza el dominio de los diptongos con /ua/. Al llegar a los 5 años la mayor parte del alumnado ha completado el repertorio de diptongos.

- No introducir consecutivamente grafemas que correspondan al mismo fonema o a fonemas muy similares. En la sección "¿Cuáles son las relaciones grafema-fonema?" ya hemos indicado qué grafemas se corresponden con el mismo fonema. La información sobre los fonemas similares o que pueden confundirse con mayor facilidad la encontraremos en el capítulo doce, en la sección "Alumnado con dificultades en el habla". Este alumnado y el alumnado con pérdida auditiva son grupos a los que estas confusiones les pueden causar dificultades considerables en el aprendizaje de la lectoescritura.

La mayor parte del alumnado al que iniciamos en la decodificación ya ha completado su repertorio fonético en la lengua oral: es capaz de pronunciar los sonidos de la lengua española que se usan en su entorno sin especial esfuerzo, de modo que no tiene mucho sentido hablar de mayor o menor dificultad. En los casos en que el niño o la niña que se inicia en la lectura no haya adquirido algún fonema, se puede plantear el introducirlo de forma más tardía en el trabajo de lectura y escritura. "R", "s" o "ll" (cuando representa un fonema distinto que el de "y" seguida de vocal) serían los grafemas más problemáticos en este sentido, ya que una parte del alumnado aún no los ha adquirido a los 5 o 6 años. De cualquier forma, desconocemos las consecuencias de practicar la lectura o escritura de fonemas no adquiridos en el habla.

Conocer más

Este trabajo aún no ha sido publicado, pero se puede encontrar su versión preliminar con una sencilla búsqueda en internet:

- Susanibar, F.; Dioses, A., y Chicaliza, D. (2022): *Adquisición, desarrollo y aprendizaje de los sonidos del habla del español en niños de 2 años y medio a 6 años y 11 meses: un estudio transversal normativo.*

Criterio gráfico

Los datos que encontremos para este criterio deben ser considerados con mucha cautela, ya que puede haber diferencias notables dependiendo del tipo de tarea con la que se valore la escritura. No es lo mismo pedir al alumnado que copie letras, que escriba letras al dictado o que escriba las letras que conoce.

Aunque podamos calcular la dificultad del trazado de las letras según variables como el número de movimientos que se necesitan para escribirlas, los cambios de dirección o la posición del punto donde se comienza a escribir la letra, los resultados van a ser diferentes según el tipo de letra que se emplee. Algo similar sucede con la similitud entre caracteres. Por ejemplo, una "b" y una "d" son muy similares cuando se emplea una tipografía "de imprenta", pero son bastante distintas cuando se utiliza letra manuscrita ligada.

Cynthia Puranik, Yaacov Petscher y Christopher Lonigan publicaron en 2015 un trabajo con datos sobre la escritura de mayúsculas por alumnado de 3 a 5 años en una tarea de dictado. Además, revisaron otras investigaciones similares realizadas anteriormente. A continuación, ofrecemos uno de los resultados de este estudio, ordenando las letras del alfabeto inglés según la proporción de participantes que las escribía correctamente. Esa proporción se incluye en los paréntesis: O (95 %), X (92 %), A, B (84 %), C, L (83 %), I (82 %), P, T (80 %), E (78 %), D (77 %), H (76 %), M (75 %), S (74 %), F, W (71 %), N, R (70 %), Y (67 %), G (64 %), V (63 %), K, Q, U (61 %), J, Z (59 %).

Las fuentes revisadas coinciden en señalar que las letras que mejor escribe el alumnado de 5 años de edad son "O", "A" y "X". Otras letras que también parecen fáciles, pero que no señalan todos los estudios, son "L", "T", "C" y "F". Respecto a las letras más difíciles, hay coincidencia en "Z" y "J" y también se mencionan "C", "Q", "D", "G" e "Y".

En cuanto a la escritura de las minúsculas, la única referencia que hemos encontrado para los 5 años de edad es la que publicaron Patricia Worden y Wendy

Boettcher en 1990. Estos datos, también están obtenidos de una tarea de dictado. Aunque el artículo no dice nada al respecto, damos por supuesto que se está utilizando un tipo de letra redondeado y de trazos sencillos que muchos llamaríamos "letra de palo", la más común en Estados Unidos para la enseñanza inicial de la lectura y la escritura.

Los porcentajes de caracteres correctamente escritos son: o (76 %), i (55 %), c, x (53 %), s (47 %), p (45 %), k, t (37 %), e, w (34 %), u, v (32 %), y (29 %), b, m (24 %), h, l (18 %), a, f, r (16 %), z (13 %), d (11 %), j, n (8 %), g, q (0 %).

En una investigación publicada en 2001 por Steve Graham, Naomi Weintraub y Virginia Berninger se pidió a alumnado del primer curso de Educación Primaria que escribiera de memoria el alfabeto en letras minúsculas. Las letras más legibles fueron "s", "e", "c", "o", "v" y "x". Las menos legibles fueron "n", "u", "g", "z" y "q".

Para terminar con este criterio, el estudio de la similitud gráfica entre las letras genera una gran cantidad de datos, ya que cada letra se compara con todas las demás, a veces tanto en mayúsculas como en minúsculas.

Basándonos en un estudio sobre los alfabetos latinos, realizado en la Universidad de Granada por Ian Simpson, Petroula Mousikou, Juan Manuel Montoya y Sylvia Defior y publicado en 2012, encontramos que en las letras mayúsculas las mayores semejanzas son las que se dan entre los pares: N-Ñ, Q-O, C-G, M-W, P-R, C-O, U-V y E-F.

En el caso de las minúsculas encontramos las mayores semejanzas entre los pares: n-ñ, i-l, b-d, p-q, h-n, v-y, g-q, c-o, i-j, d-q, d-p, b-p, v-w y a-o.

Hay que tener en cuenta que en este estudio las valoraciones de similitud las realizaron estudiantes de la Universidad de Granada y que las letras pertenecían a la tipografía Arial, excepto "a" y "g", que se tomaron de la fuente Comic Sans y la letra "I" mayúscula, que se obtuvo de la Times New Roman.

Conocer más

Aunque aparentemente no sería difícil recopilar datos sobre la dificultad de trazado de las distintas letras o sobre los errores que se suelen cometer al escribirlas, son escasos los datos que nos puedan resultar útiles en la escuela. Aquí vemos los que hemos citado en esta sección:

- GRAHAM, S.; WEINTRAUB, N., y BERNINGER, V. (2001): "Which manuscript letters do primary grade children write legibly?" *Journal of Educational Psychology*, 93(3), 488-497.
- PURANIK, C. S.; PETSCHER, Y., y LONIGAN, C. J. (2013): "Dimensionality and reliability of letter writing in 3- to 5-Year-old preschool children". *Learning and individual differences*, 28, 133-141.
- SIMPSON, I. C.; MOUSIKOU, P.; MONTOYA, J. M., y DEFIOR, S. (2013): "A letter visual-similarity matrix for Latin-based alphabets". *Behavior research methods*, 45(2), 431-439.
- WORDEN, P. E., y BOETTCHER, W. (1990): "Young children's acquisition of alphabet knowledge". *Journal of Reading Behavior*, 22, 277-295.

Criterio de complejidad

Aunque ya hemos presentado las reglas que relacionan grafemas y fonemas, vamos a intentar disponer aquí esa información de modo que nos pueda orientar sobre la complejidad que puede tener cada letra. No hemos colocado en la tabla las letras de menor complejidad, que representan un único fonema, no forman parte de dígrafos y representan un fonema que no se escribe con otros grafemas. Se trata de "A", "D", "E", "F", "M", "N", "Ñ", "O", "P", "S" y "T".

Datos sobre la complejidad de las relaciones entre letras y fonemas			
Letra	Número de fonemas que puede representar	Se encuentra en algún dígrafo	Grafemas con los que puede interferir en la escritura
B	1		V, W
C	2	CH	K, QU, Z
G	2	GU	GU, J, W
H	0	CH	Caso especial
I	1		Y
J	1		G
L	1	LL	
R	2	RR	RR
U	1	GU, QU	W
V	1		B, W
W	2-3		B, G, GU, U, V
X	2-3		S, CS, KS
Y	2		I, LL
Z	1		C

Los dígrafos representan un único fonema. El fonema que representa "CH" solo puede transcribirse con esas letras. En algunas regiones, el dígrafo "LL" representa un sonido que no se puede escribir con ningún otro grafema, pero lo más común es que pueda tener interferencias con "Y". Los fonemas que representan "GU", "QU" y "RR" se pueden escribir con "G, W", "C, K" o "R". En la práctica, las interferencias que causa la letra "W" son escasas por su baja frecuencia en el español.

Dos propuestas de orden para introducir los grafemas

Si consultamos programas y materiales para la enseñanza de la lectura, veremos que los grafemas se han presentado en distintos órdenes, a veces justificando su elección y, muchas veces, parece que se han elegido por mera intuición.

El hecho de que en la actualidad no haya un orden canónico o comúnmente utilizado en la mayoría de los centros escolares nos hace pensar que el orden en el que se presenten las letras tiene un efecto muy limitado, salvo excepciones poco afortunadas, como seguir el orden alfabético. No obstante, si hemos decidido enseñar las relaciones grafema-fonema de una en una, tendremos que seguir una secuencia, así que puede merecer la pena buscar la más provechosa, aunque se diferencie mínimamente de otras alternativas.

Una idea muy atractiva es combinar los criterios que hemos presentado: tipo de grafema, frecuencia y funcionalidad, fonético, gráfico y de complejidad. Sin embargo, cuando hemos tratado de hacerlo, nos hemos topado con el inconveniente de que hay incompatibilidades entre ellos y no hemos podido encontrar una secuencia en la que se cumpliesen todos.

De aquellos intentos, exponemos aquí el consenso al que llegamos, que es el siguiente:

1. Vocales: A, E, O, I, U.
2. Consonantes de mayor frecuencia que representan un único fonema que no sea oclusivo sordo: S, N, L, D, M, B.
3. Consonantes de mayor frecuencia que representan un fonema oclusivo sordo: T, P.
4. Consonantes con frecuencia media y baja que representan un único fonema: F, V, H, Z, J, Ñ.
5. Consonantes que representan dos fonemas: R, C, Y, G.
6. Dígrafos: QU, LL, CH, RR, GU.
7. Sílabas con dos consonantes seguidas: consonante + R, consonante + L.
8. Consonantes con frecuencia muy baja: X, K, W.
9. Combinaciones especiales: CC, GÜ, consonante + S, GN a principio de palabra, MN a principio de palabra.

Aunque el punto 9 completa el repertorio de relaciones grafema-fonema regladas, seguramente tiene poco sentido introducirlo en la enseñanza inicial de la lectura y la escritura. Incluso si se introducen las combinaciones "CC" y "GÜ", que el alumnado podría encontrar en textos con mayor facilidad, es probable que haya que repasar estas reglas en cursos posteriores.

Además de nuestra recomendación, presentamos una propuesta alternativa que proviene del neurocientífico francés Stanislas Dehaene. Además de ser un especialista en las bases neuronales de la lectura, se ha preocupado por la enseñanza inicial de la lectura, sobre la que ha escrito algunos libros e incluso ha dirigido la elaboración de un informe sobre criterios para elegir métodos y manuales para la enseñanza de la lectura, publicado por el Consejo Científico de la Educación Nacional de Francia.

En el libro *Aprender a leer. De las ciencias cognitivas al aula* propone una progresión racional para enseñar los grafemas. El original francés fue adaptado al español, sin que el libro nos informe de quién o quiénes realizaron esa adaptación. Los criterios para confeccionar la secuencia son muy similares a los que hemos propuesto aquí. Se trata de enseñar antes:

- los grafemas más regulares, es decir, los que representan siempre el mismo fonema;
- los grafemas más frecuentes;
- los grafemas más fáciles de pronunciar aisladamente;
- las estructuras silábicas más sencillas;
- las letras (antes que los dígrafos).

Una diferencia es que en el criterio fonético o de facilidad de pronunciación se invita a presentar las consonantes "L, R, M, N, F, S, J" antes que las consonantes oclusivas, no solo antes que "C, K, QU, P, T", sino también antes que "B, D, G".

La secuencia propuesta es:

1. Vocales: A, E, O, I, U.
2. Consonantes nasales: M, N.
3. Consonantes fricativas: S.
4. Consonante lateral: L.
5. Consonantes fricativas: F.
6. Consonantes oclusivas sordas: P, T.
7. Consonantes oclusivas sonoras: B, D.
8. Consonantes oclusivas sordas: C ("ca, co, cu" o a final de sílaba).
9. Dígrafo Q.
10. Consonantes oclusivas sonoras: V.
11. Dígrafo LL.
12. Y consonántica.
13. Y vocálica.
14. Letra muda: H.
15. Dígrafo CH.
16. Consonantes oclusivas sonoras: G ("ga, go, gu" o a final de sílaba).
17. Consonantes vibrantes: R (en posición inicial).
18. Consonantes vibrantes: R (intervocálica, a final de sílaba o en grupo consonántico).
19. Dígrafo R.
20. R tras L, N o S.
21. Consonantes fricativas, J, G ("ge, gi").

22. GÜ.
23. C ("ce, ci").
24. Z.
25. Consonantes nasales: Ñ.
26. Consonantes oclusivas sordas: K.
27. Caso particular: X.
28. W.

> **Conocer más**
>
> Varios libros de Stanislas Dehaene han sido traducidos al español. Dos de ellos están dedicados al aprendizaje de la lectura: *El cerebro lector* y este que citamos por su propuesta de orden para enseñar las letras:
> • DEAHENE, S. (2019): *Aprender a leer. De las ciencias cognitivas al aula.* Siglo XXI Editores.

¿Qué tipos de actividades podemos utilizar para enseñar las letras?

Como veremos en el próximo capítulo, buena parte del aprendizaje de las letras se realiza de forma incidental: nuestro alumnado las encuentra en su entorno, por ejemplo, en su propio nombre, en textos, carteles o juegos.

Sin embargo, una enseñanza explícita y sistemática de las letras es más segura y más eficaz que el aprendizaje incidental. Es conveniente que esta enseñanza incluya distintos componentes de las letras como su forma, su nombre, el fonema que representan o su trazado. En la sección "¿En qué consiste conocer las letras?" hemos visto algunas ideas acerca de qué incluir en ese trabajo multicomponente.

La guía *Preparing young children for school*, de la agencia estadounidense What Works Clearinghouse, recomienda desarrollar el conocimiento de las letras y los sonidos y, además, considera que se trata de una recomendación con un nivel de evidencia fuerte. Aquí podemos ver algunas de las actividades que propone:

- Indicar explícitamente el nombre y el sonido (o los sonidos) de la letra que se enseña.
- Enseñar a escribirla.
- Utilizar una caja del alfabeto con objetos o imágenes de palabras que comiencen por esa letra.
- Asociar la letra con una experiencia, por ejemplo, al enseñar la letra "M", estampar las manos en un papel continuo con pintura de colores. Cuando se haga referencia a esta letra posteriormente, se puede recordar cómo al aprenderla estamparon las "Manos" en el papel.
- Mostrar libros que se centran en ella. Existen bastantes publicaciones de cuentos o historietas para cada letra.

- Mencionar palabras que comienzan por esa letra.
- Escribirla o formar la letra con distintos materiales: trazarla en papel o arena, modelarla con pasta o con limpiapipas o formarla pegando objetos pequeños.
- Distinguir entre varios objetos los que comienzan con el sonido que representa.
- Buscar objetos que comiencen con el sonido que representa.
- Emparejar letras mayúsculas y minúsculas.
- Emparejar letras escritas con distintas tipografías.
- Agrupar letras con formas parecidas.
- Nombrar rápidamente la letra cuando se muestra.
- Buscar una letra en palabras.

Conocer más

Ya hemos mencionado la agencia What Works Clearinghouse entre las fuentes de información sobre educación basada en evidencias que nos pueden ayudar a cuestionar mitos sobre la enseñanza de la lectura. Esta guía tiene 7 recomendaciones y la 6.ª es construir el conocimiento sobre las letras y los sonidos.

• WHAT WORKS CLEARINGHOUSE. (2022): *Preparing young children for school.* Institute of Education Sciences.

¿Cómo ayudar a recordar los sonidos que representan las letras?

Las relaciones entre grafemas y fonemas son arbitrarias y pueden ser difíciles de recordar. Por eso, muchas veces se emplean recursos mnemotécnicos para facilitar su aprendizaje, por ejemplo:

- Asociar el grafema con una palabra familiar que comience por el fonema que representa, por ejemplo: la letra "n" es la de "nariz", esta es la "J" de "Juan".
- Asociar el grafema con la imagen de una palabra que comience por el fonema que representa[8].

---

[8] El grupo de trabajo "Métodos y Manuales de Enseñanza", del Consejo Científico de la Educación Nacional de Francia, indica que estos recursos ayudan a memorizar las relaciones entre grafemas y fonemas, pero que también pueden distraer o interferir, especialmente si se antropomorfizan las imágenes y si el material gráfico es abundante. En el capítulo ocho presentaremos más información sobre el trabajo de ese grupo.

- Formar historias sobre las letras, en las que se muestre su relación con el sonido que se representa y aparezcan varias palabras que comiencen por ese sonido.
- Asociar el grafema con un gesto que recuerde el fonema que representa.
- Asociar el grafema con una representación de la boca en la posición de pronunciar el fonema que representa[9].

Muchas propuestas de enseñanza de la lectura indican que se debe evitar presentar los nombres de las letras para que no se produzca el deletreo. Sin embargo, hay que tener en cuenta que, en casi todos los casos, el nombre de la letra también es un recordatorio de su sonido o de uno de sus sonidos. Esto es especialmente importante en el caso de las vocales en las que el nombre es también el fonema que representan.

¿A qué ritmo introducir las relaciones entre grafemas y fonemas?

Para poder programar la actividad del curso escolar es importante que podamos plantear una temporalización de la enseñanza de la lectura y la escritura. Un dato que nos puede ayudar mucho es saber cada cuánto tiempo podemos introducir un nuevo grafema. Una respuesta juiciosa, pero poco útil sería: cuando un grafema esté bien aprendido, introduzcamos el siguiente. Esta sería una buena decisión si estuviéramos enseñando a leer y escribir a una sola persona. Pero lo más habitual es trabajar con un aula.

En Estados Unidos (probablemente, también en otros lugares) es muy popular entre el profesorado el principio de "una letra cada semana" en el Kindergarten (nuestro tercer curso de Educación Infantil). Esta forma de proceder tiene incluso un nombre: el currículo LOTW ("letter of the week").

Aunque el LOTW ha tenido muchas críticas, su uso está muy extendido. No obstante, no hace falta mucha reflexión para darse cuenta de que no todas las letras presentan la misma dificultad y que la facilidad con la que se aprenden las letras aumenta a lo largo del curso, por la mayor edad, pero también por el mayor conocimiento de otras letras.

---

[9] A estas representaciones se las conoce como "articulemas". El grupo de trabajo "Métodos y Manuales de Enseñanza" indica que es útil asociar estos articulemas con las letras. En cambio, falta investigación sobre la utilidad de los gestos en alumnado sin problemas fonológicos o auditivos.

Actualmente disponemos de algunos datos sobre la velocidad con la que se enseñan las relaciones grafema-fonema y los efectos que conlleva. Roland Goigoux, en Francia, y Kristin Sunde, Bjarte Furnes y Kiesrsti Lundetrae, en Noruega, han observado clases del primer curso de Educación Primaria encontrando que las clases que enseñan las letras a un ritmo más rápido que la media obtienen mejores resultados. En Francia, la media es enseñar 11,4 letras en las 9 primeras semanas de clase. En 22 de las 51 observadas en Noruega se habían enseñado las 29 letras del alfabeto al final del primer trimestre.

Patricia Vadasy y Elizabeth Sanders realizaron un estudio empírico en Estados Unidos comparando dos velocidades de enseñanza con alumnado de 3.º de Educación Infantil. El grupo que trabajó 15 correspondencias grafema-fonema en 5 semanas obtuvo mejores resultados que el grupo que trabajó 10 correspondencias.

Conocer más

- Goigoux, R. (2016): *Lire et écrire. Rapport de recherche*. Institut Français de l'Éducation.
- Sunde, K.; Furnes, B., y Lundetræ, K. (2020): "Does introducing the letters faster boost the development of children's letter knowledge, word reading and spelling in the first year of school?". *Scientific Studies of Reading*, 24(2), 141-158.
- Vadasy, P. F., y Saneros, E. A. (2021): "Introducing grapheme-phoneme correspondences (GPCs): exploring rate and complexity in phonics instruction for kindergarteners with limited literacy skills". *Reading and Writing*, 34, 109-138.

Estos datos muestran velocidades de presentación de las letras más rápidas que una letra por semana y en varios de ellos se asocia una presentación acelerada, de entre 2 y 3 correspondencias grafema-fonema por semana con mejores resultados. Es importante tener en cuenta que esto supone mayor tiempo diario dedicado a la enseñanza de las relaciones grafema-fonema.

Aunque podríamos pensar que esa presentación acelerada beneficiaría al alumnado que parte de un mejor nivel y, por ejemplo, ya conoce algunas letras o relaciones, el estudio realizado en Noruega indica que el alumnado con menor nivel aprovechó la introducción rápida de las letras en mayor medida que el alumnado con nivel más alto. No obstante, esto debe considerarse con cuidado, ya que cuando el alumnado tiene un buen conocimiento de las letras al comenzar el curso son pocas las letras nuevas que va a poder aprender.

Algunos beneficios de la enseñanza rápida de las relaciones grafema-fonema podrían ser:

- El alumnado que comienza con un nivel más alto, ya conoce buena parte de las letras y es capaz de leer con ellas, por lo que puede dedicarse antes a actividades más productivas.
- El conocimiento de las letras y los sonidos que representan puede reforzar la conciencia fonológica.

- Se puede dedicar más tiempo a la práctica de la lectura y la escritura con los grafemas enseñados.
- Se puede realizar más práctica de la discriminación de grafemas similares.

Subiendo de nivel

Existen algunas investigaciones que respaldan el uso de recordatorios gráficos de las relaciones grafema-fonema. Normalmente se construyen vinculando un grafema con el dibujo de algo cuyo nombre comienza con el fonema que trata de representar ese grafema. En estas investigaciones podemos encontrar las siguientes ideas:
- Los recordatorios ayudan al aprendizaje de las relaciones grafema-fonema.
- Hacer que la letra forme parte del dibujo que recuerda su sonido o que el dibujo tenga la forma de la letra puede ser más eficaz que emparejar letra y dibujo.
- Este tipo de material puede favorecer la conciencia fonológica, pero no parece más motivador que la enseñanza por asociación de los grafemas con su sonido y nombre.
- Pueden ser eficaces algunos recordatorios muy sencillos y esquemáticos.
- Cuando se aprende el alfabeto de una lengua extranjera, puede ser útil que el dibujo recordatorio se refiera a una palabra que comienza con el fonema representado en la lengua materna del alumnado.

Conocer más
- EHRI, L. C.; DEFFNER, N. D., y WILCE, L. S. (1984): "Pictorial mnemonics for phonics". *Journal of Educational Psychology*, 78(5), 880-893.
- ROBERTS, T. A., y SADLER, C. D. (2019): "Letter sound characters and imaginary narratives: Can they enhance motivation and letter sound learning?". *Early Childhood Research Quarterly*, 46(1), 97-111.
- SHMIDMAN, A., y EHRI, L. (2010): "Embedded picture mnemonics to learn letters". *Scientific Studies of Reading*, 14(2), 159-182.

No olvides

- ☐ El conocimiento de las letras incluye varias dimensiones como sus formas, nombre, trazado, el fonema que representan y otras características.
- ☐ En la enseñanza inicial de las letras se pueden proponer actividades variadas con las que se vayan integrando esas dimensiones.
- ☐ La asociación entre la letra y el fonema o los fonemas que representa es clave para el aprendizaje de la lectura y la escritura, y conviene trabajarla de forma sistemática, asegurando su aprendizaje.

Capítulo siete

El conocimiento del lenguaje escrito

Seguramente estarás de acuerdo en que el teléfono tiene muchos usos: sirve para hablar con personas que no están cerca, enviar mensajes, navegar en internet, jugar, hacer fotografías….

Pero ¿qué ocurre si le prestamos un teléfono a alguien de una tribu aislada que nunca ha visto ni oído hablar de ese tipo de aparatos? Quizá le llame la atención y sea capaz de manipularlo y ver imágenes en la pantalla o escuchar sonidos como resultado de eso. Pero sin un conocimiento de para qué sirve, cómo se maneja y cuál es su funcionamiento básico, difícilmente será algo más que un objeto llamativo. Es probable que al acabarse la batería se pierda su interés.

Imaginemos ahora que esta persona ha empezado a tener contacto con nuestra cultura. Antes de entregarle el teléfono ha podido ver cómo la gente mira el aparato, lo escucha, lo sujeta de distintas formas, lo enseña, le conecta cables, etc. En esa situación es más probable que pueda entender las explicaciones sobre su funcionamiento, que les preste mucha más atención y que consiga cierta habilidad en el manejo del aparato.

En esta analogía, nuestro alumnado de corta edad está en una situación similar al de esta persona que comienza a observar el uso de un teléfono. Empezar a comprender la utilidad de la lectura y la escritura, y percibirlas como habilidades valiosas aumenta su interés por su aprendizaje. Por otra parte, unos conocimientos básicos sobre los componentes y la forma de utilizar el lenguaje escrito van a facilitar ese aprendizaje.

¿Por qué es importante profundizar en esto?

Cuando el alumnado se inicia en la lectoescritura aprende a reconocer y transcribir palabras que, normalmente, ya utiliza en el lenguaje oral. Pero no es extraño que antes de aprender esas habilidades, este alumnado ya tenga bastantes ideas o conocimientos sobre la lectura y la escritura: para qué sirven, qué se puede o no se puede leer, en qué dirección se lee o se escribe, etc. Todos estos conocimientos se denominan "conocimiento de lo escrito", en inglés "print knowledge". En el capítulo cuatro ya hemos visto cómo estos conocimientos acerca del lenguaje escrito son uno de los predictores del aprendizaje de la lectura.

En la sección anterior proponíamos dos ideas finales:

1. Conocer la utilidad del lenguaje escrito va a producir interés por el aprendizaje de la lectoescritura.
2. Conocer características básicas y observables del lenguaje escrito va a facilitar ese aprendizaje.

Es probable que estemos de acuerdo en estos dos puntos, pero a partir de aquí surgen muchas dudas. La primera es si en un entorno en el que se utiliza habitualmente el lenguaje escrito realmente necesitamos insistir en los conocimientos sobre sus funciones y características.

Si consideramos que es importante reforzar esos conocimientos, nos podemos preguntar cuáles son los más importantes, esos que tendríamos que garantizar antes del inicio de la enseñanza formal de la lectoescritura.

También nos podemos plantear si es suficiente con la observación, si podemos propiciarla de alguna forma o si puede ser útil la enseñanza directa y explícita de algunos contenidos relacionados con el lenguaje escrito.

A lo largo de este capítulo vamos a tratar de ofrecer información que ayude a responder a estas preguntas y otras similares.

¿Qué es el conocimiento de lo escrito?

Anteriormente, sobre todo en el capítulo cuatro, hemos mencionado el importante informe que publicó el National Early Literacy Panel de Estados Unidos en 2008. En este informe se define el conocimiento o conciencia sobre lo escrito como una combinación de elementos de conocimiento alfabético, conceptos sobre el lenguaje escrito y la decodificación temprana.

Tirando del hilo encontramos que el conocimiento alfabético es el conocimiento de los nombres y sonidos asociados a las letras, los conceptos sobre el lenguaje escrito incluyen un vocabulario básico y convenciones relacionadas con la lectoescritura, y a la decodificación temprana la llama también "protodecodificación", es decir, se refiere al reconocimiento de algunas palabras antes del inicio de la enseñanza formal de la lectura.

Parece claro que el conocimiento de lo escrito engloba distintos tipos de contenidos, pero creemos que aún faltan algunos como el conocimiento de las funciones de la lectura y la escritura, las habilidades tempranas de escritura, la "escritura emergente". Por tanto, el conocimiento de lo escrito estaría formado por:

1. Componentes del lenguaje escrito, como qué es una letra, una frase o una palabra. En este punto destacaría el conocimiento alfabético o de las letras, que parece ser el principal predictor temprano del aprendizaje de la lectura.

2. Vocabulario básico relacionado con la lectura y la escritura o conocimiento de términos como "autor, cuaderno, página, título…".

3. Convenciones sobre el lenguaje escrito, como la dirección de lectura y escritura o la forma de pasar las páginas.

4. Funciones del lenguaje escrito, como la transmisión de información o el entretenimiento.

5. Habilidades emergentes de lectura y escritura, como reconocer o escribir el propio nombre.

Estos conocimientos y habilidades se suelen evaluar mediante la observación o mediante la interacción con el alumnado, especialmente en situaciones de lectura compartida. Más adelante comentaremos la prueba "Concepts about print", en la que, mirando un libro con un niño, se le pide que localice algunos elementos, como el lugar donde se empieza a leer o la primera letra de una palabra, y que realice algunas acciones, como indicar dónde se sigue la lectura al acabar una línea o una página.

El conocimiento de lo escrito también se puede valorar con herramientas estandarizadas. Por ejemplo, existe una prueba de conocimientos acerca del lenguaje escrito en la *Batería IPAL Infantil*, un trabajo coordinado por Juan Eugenio Jiménez. Seguramente es algo más conocida y utilizada la Batería de Inicio a la Lectura BIL 3-6, publicada en 2008 por Pilar Sellés, Tomás Martínez, Eduardo Vidal-Abarca y Ramiro Gilabert. Esta batería tiene una escala de "Conocimiento alfabético", en la que se pide reconocer letras y otra, llamada "Conocimiento metalingüístico", que está formada por tres pruebas de evaluación del conocimiento sobre lo escrito:

1. **Funciones de la lectura:** se relata una breve historia acompañada por viñetas que ilustra alguno de los usos de la lectura y los alumnos deben decir para qué ha utilizado la lectura el protagonista.

2. **Reconocimiento de palabras:** se presentan diez producciones escritas para indicar cuáles son palabras y cuáles no, por ejemplo:

12345   Pe15   Sara

3. **Reconocimiento de frases:** hay cinco estímulos y se debe indicar cuáles son frases y cuáles no, por ejemplo:

Los 143 la ? 70 el la moto 135892 corre

En verano me apetece comer helado.

Lo que sabemos sobre el desarrollo o curso evolutivo del conocimiento sobre lo escrito es muy general. A lo largo de la Educación Infantil se produce un aumento notable en este conjunto de conocimientos, pero no parece haber una secuencia común en el aprendizaje sobre las funciones, componentes y convenciones del lenguaje escrito. El orden de adquisición de estos conocimientos parece estar influido por las experiencias personales en la familia y la escuela y por la forma en que se plantea la iniciación a la lectoescritura.

No obstante, podemos aventurar algunos hitos en el desarrollo del conocimiento de lo escrito. Al principio se desarrolla una comprensión general de lo que significa leer y escribir y el reconocimiento de situaciones muy comunes de lectura y escritura. Quienes tienen la experiencia de escuchar relatos leídos por adultos aprenden pronto que la lectura tiene una función de entretenimiento. La función de información también se suele adquirir de forma temprana.

Aunque es posible que se reconozcan palabras o símbolos con una grafía llamativa, como marcas comerciales, una de las primeras manifestaciones del lenguaje escrito que se suele reconocer y analizar es el nombre propio. Como el nombre también se escribe, suele ser el origen de la diferenciación entre palabras y letras. Además, permite experimentar la función de identificación. Es muy común que las primeras letras que se reconocen sean las que forman el nombre propio.

Tomás Martínez y Pilar Sellés, de la ERI-Lectura, publicaron en 2022 un estudio acerca de los conocimientos sobre el lenguaje escrito de 344 niños y niñas entre 3 y 6 años. Se trataba de alumnado de 1.º de Educación Infantil a 1.º de Educación Primaria de 8 escuelas españolas que no iniciaban la enseñanza formal de la lectura en Educación Infantil.

Según sus resultados, a los 6 años de edad el alumnado reconoce prácticamente todas las funciones de la lectura evaluadas, siendo la función de "transmisión de información mediante la prensa[10]" la más tardía. Las funciones "adquisición del conocimiento", "publicidad", "recuerdo de información en otro contexto o momento" y "entretenimiento", ya se han iniciado a los tres años, y es en este mismo orden en el

---

[10] Hay que tener en cuenta que la situación que se plantea en esta tarea, de un hombre comprando el periódico en un kiosco y leyéndolo en un banco, resulta poco familiar para el alumnado actual.

que se consolida su aprendizaje, es decir, son reconocidas, como mínimo, por el 85 % del alumnado:

- A los 5 años: función de "adquisición del conocimiento".
- A los 5 años y medio: función de "publicidad" y de "recuerdo de información en otro contexto o momento".
- A los 5 años y 9 meses: función de "entretenimiento".
- A los 6 años: función de "transmisión de información mediante la prensa".

Volviendo al estudio de Tomás Martínez y Pilar Sellés, encontramos algunas referencias sobre la edad de inicio y consolidación de conocimientos sobre el lenguaje escrito. La edad de inicio es aquella en la que al menos el 15 % del alumnado evaluado muestra esa habilidad. La edad de consolidación es aquella en la que al menos el 85 % realiza correctamente la actividad de evaluación. Podemos verlas en esta tabla:

Edad de adquisición de distintos conocimientos sobre el lenguaje escrito según Martínez y Sellés (2022)			
Habilidad	Subhabilidad	Edad de inicio	Edad de consolidación
Reconocimiento de palabras	Diferenciar símbolos de palabras	3 años	3 años
	Identificar palabras escritas con mayúsculas		3 años y 6 meses
	Identificar palabras en minúsculas		4 años
	Diferenciar entre palabras y números		4 años y 3-6 meses
	Diferenciar entre letras y números		5 años y 3 meses
	Diferenciar entre letras y palabras		5 años y 6 meses
Reconocimiento de frases	Identificar frases afirmativas	Antes de los 3 años	Entre 4 años y 9 meses y 5 años y 3 meses
	Identificar frases interrogativas	3 años	5 años y 3 meses
	Diferenciar frases con símbolos de frases correctamente escritas	3 años	5 años y 6 meses

Conocer más

En el capítulo cuatro ya presentamos las referencias a la "Batería BIL 3-6" y al estudio de Martínez y Sellés (2022). Aquí hemos mencionado otra batería de pruebas que incluye una valoración de conocimientos sobre el lenguaje escrito y otras herramientas para valorar los progresos en el aprendizaje de la lectura durante el tercer curso de Educación Infantil. La podemos encontrar en la siguiente referencia:

- GUTIÉRREZ, N., y JIMÉNEZ, J. E. (2019): Indicadores de progreso de aprendizaje en lectura (IPAL)-Educación Infantil (5 años). En J. E. Jiménez (Coord.): *Modelo de respuesta a la intervención: un enfoque preventivo para el abordaje de las dificultades específicas de aprendizaje* (pp. 1000-1020). Pirámide.

¿Es necesario enseñar conocimientos sobre el lenguaje escrito?

Esta pregunta tiene una respuesta fácil: en España, el currículo de Educación Infantil establece como objetivo iniciarse en la lectura y la escritura. Según esto, parece que habría que enseñar conocimientos sobre lenguaje escrito, sin perder de vista el hecho de que la familiarización con el lenguaje escrito del alumnado puede estar muy condicionada por su contexto familiar.

Veamos como ejemplo una investigación de Susan Smith y Rhonda Dixon, publicada en 1995. En este estudio se evaluaron los conocimientos sobre el lenguaje escrito de alumnado de 4 años, procedente de diferentes niveles socioeconómicos y que comenzaba la Educación Infantil.

Smith y Dixon observaron que la frecuencia y el tiempo invertido en situaciones de interacción con la lectura en casa influía en las diferencias encontradas en algunas tareas de evaluación de conocimiento de lo escrito, como reconocer logotipos, saber si algo es una palabra o decir el nombre y sonido de las letras. Además, observaron que el 74 % de las madres de clase media dedicaban de 11 a 20 minutos al día a leer con sus hijos o hijas, mientras que las madres de nivel socioeconómico bajo dedicaban unos 10 minutos por semana a esa actividad. Además, las madres con nivel socioeconómico bajo contaban con menos recursos para dar pie a esas interacciones con la lectura; por ejemplo, contaban con menos libros en casa.

Hay otras investigaciones con resultados similares, así que podemos pensar que al comienzo de la Educación Infantil nos vamos a encontrar con alumnado que tiene bastantes conocimientos sobre el lenguaje escrito, por sus experiencias previas con la lectura. Pero también encontraremos alumnado con un conocimiento escaso, debido a las limitadas oportunidades de contacto con el material escrito en el hogar.

Afortunadamente, la escuela infantil puede atenuar estas diferencias. No es necesario hacer una enseñanza explícita (con demostraciones, explicaciones y actividades) acerca de las funciones y convenciones de la lectura, aunque eso puede ser un recurso útil que no habría que desdeñar. Lo principal sería ofrecer un entorno rico en comunicación escrita, creando las condiciones oportunas para que se desarrollen esos conocimientos. El currículo español de Educación Infantil transmite la idea de que el alumnado sumergido en un ambiente en el que se utiliza el lenguaje escrito se apropia de él, mostrando curiosidad, participando e indagando.

¿Qué y cómo aprender sobre las funciones del lenguaje escrito?

Podemos utilizar el lenguaje escrito para conseguir distintos objetivos y llamamos "funciones del lenguaje escrito" a los más comunes. Muchas de las aplicaciones del lenguaje escrito se derivan de una función o propiedad fundamental: permitir que la información perdure a través del tiempo. Hasta comienzos del siglo xx, con la invención del fonógrafo, no existía la posibilidad de registrar y reproducir el habla. La escritura permite sortear esa limitación y, a partir de ahí, se le pueden encontrar distintos usos, incluso algunos que ya no tienen que ver con las posibilidades de transmitir información, por ejemplo, usar la escritura como decoración.

No existe una lista de referencia de las funciones del lenguaje escrito y cualquier intento de elaborarla se va a encontrar con el problema de que muchas veces es imposible establecer una diferencia nítida entre unas y otras.

Anteriormente hemos mencionado la "Batería de inicio a la lectura BIL 3-6" como una de las escasas herramientas estandarizadas para evaluar el conocimiento de lo escrito en hispanohablantes. En esta batería se valoran cinco funciones del lenguaje escrito:

1. **Recuerdo:** una mujer recuerda comprar leche porque deja una nota en la puerta de la nevera.
2. **Entretenimiento:** una chica entretiene a dos chicos leyéndoles un libro.
3. **Publicidad:** un hombre va a comprar fruta tras haber visto un folleto de propaganda del supermercado.
4. **Aprendizaje:** un niño muestra en clase que sabe las letras tras haberlas estudiado en un libro.
5. **Información general:** un hombre compra el periódico y lo lee.

Seguramente hay otras funciones que resultan familiares en edades tempranas, como las de relación y comunicación, que se observan con frecuencia en los sistemas de mensajería instantánea que utilizamos en los teléfonos. Anteriormente hemos mencionado la función de identificación, que se observa cuando ponemos el nombre en nuestras pertenencias, pero también en carteles que nos indican el nombre de una calle, de una ciudad, de una tienda, etc.

En general, el conocimiento de las funciones de la lectoescritura se adquiere a través de la observación y de la interacción en actividades de lectura con adultos.

Una forma de fomentar este conocimiento es mencionar de forma explícita el objetivo con el que se utiliza la lectura o la escritura en una situación cotidiana:

- Estoy leyendo esto para saber qué pasa en...
- Voy a escribirlo aquí para que no se me olvide.
- Aquí dice que la película se titula...
- Este mensaje es para avisar de que...

Hay, por tanto, muchas situaciones de la vida diaria en las que se puede aprender algo sobre las funciones del lenguaje escrito, tanto en el entorno familiar como en la escuela. Veamos algunos ejemplos a continuación:

Ejemplos de situaciones en las que se puede aprender sobre las funciones del lenguaje escrito	
Situación	Funciones sobre las que se puede aprender
Escuchar cuentos	Entretenimiento
Ayudar a preparar la lista de la compra y a comprar	Recuerdo, organización
Hacer invitaciones para el cumpleaños	Comunicación, relación, información
Escribir una carta a Santa Claus, los Reyes Magos, …	Petición, comunicación
Poner el nombre en los trabajos y pertenencias personales	Identificación
Disponer de un rincón con materiales de lectura libre	Entretenimiento
Poner carteles en rincones o zonas de la clase	Identificación
Pasar lista del alumnado que ha acudido a clase, hacer listas con equipos de trabajo o funciones	Identificación, organización
Mirar el menú del día	Información
Apuntar tareas o acontecimientos en una agenda o calendario	Recuerdo
Enviar un mensaje o una nota a la maestra	Información, comunicación
Ver a alguien de mayor edad estudiando	Aprendizaje
Mirar las instrucciones para montar, poner en marcha o arreglar algo	Información

¿Qué conocimientos sobre el lenguaje escrito trabajar y cómo hacerlo?

Un conocimiento básico sobre cómo funcionan la lectura y la escritura puede ayudar a quienes se están iniciando en estas habilidades a aprender reglas más avanzadas y a comprender cómo las letras se relacionan con los sonidos. Es como una base sólida que permite construir un entendimiento más profundo y complejo sobre el lenguaje escrito.

Marie Clay, a quien presentamos en el capítulo tres, fue una pionera en el estudio de los conocimientos sobre la lectura y la escritura en niños y niñas que aún no han comenzado su aprendizaje formal. Además, fue autora de una prueba de conocimientos sobre lo escrito, el test "Concepts about print". En la tabla siguiente podemos ver qué se evalúa en esta prueba.

Estructura del test de conceptos sobre el lenguaje escrito de Clay (2019)		
Conocimientos sobre lo escrito evaluados	Situación	Preguntas o indicaciones
Conceptos sobre la orientación del libro.	Se entrega un libro sosteniéndolo de forma vertical, de modo que se muestre el lomo.	• ¿Dónde está la portada (parte delantera) del libro? • ¿Dónde está la parte trasera? • Abre el libro por el sitio donde comienza la historia.
Conocimiento de que es el texto y no las imágenes lo que transmite el mensaje.	Se abre el libro en la página inicial.	• Enséñame dónde comienzo a leer.
Conocimientos sobre la dirección de la lectura.	Se continúa en la primera página. Se observa si se sigue una dirección de izquierda a derecha, si al acabar una línea vuelve al comienzo de la siguiente y si al acabar una página continúa en la siguiente.	• Enséñame con tu dedo qué hay que leer después de esto. • ¿Cómo sigue? • Al llegar aquí, ¿qué hay que hacer? • Después de esto ¿dónde sigo leyendo?
Correspondencia entre lenguaje oral y escrito.	En una nueva página se señala la primera palabra.	• Señala cada palabra que voy leyendo en esta línea.
Diferenciación entre letra y palabra.	Se muestra una página.	• Enséñame la primera palabra de esta página. • Enséñame la última palabra. • Pasa tu dedo por una palabra entera. • Ahora enséñame dos palabras. • Enséñame la primera letra de una palabra. • Enséñame la última letra. • Enséñame una letra. • Ahora enséñame dos. • Encuentra tres letras que conozcas y dime su nombre • Enséñame una letra mayúscula. • Ahora una minúscula.
Puntuación.	Se rodea un punto con lápiz. Se puede realizar el mismo procedimiento con otros signos de puntuación.	• ¿Qué es esto? • ¿Para qué sirve?

Esta exploración no agota los contenidos sobre convenciones del lenguaje escrito que puede conocer el alumnado prelector. Algunas de estas que añadimos ya las vimos en el capítulo cinco:

- Diferenciar entre dibujos o símbolos y letras o palabras.
- Diferenciar textos de pseudotextos, es decir, de la agregación de letras o signos ortográficos que no siguen las reglas del lenguaje escrito; por ejemplo, letras aisladas, desordenadas o repetidas.
- Diferenciar entre números y letras o palabras.
- Identificar mayúsculas y minúsculas (también puede ser interesante distinguir la letra de imprenta y la manuscrita).
- Identificar frases correctamente escritas.

No hemos encontrado listas o recopilaciones de vocabulario básico sobre la lectura y la escritura, así que lo que ofrecemos es una propuesta basada en lo que hemos visto sobre el conocimiento de las funciones y convenciones del lenguaje escrito y en los medios y géneros con los que creemos que el alumnado prelector puede tener contacto.

Para darle un poco más de fundamentación hemos contrastado esta lista con una base de datos de lenguaje infantil: la base CHILDES, en la que es posible consultar registros de habla de hispanohablantes. Las palabras que aparecen acompañadas por un número entre paréntesis son aquellas registradas en algún niño o niña. El número es la cantidad de veces que se ha registrado esa palabra[11]. Con la abreviatura "fam." señalamos palabras que no se han registrado en el lenguaje infantil, pero que aparecen en la base de datos porque algún familiar las dice durante las interacciones analizadas. Normalmente se trata de la madre o el padre y, en menor medida, de hermanos u otros familiares.

---

[11] Es difícil el trabajo con homónimos. Por ejemplo, en la palabra "coma" hemos indicado "(2)", ya que aparece dos veces utilizada como sustantivo. También aparece 11 veces utilizada como verbo, pero el problema es que hay 40 ocasiones en las que no se indica la categoría gramatical de la palabra. Las palabras "anuncio", "apuntar", "aviso", "carta", "cuento", "dibujo" y bastantes otras también tienen problemas de homonimia o polisemia, así que es posible que los números incluidos no reflejen su frecuencia real.

Vocabulario básico sobre lectura y escritura			
Abecedario (4)	Dirección (21)	Invitación (2)	Papel (201)
Acertijo (6)	Documento (1)	Instrucciones (5)	Párrafo
Adivinanza (7)	Editorial (fam.)	Lámina (3)	Pauta
Admiración	Érase (11)	Lapicero/lápiz (201)	Periódico (4)
Álbum (21)	Escribir (73)	Línea (19)	Personaje (14)
Alfabeto (fam.)	Escrito (16)	Lectura (10)	Pizarra (26)
Anotar (1)	Escritor/a (4)	Leer (143)	Poema (5)
Anuncio (1)	Estudiar (111)	Letra (128)	Poesía (16)
Apuntar (7)	Etiqueta (5)	Letrero (2)	Poeta (3)
Autor/a (fam.)	Exclamación	Leyenda (1)	Portada (3)
Aventura (11)	Fábula	Librería (9)	Póster (14)
Aviso (2)	Ficha (16)	Libreta (21)	Protagonista (12)
Biblioteca (14)	Fichero (2)	Libro (188)	Publicidad (3)
Bibliotecaria	Fin (59)	Lista (1)	Punto (52)
Boli/bolígrafo (62)	Final (251)	Manga (9)	Receta (fam.)
Capítulo (11)	Firma (2)	Mapa (26)	Revista (14)
Carta (174)	Folio (10)	Mayúscula (4)	Rima (fam.)
Cartel (5)	Foto/fotografía (265)	Mensaje (8)	Señal (9)
Catálogo (fam.)	Fotocopia (4)	Menú (fam.)	Signo (5)
Colorín (89)	Hoja (232)	Minúscula (9)	Sílaba (3)
Coma (2)	Horario (3)	Narración (2)	Símbolo (fam.)
Cómic	Frase (4)	Nombre (30)	Tarjeta (26)
Copiar (15)	Historia (216)	Nota (fam.)	Teatro (38)
Cuaderno (32)	Ilustración (fam.)	Noticia (10)	Tebeo (2)
Cuento (235)	Ilustrador/a	Número (174)	Teclado (1)
Diario (7)	Imagen (3)	Ordenador (15)	Texto (8)
Dibujo (74)	Impresora	Página (93)	Tinta (4)
Diccionario (2)	Instrucciones (5)	Palabra (96)	Título (10)
Dictado (8)	Interrogación (1)	Pantalla (9)	Tiza (13)

Aunque sean muy imperfectas, las estimaciones sobre la frecuencia de aparición de estos términos en el lenguaje infantil nos pueden ayudar a programar el momento de su introducción. Quizá no merezca la pena insistir en palabras como "carta", "cuento", "foto", "historia" o "libro", que parecen muy conocidas. Más bien, nos tendría que alarmar que alguien no las conozca. En cambio, algunas palabras más técnicas y propias de la gramática como "admiración", "exclamación", "interrogación" (nos referimos a los signos de puntuación) o párrafo, se pueden introducir de forma más tardía.

Seguramente aún nos ha faltado vocabulario importante. Esta selección aún podría incluir:

- palabras relacionadas con la corrección de la escritura: "borrar", "falta", "goma" o "tachar";
- palabras relacionadas con la comprensión: "comprender", "entender" o "información";
- nombres propios o genéricos de personajes de la literatura infantil, como Aladino, Caperucita, Gepetto, ogro o príncipe;
- los nombres de las letras;
- nombres que se puedan utilizar para hablar de los rasgos o características de las letras: "círculo", "lazo", "rabito", "raya", etc.

La lectura compartida con referencia a lo impreso

La lectura compartida con referencia a lo impreso trata de aprovechar situaciones de lectura compartida para hacer explícitos conceptos o procedimientos relacionados con el lenguaje escrito. Normalmente, la lectura compartida se centra en el contenido del texto. Esto lo veremos con detalle en el capítulo once. En cambio, la lectura compartida con referencia a lo impreso trata de destacar el propio texto escrito y la forma como se realiza su lectura. Aquí se pueden ver algunos ejemplos de comentarios que se podrían hacer al iniciar la lectura de cuentos.

A continuación podemos ver una lista de posibles referencias, ordenadas temáticamente, inspirada en la investigación que Susan Thomas Frank realizó para su tesis doctoral y en las propuestas de Laura Justice, profesora de la Universidad Estatal de Ohio, que ha publicado varios trabajos de investigación y didácticos sobre este tema.

Formas de presentar conocimientos sobre el lenguaje escrito en la lectura compartida con referencia a lo impreso		
Referencias espaciales y direccionales		
Concepto	**Indicaciones verbales**	**Indicaciones no verbales**
Orientación del libro	Esta es la parte delantera del libro.	Mostrar la portada y desplazar la palma de la mano a lo largo de ella.
Orientación de la página	Esta es la parte de arriba de la página (del dibujo). Esta es la parte de abajo.	Señalar la parte superior y la parte inferior de la página o del dibujo.
Inicio del texto	Comenzaré aquí.	Señalar el inicio del texto.
Dirección izquierda - derecha en la lectura	Comenzaré aquí y seguiré en esta dirección.	Señalar el inicio de la parte que se va a leer y deslizar el dedo o un puntero a lo largo de la línea, de izquierda a derecha.
	Primero leemos esta página y después esta de aquí.	Señalar la página izquierda y la página derecha del texto.
Dirección arriba - abajo en la lectura	Primero se lee esta línea; después esta y esta.	Señalar la primera línea, la segunda, la tercera, ...
Cambio de línea	Desde aquí paso a aquí.	Mover el dedo desde el final de una línea hasta el comienzo de la línea siguiente.

Relaciones entre lo impreso y el lenguaje oral		
Concepto	**Indicaciones verbales**	**Indicaciones no verbales**
El texto contiene el mensaje	Aquí es donde comenzamos a leer.	Señalar el comienzo del texto.
Correspondencias entre palabra escrita y palabra oral	Señalaré las palabras mientras leo.	Señalar cada palabra mientras se va leyendo.
	Aquí dice "pollo".	Señalar una palabra concreta.

Elementos del lenguaje escrito		
Concepto	**Indicaciones verbales**	**Indicaciones no verbales**
Letra	Os voy a enseñar solo una letra. Aquí hay una letra. Aquí hay dos letras, una y otra.	Tapar el texto para que solo se vea una letra. Destapar otra letra y señalar las dos letras que se ven.
Palabra	Esto es una palabra. Aquí hay dos palabras.	Tapar el texto para que solo se vea una palabra. Destapar otra palabra y señalar las dos palabras que se ven.
Signos de puntuación (punto, coma, interrogación, ...)	Esto no es una letra. Quiere decir que me tengo que parar. Se llama "punto".	Señalar el punto al final de una oración.

Características tipográficas		
Concepto	**Indicaciones verbales**	**Indicaciones no verbales**
Mayúscula y minúscula	Esta letra es mayúscula. Esta es la misma, pero en minúscula.	Señalar una letra mayúscula y la misma letra en forma minúscula.

Información general y estructura del texto		
Concepto	**Indicaciones verbales**	**Indicaciones no verbales**
Título	Esto es el título. Es como el nombre del libro.	Señalar el título del texto.
Autor	La persona que ha escrito el libro es el autor. La autora de este libro se llama...	Señalar el nombre del autor o autora.
Partes del texto	Este es el comienzo de la historia. Esto es el final de la historia.	Rodear con el dedo el inicio del texto o el primer párrafo y el final del texto o último párrafo.
Numeración	Aquí hay un número. Cada página tiene uno, más o menos en el mismo sitio.	Señalar el número de varias páginas.

Pruebas o experimentos con el texto		
Concepto	**Indicaciones verbales**	**Indicaciones no verbales**
Dirección de lectura	Voy a probar a ver qué pasa si empiezo a leer desde aquí abajo y sigo hacia arriba.	Leer la página comenzando por la línea inferior hacia arriba.
Palabra	¿Os parece que esto es una palabra? Mirad esta palabra. Aparece otra vez en la hoja. A ver si encontráis dónde hay una igual que esta.	Señalar elementos como palabras, símbolos, dibujos o números. Señalar una palabra que se repita en la página.
Letra	Vamos a contar cuántas letras tiene esta palabra.	Señalar una palabra concreta.

Conocer más

- FRANK, S. T. (2012): *The use of explicit, non-evocative print referencing with preschool children at-risk: implications for increasing print concept knowledge* [Tesis doctoral, Universidad de Kentucky]. UKnowledge.
- JUSTICE, L. M., y SOFTKA, A. E. (2010): *Engaging children with print. Building early literacy skills through quality read-alouds*. Guilford Press.

Por supuesto, esta lista es solo una sugerencia inicial y puede completarse con otras indicaciones y actividades que sirvan para fijarse en conceptos y convenciones relacionados con el lenguaje escrito.

¿Qué actividades pueden promover el conocimiento de lo escrito?

Podemos distinguir dos grandes maneras de promover el aprendizaje de conocimientos sobre el lenguaje escrito: la implícita y la explícita. Sin embargo, en la práctica es muy habitual que ambas se combinen.

El aprendizaje implícito es el que va a realizar el alumnado por estar viviendo en un entorno en el que existe y se utiliza el lenguaje escrito. Al hablar de las funciones del lenguaje escrito hemos visto varias situaciones que pueden favorecer su observación. En una escuela es fácil encontrar o preparar estos usos del lenguaje escrito:

- Carteles que señalan espacios o recursos, como "Clase de 2.º A", "Rincón de las construcciones", "Comedor", "Material de pintura", etc. Es muy común que muchos de estos rótulos se coloquen en una posición adecuada para que los vea una persona adulta y no el alumnado. Hay otras alternativas, como colocarlos a menor altura o duplicarlos. También puede ser interesante que el alumnado participe en la creación y decoración de los carteles, especialmente en los que se destinan a su propia clase.
- Uso del nombre del alumnado para señalar sus pertenencias, puesto, casillero, etc. y para identificar sus producciones. Ya hemos visto la especial relevancia que tiene el nombre propio en los primeros contactos con el lenguaje escrito y, en el capítulo diez, volveremos a destacar su importancia en la iniciación a la escritura.
- Uso de listas, horarios y calendarios para organizar la actividad del aula: formar grupos de trabajo, indicar tareas y responsabilidades, recordar fechas importantes, anticipar lo que se va a realizar, etc.
- Si el alumnado utiliza el comedor escolar, es posible consultar el menú de cada día.
- Disponibilidad de materiales impresos variados y de otros materiales, como letras de plástico o madera o tarjetas con recordatorios visuales de las correspondencias grafema-fonema.
- Uso del lenguaje escrito para la comunicación con las familias: avisos, circulares, notas, agendas, álbum de fotos de las vacaciones, libro viajero, etc. Es interesante que el alumnado pueda ver cómo se redacta un mensaje, conocer su contenido y comprobar cómo la persona destinataria no sabe esa información hasta que lo lee. Aunque los medios electrónicos de comunicación pueden ser muy útiles por la rapidez y la seguridad de que la información se ha transmitido, su funcionamiento puede ser menos claro para el alumnado que el de una carta o una nota en la agenda. No obstante, también puede ser interesante mostrar cómo se usan.
- Lectura compartida, interactiva u otras actividades similares en las que personas adultas leen en voz alta al alumnado.
- Actividades de escritura emergente individuales o grupales.

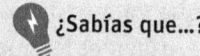

¿Sabías que...?

Se han propuesto criterios de calidad del rincón de lectura

Ya hemos visto que la disponibilidad de materiales impresos variados en el aula puede ser una buena práctica para el desarrollo del conocimiento de lo escrito. Una forma de llevarla a la práctica es crear en el aula un espacio de "rincón de lectura" o "biblioteca".

La *Early language & literacy classroom observation* (ELLCO) es una escala de observación sobre prácticas eficaces para el desarrollo del lenguaje y la alfabetización inicial en la Educación Infantil.

Con respecto a la disponibilidad de material impreso considera dos aspectos. El primero es la existencia de un área de lectura. Los criterios con los que la valora son:

1. Existe un área destinada exclusivamente a la lectura de libros. La ELLCO indica que este criterio no se alcanza si esa área se dedica también a otras actividades.

2. El área con libros está bien ordenada y es atractiva: los libros se disponen en una estantería o expositor, mostrando su lomo o su portada, y están bien organizados.

3. En el área con libros hay materiales blandos. Con eso se refiere a cojines o mobiliario cómodo en el que sentarse a ver los libros.

El segundo aspecto que considera la ELLCO es la selección de libros, según el cual:

1. En el aula (no solo en el rincón de lectura) se encuentran libros con distintos niveles de dificultad: desde libros formados únicamente por imágenes hasta libros con uno o dos párrafos por página, libros con lenguaje muy sencillo y con vocabulario más sofisticado.

2. Número de libros fácilmente utilizables por el alumnado. La máxima puntuación se obtiene si en la clase hay más de 25 libros al alcance del alumnado.

3. Libros expositivos: la máxima puntuación se obtiene si en la clase hay más de 5 libros no narrativos, sobre matemáticas, ciencias naturales, ciencias sociales, otras culturas, salud, etc.

4. Presencia de libros relacionados con el tema que se está trabajando en la clase.

Conocer más

• SMITH, M.; BRADY, J., y ANASTASOPOULOS, L. (2008): *Early language & literacy classroom observation, pre K.* Brookes Publishing.

Hasta aquí hemos visto propuestas para el aprendizaje implícito de conocimientos sobre el lenguaje escrito. También es posible hacer una enseñanza explícita, es decir, comunicar de forma directa algún conocimiento sobre lo escrito, por ejemplo: "esto es una letra" o "cuando leemos un libro se coloca en esta posición". Es muy común que al mediar o acompañar en experiencias con el lenguaje escrito demos explicaciones de este tipo, por eso decíamos que es muy habitual que la perspectiva implícita y la explícita se combinen. Ya hemos presentado un ejemplo en la lectura compartida (aprendizaje implícito) con referencia a lo impreso (enseñanza explícita).

Los programas de enseñanza explícita y organizada de conocimientos sobre el lenguaje escrito no han sido muy comunes en la práctica escolar, pero en estudios empíricos han mostrado efectos positivos: el alumnado muestra mejor conocimiento de los contenidos trabajados, por ejemplo:

- Diferenciar lectura, escritura y dibujo.
- Diferenciar letra manuscrita e impresa.
- Diferenciar letras de números.
- Diferenciar letras de palabras.
- Reconocer la primera y la última letra, en una palabra.
- Reconocer la primera y la última línea de un párrafo.
- Identificar la primera y última palabra de una frase o las dos primeras y dos últimas.
- Reconocer una frase y el punto como su final.
- Diferenciar entre mayúsculas y minúsculas.

Trabajo de los conocimientos sobre el lenguaje escrito en Educación Infantil		
Funciones del lenguaje escrito		
Curso 1.º	**Curso 2.º**	**Curso 3.º**
• Reconocer quién está leyendo o escribiendo. • Reconocer el uso de la lectura para: – Entretenerse o divertirse. – Informar.	• Reconocer el uso de la lectoescritura para: – Recordar información.	• Reconocer el uso de la lectoescritura para: – Informarse en general – Comunicarse.
Componentes del lenguaje escrito		
Curso 1.º	**Curso 2.º**	**Curso 3.º**
• Distinguir texto de dibujos o símbolos. • Conocer el orden en que se pasan las páginas de un texto. • Distinguir palabras (escritas) de dibujos.	• Distinguir texto de pseudotexto. • Distinguir texto impreso y texto manuscrito. • Distinguir las líneas de un texto. • Distinguir palabras de secuencias de símbolos ($$+%()%"*) • Distinguir las palabras en una oración o un texto. • Distinguir letras y números. • Distinguir letras mayúsculas y minúsculas.	• Conocer el orden y la dirección en que se leen las líneas de un texto.
Otras características del lenguaje escrito		
Curso 1.º	**Curso 2.º**	**Curso 3.º**
• Conocer que hay distintas formas de leer y escribir. • Direccionalidad del texto.	• Distintos textos tienen funciones diferentes.	• Propósitos o funciones del texto.

Las intervenciones de enseñanza explícita suelen ser muy sobrias. En ellas se muestran, ejemplifican y realizan actividades sobre cuestiones relacionadas con el lenguaje escrito sin mayores recursos que materiales escritos, normalmente impresos, que sirvan de muestra.

Aunque la enseñanza explícita pueda ser útil para aprender sobre los elementos que forman el lenguaje escrito, se ha mostrado menos eficaz para aprender acerca de sus funciones. Estas funciones no se aprecian en el material escrito, sino en el uso que se hace de él. Se han realizado algunas propuestas de trabajar esta parte mediante viñetas que representen situaciones en las que se hace uso de la lectura.

En el cuadro de la página anterior presentamos una propuesta sobre cómo distribuir los contenidos (funciones y componentes del lenguaje escrito) sobre el lenguaje escrito a lo largo de los tres cursos de Educación Infantil. Esta propuesta está basada en distintos datos de investigaciones realizadas con alumnado hablante de español y se han introducido algunos contenidos que no aparecen en estas investigaciones, pero que consideramos de interés pedagógico.

Subiendo de nivel

Casi todo lo que hemos expuesto en este capítulo se refiere a la lectura de material impreso en papel. Sin embargo, la lectura en soporte digital está muy extendida. La mayor parte de nuestro alumnado ha tenido algún contacto con ella y en muchas clases hay pantallas o pizarras digitales, incluso hay centros que introducen tabletas u ordenadores para realizar actividades didácticas ya en la Educación Infantil.

En esta situación nos podemos preguntar si es necesario enseñar nuevos conocimientos sobre el lenguaje escrito.

Celeste Bates, Adria Klein y Barbara Schubert han reflexionado sobre este tema tomando como punto de partida el test "Concepts about print" que hemos presentado en la sección acerca de "¿Qué y cómo aprender sobre los componentes y las convenciones del lenguaje escrito?". Su propósito es ayudar a elegir textos digitales que favorezcan el conocimiento de lo escrito. Veamos algunos ejemplos de sus apreciaciones:

- El formato del libro electrónico hace difícil aprender el concepto de portada y parte trasera (contraportada) y de apreciar su función. Es más difícil hacerse una idea del libro completo y de dónde están su principio y su final.
- Muchos libros digitales se apartan de la configuración de texto en la página izquierda e imagen en la parte derecha[12]. Eso dificulta aprender que el mensaje está en el texto.

---

[12] Esta observación produce extrañeza, ya que muchos libros impresos no siguen esa disposición. Las autoras escriben pensando en un programa de refuerzo de la lectura llamado *Reading Recovery*. Es posible que en la selección de libros que se incluye en este programa sí que predomine la presentación del texto en página izquierda e imagen en página derecha.

- En muchas ocasiones, los libros digitales tienen características interactivas. Al pasar el dedo o el cursor por un enlace o *hotspot* se activa un sonido o una animación. Eso puede interferir con el aprendizaje de la dirección de lectura de izquierda a derecha y con la correspondencia entre palabras escritas y palabras orales.
- En muchas ocasiones, el dispositivo electrónico compensa la rotación, de modo que el texto siempre aparece en la posición adecuada, con independencia de cómo se sujete.
- La forma de avanzar en la lectura puede variar en los libros digitales. Muchas veces no se presenta una página izquierda que se lee antes que la derecha. A veces, ni siquiera se presenta algo análogo a una página, ya que el texto se desliza verticalmente en la pantalla.

Conocer más

- BATES, C. C.; KLEIN, A., y SCHUBERT, B. (2022): "Concepts about print and early reading behaviors: considerations when using ebooks". *The journal of reading recovery*, 22(1), 31-34.

Es importante recordar que las investigaciones actuales apuntan a que la lectura en papel beneficia la comprensión lectora más que la lectura en digital. Por ello, el uso de un formato en papel será más recomendable, al menos hasta que hayamos identificado las características o adaptaciones que puedan mejorar la comprensión en la lectura digital.

No olvides

- [ ] El conocimiento de lo escrito incluye el conocimiento de los componentes del lenguaje escrito, sus convenciones, sus funciones, vocabulario básico sobre la lectura y la escritura y habilidades iniciales de lectoescritura.
- [ ] Este conocimiento de lo escrito es un contenido de la Educación Infantil, al menos en España, donde el currículo propone "participar por iniciativa propia en actividades relacionadas con textos escritos, mostrando interés y curiosidad, para comprender su funcionalidad y algunas de sus características".
- [ ] Gran parte del conocimiento de lo escrito se aprende por observación y participación en entornos en los que se utiliza el lenguaje escrito.
- [ ] La enseñanza explícita puede ser un complemento útil, especialmente para el aprendizaje sobre las convenciones y los componentes del lenguaje escrito.
- [ ] Entre otros, los saberes básicos sobre el lenguaje escrito incluyen: los usos sociales de la lectura y la escritura, funcionalidad y significatividad en situaciones comunicativas, textos escritos en diferentes soportes, otros códigos de representación gráfica (imágenes, símbolos, números...).
- [ ] La propuesta curricular española hace mucho énfasis en el aprendizaje por absorción: el alumnado se "apropia del sistema escrito" cuando se sumerge en un ambiente rico en experiencias y modelos de lectura y escritura. Sin embargo, vemos que no todo el alumnado contará en casa con un ambiente que favorezca la aproximación al lenguaje escrito. En ese sentido, desde el aula sería recomendable crear las condiciones oportunas para que se desarrollen los conocimientos sobre el lenguaje escrito.

Parte III

La enseñanza de la lectura y la escritura

Capítulo ocho

Métodos de enseñanza de la lectura

En cierta manera, podríamos decir que solo existe un método de enseñanza inicial de la lectura y la escritura: aquel por el que el alumnado aprende el sistema de relaciones entre letras o grafemas y sonidos o fonemas. Difícilmente consideraremos que ha superado la alfabetización inicial quien no haya adquirido ese aprendizaje.

¿Por qué es importante profundizar en esto?

Presentar distintos métodos de enseñanza de la lectura puede ser algo interesante por sí mismo, pero, además, nos puede ayudar a orientarnos en la confusión que existe en torno a los métodos de enseñanza de la lectura y la escritura. ¿Es posible que algo tan elemental e importante sea confuso? Según nuestra experiencia, sí, y pensamos que hay, por lo menos, dos razones para esta confusión.

La primera es que la palabra "método" no tiene un significado preciso y la utilizamos para nombrar propuestas que están en distintos niveles, como enfoques y programas. Por ejemplo, hablamos de "método silábico" o de "método Palau" (que es una propuesta silábica de aprendizaje de la lectura).

La segunda razón es que para denominar los métodos de lectura utilizamos distintos nombres. Algunos nos pueden resultar poco familiares y de significado opaco, especialmente "sintéticos" y "analíticos". Esto es así hasta tal punto de que, a veces, los profesionales y especialistas en el tema cometemos errores al utilizar esta terminología.

¿Qué métodos de enseñanza de la lectura existen?

Hay varios caminos para llegar a conseguir la meta de convertir los grafemas en fonemas y es común que llamemos "métodos de lectura" o "métodos de lectoescritura" a los dos grandes sistemas que agrupan las distintas propuestas. Según eso, tendríamos dos grandes métodos y otro grupo de propuestas mixtas que tiene características de los dos anteriores. De esta manera encontraríamos:

1. **El método *fonológico*[13] o *sintético*,** que parte del aprendizaje de las relaciones entre letras y sonidos para pasar a la lectura de sílabas, palabras, oraciones y textos. Este método se basa en la idea de que las letras (o grafemas) representan sonidos, de modo que las letras se pueden convertir en sonido y viceversa, según se trate de leer o escribir. Este proceso de convertir letras en sonidos recibe el nombre técnico de "sistema de conversión grafema-fonema". Lógicamente, este sistema requiere que haya un conocimiento de los sonidos del habla, especialmente de los fonemas y las letras y dígrafos que forman el conjunto de grafemas. En nuestra cultura, la mayor parte de los niños y las niñas desarrolla cierta conciencia de los sonidos del habla mediante juegos o interacciones en las que se segmentan esos sonidos, como las palabras encadenadas o pistas fonológicas ("el animal que estoy pensando es uno de color /ggg/...."). También hay una notable exposición a las letras. No solo porque se encuentran en carteles, libros, señales, etc., sino también en innumerables juguetes o utensilios infantiles que las utilizan como decoración. Sin embargo, la relación entre letras y sonidos del habla es difícil de percibir. La arbitrariedad de las correspondencias entre grafemas y fonemas es muy grande y no existen "pistas" que ayuden a establecerlas. Por eso, aprender las relaciones grafema-fonema es una de las partes más difíciles del aprendizaje inicial de la lectura, y el método fonológico o sintético se caracteriza por hacer una enseñanza explícita y sistemática de esas relaciones.

2. **El método *global* o *analítico*,** que habitualmente parte de las palabras, aunque hay versiones que parten de oraciones o incluso de textos completos, para terminar aprendiendo las relaciones entre letras y sonidos. Este método se basa en la idea de que la percepción infantil es sincrética, es decir, tiende a una visión del conjunto donde es más fácil percibir la totalidad que las partes. Es común que se base en la memorización de la forma escrita de las palabras porque se considera que la palabra es una unidad que ya tiene un significado, a diferencia de la sílaba o los fonemas, que deben combinarse para tener un significado. Este método ha sido muy utilizado en inglés y se ha considerado adecuado para idiomas poco transparentes, en los que los sonidos del habla se pueden escribir de distintas formas. Por ejemplo, en inglés la palabra "rows" (rema) y "rose" (rosa) se pronuncian igual.

---

[13] Para nombrarlo se utilizan los términos fonológico, fónico y fonético.

3. **El método *mixto* o *ecléctico*,** que combina actividades propias del método fónico con otras propias del método global. A pesar de que se presenta como "un" método, se trata de toda una gama en la que se da mayor o menor peso al componente fónico y al componente global. Cuando se pregunta a profesorado de Educación Infantil o primeros cursos de Educación Primaria por el método que utilizan para enseñar a leer, es habitual que el método mixto sea la opción más elegida. De hecho, no es extraño que en aulas de Educación Infantil encontremos los nombres y fotografías del alumnado en sus perchas, sus mesas, sus casilleros o junto a sus materiales (componente global), y también veamos imágenes del abecedario con dibujos que indican el sonido que corresponde a cada letra (componente fónico).

Los adjetivos "sintético" y "analítico" producen muchas confusiones a la hora de identificar los métodos de lectura. Recordemos que el método sintético o fónico comienza con la enseñanza de las relaciones entre grafemas y fonemas, pero emitir los fonemas que corresponden a las letras de una palabra, como quien dice /f/-/e/-/l/-/i/-/z/, no es lo mismo que decir la palabra /feliz/. A ese proceso de unir o combinar los fonemas se le llama síntesis.

Es muy frecuente que al hablar de "síntesis" pensemos en un resumen o en la extracción de lo esencial de algo. Quizá eso es lo que nos confunde. En este caso estamos utilizando otro significado de la palabra "síntesis". La Real Academia Española presenta, como primera acepción de este término: "composición de un todo por la reunión de sus partes". En este caso, componemos la palabra por la unión de sus fonemas.

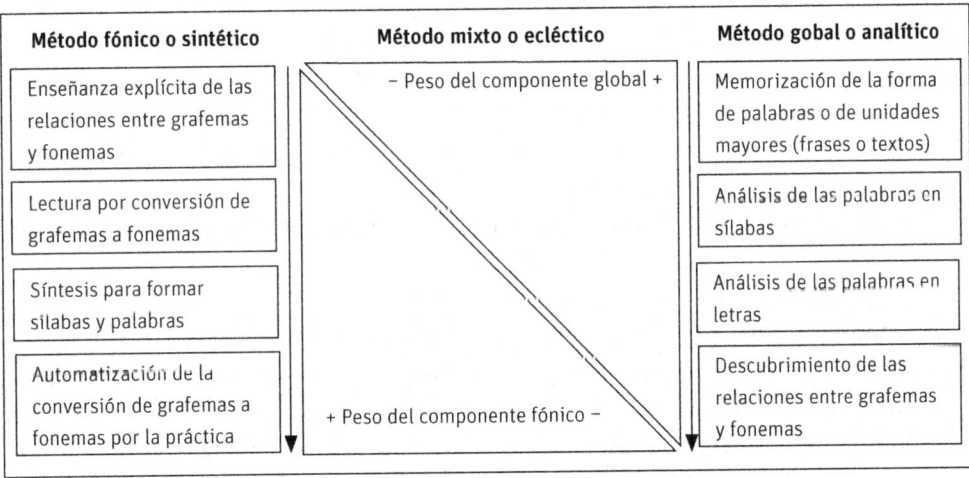

Método fónico o sintético	Método mixto o ecléctico	Método gobal o analítico
Enseñanza explícita de las relaciones entre grafemas y fonemas	− Peso del componente global +	Memorización de la forma de palabras o de unidades mayores (frases o textos)
Lectura por conversión de grafemas a fonemas		Análisis de las palabras en sílabas
Síntesis para formar sílabas y palabras		Análisis de las palabras en letras
Automatización de la conversión de grafemas a fonemas por la práctica	+ Peso del componente fónico −	Descubrimiento de las relaciones entre grafemas y fonemas

En cuanto al método analítico, a la palabra "análisis" le solemos dar el significado de estudio o profundización en un tema. En este caso, es probable que pensemos que algo importante en un análisis es separar y distinguir los componentes de lo que estudiamos. Recordemos que los métodos analíticos comienzan con la presentación de unidades con significado, como las palabras. Pero memorizar la forma de los cientos de miles de palabras que podemos encontrar en los textos escritos parece algo desproporcionado. Lo que se espera es que, analizando la forma como se escriben las palabras se acaben aprendiendo las relaciones entre grafemas y fonemas.

¿Qué enfoques y programas corresponden a los distintos métodos?

Hasta aquí hemos descrito los principales métodos de enseñanza de la lectoescritura, pero, tal y como señalamos al comienzo, este es un campo en el que las denominaciones pueden resultar confusas, sobre todo porque llamamos método a propuestas que están en distintos niveles. No es incorrecto hablar del método global, del método de Freire, del método silábico o del método Micho.

Pero, para tratar de organizarnos bien, vamos a distinguir tres niveles: métodos, enfoques y programas. Reservaremos la palabra "método" para referirnos al método fónico o sintético, al método global o analítico y al método mixto o ecléctico. La palabra "enfoque" la utilizaremos para referirnos a distintas corrientes o tendencias que se han desarrollado dentro del método fónico y del método global (el método mixto no hace aportaciones novedosas, sino que recoge elementos de los dos anteriores). Los enfoques ofrecen orientaciones sobre cómo realizar la enseñanza de la lectura y la escritura, pero son propuestas relativamente abiertas, que se pueden concretar de distintas formas. Finalmente, utilizaremos el término "programa" para presentar propuestas concretas, en las que se plantean materiales y actividades ya preparados para realizar con el alumnado. Estos programas pueden ser comerciales, como los que ofrecen varias editoriales para la enseñanza inicial de la lectura y la escritura, o pueden ser preparados por el profesorado, correspondiéndose con la programación que realicen para esta enseñanza.

Ahora vamos a ver distintos enfoques que podemos encontrar en el método fónico o sintético o en el método global y analítico. Entre los métodos sintéticos podemos destacar:

- **Enfoque alfabético:** en este enfoque se aprenden los nombres de las letras como base para aprender las relaciones entre grafemas y fonemas. También puede ser que se aprendan los nombres de dígrafos, como "la che", "la lle" o "la doble erre". Estos métodos ya eran utilizados en la antigüedad, pero comenzaron a abandonarse en el siglo XIX y no es fácil encontrar en la actualidad propuestas de este tipo, pero es muy común que al tratar de ilustrar cómo es la enseñanza inicial de la lectura nos vengan a la mente expresiones como "la eme con la a ma".

- **Enfoque fonológico:** se basa en asociar las letras con su o sus sonidos, en lugar de con su nombre. Se consideró una propuesta más adecuada para el aprendizaje que el enfoque alfabético. Aunque evita las interferencias que pueden causar los nombres de las letras, el enfoque fonológico tiene un problema práctico: algunos sonidos consonánticos son difíciles de discriminar cuando se pronuncian aisladamente, especialmente aquellos que no pueden prolongarse, como /k/, /p/ o /t/. En muchos programas del enfoque fonológico se utiliza el recurso de asociar los grafemas con dibujos que recuerdan los fonemas que les corresponden. A veces se utilizan otros elementos, como asociaciones con gestos, movimientos o representaciones de la posición de la boca al pronunciar el fonema que corresponde a la letra.

- **Enfoque silábico:** teóricamente trata de enseñar a reconocer las sílabas del idioma. Si fuera así, quizá no sería oportuno considerarlo uno de los enfoques del método fónico. En la práctica trabaja con sistematicidad combinaciones de un grafema consonántico con una vocal (por ejemplo: "na, ne ni, no, nu, an, en, in, on, un"), de modo que se diferencia poco del enfoque fonológico. De cualquier modo, a veces añade sílabas frecuentes de mayor complejidad, con estructuras CVC ("lar, gol, des") o CCV ("pri, ble, gra"). La cantidad de sílabas diferentes que existen en español es mayor de lo que pueda parecer a simple vista, lo que hace poco eficiente tratar de aprenderlas.

⚡ **¿Sabías que...?**

Hay razones para considerar el enfoque silábico como parte del método sintético

Somos conscientes de que a algunas personas les sorprenderá que hayamos incluido el enfoque silábico como parte del método sintético y propongan, de una forma bien razonada, que podría hablarse de un método silábico, ya que no cumple las características principales del método fónico ni del método global:

1. No se enseñan explícitamente las relaciones entre grafemas y fonemas, sino que se memorizan sílabas completas.

2. Tampoco hay una intención de presentar unidades con significado. Puede suceder que sí lo tengan, en palabras monosílabas como "no", "sol", "da" o "tren", pero lo más común es que no tengan sentido, como en las sílabas "du", "man", "cl" o "fies".

Los defensores del método silábico consideraban que los sonidos correspondientes a las consonantes aisladas no son útiles para la enseñanza de la lectura, de modo que la mejor forma de enseñar la decodificación sería presentarlas combinadas con las vocales, formando sílabas. Por otra parte, el reconocimiento de sílabas completas agiliza la lectura, de modo que esta alternativa parecía óptima.

El mayor problema de este enfoque es que requiere aprender una cantidad considerable de sílabas. En español existen más de 2000 diferentes y bastantes de ellas solo se encuentran en unas pocas palabras. Normalmente, en el uso real del método silábico, la práctica sistemática de algunas sílabas sencillas, como "la, le, li, lo, lu, al, el, il, ol, ul", se utiliza para experimentar la correspondencia entre un grafema (en este caso "l") y un fonema (en este caso /l/). De hecho, muchas veces nos podemos encontrar con que una página de un programa silábico presenta información y actividades similares a las de una página de un programa fonológico.

La diferenciación de los enfoques del método global o analítico puede ser más dudosa, pero se pueden distinguir algunos "con nombre propio", por ejemplo:

- **Enfoque constructivista:** parte de la idea de que el alumnado se acerca a la lectura y la escritura teniendo algunas ideas o hipótesis sobre cómo es su funcionamiento. Sus intentos de poner en práctica estas habilidades los llevan a tomar conciencia de las limitaciones de esas hipótesis y a descubrir y proponer nuevas alternativas.

- **Lenguaje completo o lenguaje integrado (*whole language*):** propone que la lectura y la escritura se aprenden con mayor facilidad cuando se experimentan en un contexto en el que se utilizan para la comunicación. En sus versiones más radicales propone que se trata de un aprendizaje natural, como el del habla, para el que no es necesario nada más que desarrollarse en un entorno rico en comunicación escrita.

- **Enfoque funcional o de Decroly:** se trabaja únicamente con textos que parten de las experiencias previas, acompañados por dibujos, objetos o modelos. El alumnado aprende frases completas, con un significado; las reconoce, las comenta o las copia y van diferenciando sus palabras y letras.

- **Enfoque de las palabras generadoras (o generatrices):** fue desarrollado por Paulo Freire para la alfabetización de adultos. Parte de delimitar un conjunto de palabras conocidas e importantes para los aprendices, con riqueza fonética (se pretende que entre ellas contengan todas las letras del alfabeto). Estas palabras se presentan asociadas a aquello que representan de forma aislada, se analizan sus sílabas, se analizan sus letras y se crean nuevas palabras con la combinación de sus componentes. Se han realizado algunas adaptaciones para la enseñanza de la lectura infantil. Por ejemplo, María Luisa García y Noemí García publicaron en 2017 un artículo titulado "Cincuenta palabras generatrices para el aprendizaje del código escrito de la lengua española. Adaptación del método de Paulo Freire a la edad infantil". Algunos ejemplos de las palabras que proponen son: chocolate, cuento, pelota, magia, koala o tortilla. En cierta manera, la enseñanza de la lectoescritura trabajando a partir de los nombres del alumnado de la clase tiene bastante en común con este enfoque.

El tercer nivel es el de los programas. Hacer una lista de programas de enseñanza de la lectura y la escritura sería una tarea imposible: muchos maestros y maestras han desarrollado sus propios programas. Entre los publicados, son bastantes los que ya han caído en el olvido y la aparición de nuevos programas es algo frecuente.

Sin embargo, en la siguiente tabla vamos a intentar resumir los tres niveles de concreción de las propuestas de enseñanza de la lectura y la escritura, incluyendo algunos programas que puedan servir como ejemplo:

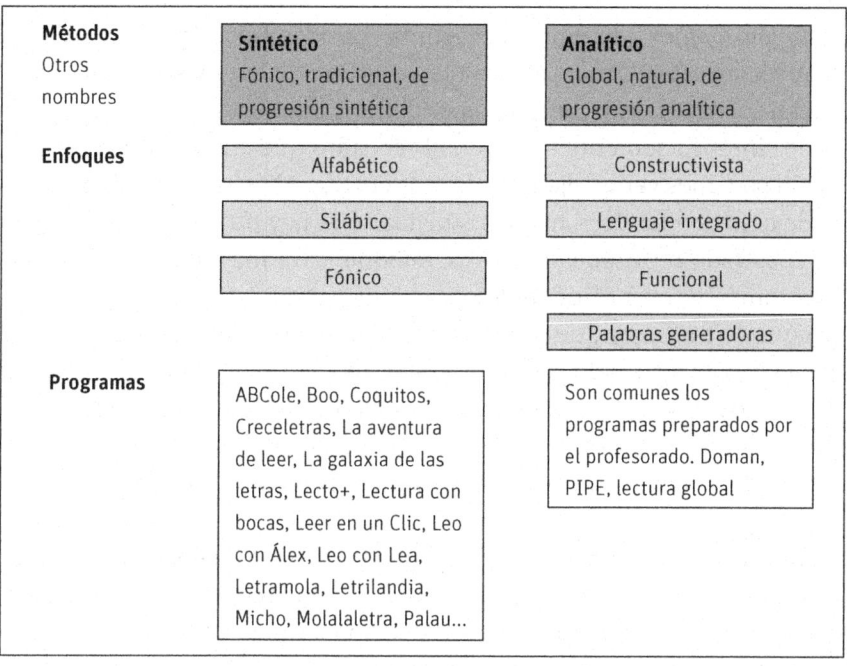

Métodos Otros nombres	Sintético Fónico, tradicional, de progresión sintética	Analítico Global, natural, de progresión analítica
Enfoques	Alfabético	Constructivista
	Silábico	Lenguaje integrado
	Fónico	Funcional
		Palabras generadoras
Programas	ABCole, Boo, Coquitos, Creceletras, La aventura de leer, La galaxia de las letras, Lecto+, Lectura con bocas, Leer en un Clic, Leo con Álex, Leo con Lea, Letramola, Letrilandia, Micho, Molalaletra, Palau...	Son comunes los programas preparados por el profesorado. Doman, PIPE, lectura global

Conocer más

- GARCÍA, M. L., y GARCÍA, N. (2017): "Cincuenta palabras generatrices para el aprendizaje del código escrito de la lengua española. Adaptación del método de Paulo Freire a la edad infantil". *Didáctica de la Lengua*, 29, 81-102.

¿Cuál es el método más recomendable?

Existe un consenso bastante amplio sobre este tema en la comunidad científica que investiga en torno a la lectura: resulta más recomendable el método fónico o sintético. Seguramente, esto no es ninguna sorpresa: en los capítulos anteriores han aparecido varias señales que indicaban este consenso y buena parte de las recomendaciones que hemos ofrecido para la enseñanza formal de la lectura y la escritura se corresponden con el método sintético.

Varios metanálisis (trabajos que combinan los resultados de distintos estudios sobre un tema) indican que la enseñanza sistemática de las relaciones entre letras y sonidos (método sintético) produce mejores resultados que otras alternativas. La mejora que supone el uso de enfoques de este tipo es ligeramente mayor, especialmente si nos centramos en los cursos en los que se suele realizar la enseñanza inicial de la lectura. Por otra parte, los enfoques en los que las relaciones entre letras y sonidos no se enseñan de forma sistemática, no han mostrado producir mejores efectos que el método sintético o fónico.

Dicho esto, vamos a retomar la pregunta considerando algunos matices. El primero es que la investigación científica tiene sus limitaciones y sus debilidades, algo que también sucede en este campo. Las evidencias que sustentan la recomendación del método sintético son criticables; en el recuadro que encontraremos al final de esta sección podemos ver un ejemplo de esas críticas. El predominio de datos a favor del método sintético no debe hacernos olvidar que hay otras propuestas que también han mostrado resultados positivos, aunque, para mayor desorientación, esas evidencias también son cuestionables.

El segundo matiz es que debemos recordar que con "enseñanza de la lectura" nos estamos situando en una perspectiva restringida de la lectura, centrada en la decodificación. Si pensamos en la lectura con una perspectiva amplia que incluya comprensión o la expresividad en la lectura en voz alta, limitar su enseñanza a la aplicación de un enfoque sintético puro sería empobrecedor.

El capítulo anterior ha desarrollado una propuesta de enseñanza claramente relacionada con el método sintético. Sin embargo, recordemos cómo se advertía que debemos tener cuidado con el reduccionismo: la enseñanza formal de la lectura y la escritura no debe desvincularse de su uso, del aprendizaje de vocabulario y conocimientos sobre el lenguaje escrito o de las actividades de comprensión.

Personas importantes en el campo de la investigación sobre la lectura recomiendan el uso del método mixto, pero lo suelen hacer con la precaución de recordar que eso no significa "todo vale", sino que se refieren a enfoques mixtos con mucho peso del método sintético, en los que se garantice la enseñanza explícita y sistemática de las relaciones entre grafemas y fonemas.

El conocimiento de la evidencia científica sobre el aprendizaje de la lectura ayuda a proponer o seleccionar los enfoques que mejor equilibran los métodos para su enseñanza.

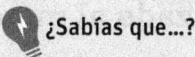 **¿Sabías que…?**

Existen las guerras de la lectura

Las guerras de la lectura son una controversia sobre los métodos de lectura, especialmente entre defensores de métodos globales y de descubrimiento (especialmente el *whole language*) y partidarios de los métodos fónicos. Este debate se ha dado, sobre todo, en Estados Unidos.

Aunque se ha declarado en varias ocasiones que las guerras de la lectura habían finalizado, el debate no ha cesado. En 2019, Jeffrey Bowers, de la Universidad de Bristol y su hermano Peter Bowers, del centro Word-Works, publicaron en The Washington Post un texto en el que cuestionaban la eficacia de enseñanza sistemática de las relaciones entre letras y sonidos (*systematic phonics*).

En 2020, Jeffrey Bowers publicó en Educational Psychology Review un artículo en el que desarrollaba esa idea, revisando las principales evidencias que respaldan el método sintético y concluyendo que no hay pruebas de peso que indiquen que los métodos sintéticos produzcan mejores resultados que otras alternativas.

Este artículo dio lugar a réplicas y contrarréplicas de Jennifer Buckingham, de la compañía MultiLit, o Jack Fletcher (Universidad de Houston), Robert Savage (Universidad de Londres) y Sharon Vaughn (Universidad de Texas-Austin). Con este debate hemos podido ver cómo, en realidad, la enseñanza sistemática de las relaciones entre letras y sonidos es el método de enseñanza de la lectura mejor estudiado científicamente. Existen muchos menos datos sobre cualquier otra propuesta.

Otra aportación que aparece en esta controversia es que el efecto de los métodos fónico-sintéticos es muy discreto. A veces, en las revisiones o metanálisis de investigación, el suprimir, añadir o corregir el resultado de un estudio puede hacer que el efecto encontrado sea estadísticamente significativo o no.

En realidad, según progresa el debate queda claro que no se trata de una prolongación de las guerras de la lectura. No se están oponiendo los métodos fónicos y los globales; todos los participantes han dejado claro que es necesario enseñar explícitamente las relaciones entre letras y sonidos, pero los hermanos Bowers proponen que es algo insuficiente y que debe integrarse en una actuación más general que tenga en cuenta el significado de las palabras, su morfología e incluso su etimología.

Probablemente, este debate solo tiene sentido en lenguas opacas, como el inglés, en las que el sonido de un grafema puede depender de en qué palabra o morfema nos lo encontramos.

Conocer más

- BOWERS, J. S. (2020): "Reconsidering the evidence that systematic phonics is more effective than alternative methods of reading instruction". *Educational Psychology Review*, 32(3), 681-705.

¿Qué críticas se han realizado a los distintos métodos de lectura?

A pesar de que los datos empíricos muestran una mayor eficacia (significativa o no) del método fónico o sintético, en algunos entornos educativos es visto con recelo y ha recibido críticas que muchas veces no tenían ninguna base, pero se han ido introduciendo en los materiales de formación del profesorado y en materiales divulgativos sobre la enseñanza de la lectura. También es posible encontrar críticas al método global analítico. En esta sección vamos a presentar y comentar algunas de las críticas más frecuentes a ambos métodos.

¿Qué críticas se han realizado al método sintético?

Hay críticas razonables al método sintético, pero varias de las que se han popularizado provienen de una simplificación excesiva sobre sus características y no tienen evidencia científica. Vamos a ver cuáles son las más frecuentes y a comentar algo sobre ellas.

- **El alumnado dedica un tiempo considerable a realizar actividades en las que no se accede a un significado y, por tanto, que no sirven a una función comunicativa.** Inicialmente, gran parte de las actividades que se realizan en el método sintético no producen significado, pues están centradas en el aprendizaje y la automatización del principio alfabético. No obstante, con una programación cuidadosa el alumnado puede leer y escribir palabras e incluso oraciones rápidamente (por ejemplo, una vez que se conocen las vocales y la consonante "s" se pueden leer cosas como "Esa es Susi").

  Se critica también que el tipo de oraciones con las que se comienza a leer, como la anterior o la paradigmática "mi mamá me mima", son forzadas y están alejadas de los intereses del alumnado.

  En cuanto a esto, sería necesario añadir que el método sintético permite llegar a leer segmentos variados y elaborados en menos tiempo que otras formas de enseñanza.

- **Es aburrido y poco motivante.** Seguramente, esta afirmación proviene de la forma repetitiva y mecánica con la que, desafortunadamente, se ha aplicado en muchas ocasiones el método sintético; sin embargo, esto es una cuestión didáctica, no del método. Si nos fijamos en los programas de tipo sintético que se utilizan actualmente, difícilmente podríamos decir que son poco atractivos. Paradójicamente, algunos expertos vinculan el método sintético con una mayor motivación para leer y hay algún dato empírico reciente que encuentra el efecto contrario al que propone esta crítica. En el capítulo cuatro sobre predictores de la lectura y la escritura, concretamente en el recuadro "Se ha considerado que las letras son esqueletos o fantasmas terroríficos", ya mencionamos un estudio en el que el alumnado que recibió una enseñanza sobria y descontextualizada en la que se presentaban las letras y se asociaban con sus sonidos se mostró más motivado que el alumnado que recibió una enseñanza contextualizada en la que las letras se presentaban en historias o se localizaban en los nombres del alumnado.

  Aparentemente, la adquisición del principio alfabético y la percepción de que uno es capaz de leer cualquier cosa produce un gran interés que podemos observar en niños o niñas que se entusiasman diciendo: "¡mira, ahí pone...!".

- **No respeta el proceso natural de aprendizaje de la lectura.** Casi al comienzo del libro ya dejamos claro que la lectura no es un aprendizaje natural y en el capítulo sobre mitos o ideas erróneas argumentamos esa idea. El desarrollo del lenguaje es natural, pero el aprendizaje de la lectura no es natural, no empezamos a leer como empezamos a caminar. La lectura requiere una enseñanza guiada y explícita. Es una cuestión cultural y arbitraria que ha aparecido recientemente en la historia humana. Por tanto, podríamos ignorar esta crítica.

- **No es útil para alumnado con necesidades educativas especiales NEE como discapacidad intelectual o trastornos del espectro autista (TEA).** Hay alumnado con necesidades educativas especiales que aparentemente no se beneficia de los métodos fonológicos. Apenas existen datos sobre la eficacia de otras alternativas y es común encontrar propuestas de tipo global para alumnado con síndrome de Down o TEA.

En 2019, un equipo de investigación suizo, dirigido por Rachel Sermier Dessemontet, publicó una revisión de 14 estudios sobre el efecto de la enseñanza de las relaciones entre grafemas y fonemas a alumnado con discapacidad intelectual. En conjunto, estos trabajos muestran un resultado notablemente alto de la enseñanza con programas fónicos.

Conocer más

- DESSEMONTET, R. S.; MARTINET, C., CHAMBRIER, A. D.; MARTINI-WILLEMIN, B., y AUDRIN, C. (2019): "A meta-analysis on the effectiveness of phonics instruction for teaching decoding skills to students with intellectual disability". *Educational Research Review* 26, 52-70.

- **Es poco eficaz en lenguas como el inglés o el francés, en las hay muchas excepciones o irregularidades en las relaciones entre grafemas y fonemas.** Al igual que sucedía en otras críticas, los datos obtenidos de la investigación parecen indicar lo contrario. De hecho, en los últimos años, varios países de habla inglesa como Estados Unidos, Reino Unido, Australia o Nueva Zelanda han dado prioridad a los métodos fónicos considerándolos una alternativa mejor, según las evidencias empíricas. En Francia y países con mucha influencia cultural francesa, se ha utilizado de forma extensa el método sintético o fónico y esta opción sigue siendo la recomendada en algunos documentos recientes sobre el marco de la enseñanza de la lectura.

- **Ignora conocimientos intuitivos que tiene el alumnado sobre la escritura (qué representa, cómo lo hace, para qué sirve), lo que podría llevar a una actitud pasiva ante el nuevo aprendizaje.** Los programas sintéticos suelen plantearse como si el alumnado tuviera un completo desconocimiento del lenguaje escrito. Un gran aporte del enfoque constructivista ha sido poner de manifiesto que cuando comenzamos la enseñanza formal de la lectura y la escritura, los niños y las niñas ya tienen ideas, hipótesis y algunos conocimientos sobre el lenguaje escrito, para qué se utiliza y cómo funciona.

No hay datos que indiquen que la enseñanza explícita de las relaciones entre grafemas y fonemas pueda producir una actitud pasiva.

- **Es más difícil, ya que opera con unidades abstractas (letras y fonemas).** El hecho de que produzcan mejores resultados en distintos aspectos de la lectura hace cuestionable esta crítica. En principio no hay razones para considerar que las letras sean algo abstracto: están en el entorno, se pueden ver, tocar, dibujar, tienen nombre…

- **Afecta negativamente a la comprensión lectora.** Existen, al menos, tres revisiones de la investigación que muestran un efecto positivo (estadísticamente significativo, en el que se incluye mayor cantidad de investigaciones) de los métodos fónicos sobre la comprensión lectora a corto plazo. También hay una revisión de un pequeño conjunto de estudios de seguimiento que muestra, a medio plazo, un efecto negativo no significativo sobre la comprensión lectora de la enseñanza sistemática de las relaciones entre grafemas y fonemas.

  Estos datos se pueden interpretar de distintas maneras. Por ejemplo, sabemos que en niveles iniciales de lectura la comprensión lectora está muy influida por la decodificación. El método sintético permite adquirir con relativa rapidez la capacidad de leer palabras, suponiendo una ventaja para la comprensión. Con independencia de la forma como se enseñe a leer, tarde o temprano, la mayor parte de la gente acaba dominando el código alfabético. En ese momento, la ventaja inicial del método sintético se desvanece y la comprensión estaría mucho más influida por los conocimientos, el desarrollo del lenguaje y la actitud ante la lectura.

- **Como lectores expertos no procesamos partes de las palabras sino su estructura global.** Esta afirmación es muy discutible y algunos especialistas la considerarían falsa. Resulta arriesgado plantear la enseñanza inicial de la lectura como la imitación de las habilidades que muestran lectores competentes y experimentados. Haciendo una analogía, una pianista profesional suele actuar sin mirar apenas el teclado del piano. Pero no ocurre lo mismo cuando se está comenzando a tocar el piano.

  Por otra parte, nuestro cerebro es muy rápido en analizar los detalles de las palabras y eso nos lleva a distinguir, por ejemplo, los vecinos ortográficos (como "camino" y "casino").

- **La lectura silábica produce cansancio a los músculos que mueven los ojos** y el cansancio no deja leer. Aunque esta crítica va cayendo en desuso, todavía es posible encontrarla. Esta afirmación ha llevado a múltiples trabajos y programas, con escaso sustento científico, centrados en el trabajo de la percepción visual y dirigidos a mejorar la movilidad ocular y a aumentar la cantidad de letras percibidas cada vez que el ojo se detiene en el texto. Este tipo de afirmaciones tratan de ridiculizar el principio alfabético básico y no tienen ningún sustento científico.

¿Qué críticas se han realizado al método analítico?

En un cuadro titulado "Se ha considerado que las letras son esqueletos o fantasmas terroríficos" hemos visto cómo Horace Mann defendía en 1844 la enseñanza global de la lectura, que había conocido en sus viajes por Europa. Parece, por tanto, que este método es bastante anterior a lo que solemos pensar y que no tiene mucho sentido calificarlo como "innovador", "avanzado" o "moderno".

Lo que sí que parece claro es que su extensión se produce en un entorno en el que predomina el método sintético y eso puede explicar por qué es más frecuente encontrarse con críticas al método sintético que con críticas al método analítico. Sin embargo, sí que existen estas críticas. Veamos brevemente algunas de las que se han realizado.

- **Ralentiza el aprendizaje de la lectura y la escritura.** Con frecuencia, el efecto inicial del método analítico es mucho más espectacular que el del método sintético: las palabras trabajadas se leen completas, sin vacilaciones, y se accede a su significado. Pero sea cual sea el método utilizado, tarde o temprano es necesario adquirir las reglas de conversión grafema-fonema. En el caso del método analítico, esto se hace tras dedicar un tiempo considerable a memorizar palabras.
- **Al enfatizar el uso de apoyos contextuales y de la adivinación puede enmascarar dificultades en el aprendizaje de las relaciones entre letras y sonidos.** No hemos encontrado datos que indiquen que el uso del método analítico retrase la detección del alumnado con dislexia. Pero sí hay bastante investigación que indica que el alumnado con dislexia o en riesgo de dislexia se beneficia del método sintético más que de otras alternativas. Hacen que el reconocimiento de palabras sea lento y laborioso, ya que el aprendiz no se puede apoyar en el conocimiento de las relaciones entre grafemas y fonemas.
Esto sucedería en las palabras no trabajadas o desconocidas. En las palabras que se han trabajado con el método analítico es probable que el reconocimiento sea rápido, especialmente si hay mucha diferencia entre ellas.
- **Dificulta la lectura de palabras funcionales como preposiciones, nexos, etc.** En el método analítico hay enfoques en los que se trabaja la lectura de oraciones, e incluso textos. Sin embargo, los más comunes son los que se centran en la palabra y se suelen elegir palabras con contenido semántico: verbos, adjetivos o, especialmente, nombres. Las palabras funcionales suelen ser descuidadas.

- **Retrasa la adquisición de la conciencia fonémica.** La conciencia fonémica (parte de la conciencia fonológica que permite distinguir y hacer operaciones con los fonemas) puede trabajarse con independencia del método de lectura empleado. Sin embargo, aprender a leer con enfoques sintéticos o fónicos parece producir una mejora en conciencia fonémica independientemente del trabajo previo o complementario que se pueda hacer.
- **Precisa una atención muy individualizada.** Esto dependería de la forma de aplicar el método. Incluso hay algunos programas en los que el docente tiende a convertirse en un observador de la evolución del alumnado más que en un enseñante.
- **Resulta más difícil encontrar materiales y recursos.** Al menos en español, existen más programas y actividades ya preparadas para la enseñanza fónica o sintética de la lectura y la escritura. Es posible encontrar materiales para la enseñanza global o analítica. En cuanto a esto, hay que tener en cuenta que algunas propuestas de tipo analítico rechazan el uso de programas o materiales prediseñados, por lo que no se consideraría un problema.

💡 ¿Sabías que...?

En la cultura escolar hay varias creencias erróneas sobre la enseñanza de la lectura

La experta en lectura Louisa Moats publicó en 2020 un informe en colaboración con la Federación Americana de Profesorado, con un título que podríamos traducir como "Enseñar a leer es ingeniería espacial: qué debería conocer y saber hacer el profesorado especializado en lectura".

En esta obra señala varios mitos y errores que han proliferado en programas, artículos, manuales o textos sobre lectura:

- Solo se necesita hacer enseñanza de la lectura hasta el tercer curso de Primaria.
- El profesorado competente no utiliza métodos o programas de lectura comerciales.
- Evitar el uso de programas de lectura comerciales empodera al profesorado y mejora su estatus profesional.
- Enseñar directamente las relaciones entre letras y sonidos y practicar la decodificación o escritura de palabras aisladas es perjudicial para el alumnado.
- Leer mucho es la mejor manera de solucionar cualquier problema de lectura.
- Se debe enseñar al alumnado a predecir o adivinar las palabras que leen a partir de la sintaxis y el significado.
- Las habilidades de lectura se deben enseñar siempre en el contexto de la literatura.

Conocer más

- MOATS, L. C. (2020): *Teaching reading is rocket science. What expert teachers of reading should know and be able to do*. American Federation of Teachers.

¿Cómo valorar la calidad de los programas de lectoescritura?

Sería ideal tener una gran base de datos que recogiese los programas de enseñanza inicial de la lectoescritura, con un análisis de sus características y numerosos datos de investigación sobre su eficacia y de comparación con otros programas. Si esto es posible, estamos muy lejos de conseguirlo. En lugares donde la educación basada en evidencias está mejor implantada se realizan investigaciones sobre la eficacia de los programas más comunes y existen agencias que sintetizan y comparan sus resultados. Esto aún no es común en los países hispanohablantes.

Otra alternativa sería establecer unos criterios para analizar cada una de las propuestas. El primer obstáculo es determinar qué criterios pueden ser relevantes y cuál debería ser su peso, por ejemplo, ¿deberíamos valorar más la calidad de las ilustraciones que la variedad en las actividades o podemos considerar que tienen una importancia similar?

¿Qué criterios podemos tener en cuenta a la hora de elegir los materiales para enseñar a leer?

En lugar de aventurarnos a proponer una serie de criterios de valoración que nadie nos ha encargado, vamos a exponer aquí una iniciativa que ya existe. En Francia existe un Consejo Científico de la Educación Nacional que, según se puede intuir por su nombre, realiza recomendaciones para el sistema educativo basadas en el conocimiento científico.

Este consejo tiene un grupo de trabajo llamado Métodos y Manuales de Enseñanza, y a ese grupo sí que le encargaron proponer criterios para valorar los programas y libros de texto para la enseñanza inicial de la lectura. En 2019 publicaron una guía titulada *Métodos y manuales de enseñanza para el aprendizaje de la lectura: ¿cómo elegirlos?* Esta guía se puede encontrar en francés, inglés y español, y fue la primera publicada por el Consejo Científico de Educación Nacional.

La tercera parte de esta guía propone un cuadro de análisis de los manuales de la lectura para el primer curso de Educación Primaria, que es el curso en el que se inicia la enseñanza formal de la lectura en Francia. A continuación resumimos los criterios que se proponen.

Criterios para la enseñanza de la decodificación y la codificación

Hemos modificado el orden en el que la guía presenta los criterios, ya que esta comienza por los de ergonomía, pero pensamos que presentar los criterios para la enseñanza de la decodificación en primer lugar es una forma de señalar su importancia. Se trata de ocho criterios.

1. El aprendizaje comienza por la enseñanza sistemática de las correspondencias grafema-fonema

- Cada lección introduce una o varias correspondencias (por ejemplo, "m" se pronuncia /m/ como en "ma").
- Se comienza con grafemas cuyas correspondencias con los fonemas carecen de ambigüedades y se continúa en una progresión racional de dificultad.

2. El aprendizaje de las correspondencias entre grafemas y fonemas se produce a un ritmo rápido

- La circunscripción escolar de París recomienda y logra sin dificultades un ritmo de 14 o 15 correspondencias estudiadas en las nueve primeras semanas del curso.

3. El programa va del grafema al fonema a fin de minimizar la carga de memoria

- Es importante que el niño tome conciencia de que la lectura no consiste en memorizar la imagen de las palabras, sino en aprender un código que se basa en un principio de correspondencia entre las letras y los sonidos. Para que eso quede claro, hay que concentrar la enseñanza inicial en las relaciones simples y unívocas, evitando al comienzo letras que pueden representar distintos sonidos ("c", "g", "r") o presentar juntas las distintas formas de representar un sonido ("b, v", "c, k, qu", "c, z", etc.).

4. El programa propone una progresión sistemática, de lo más simple a lo complejo

- Para desarrollar esta progresión hay que tener en cuenta la frecuencia y la regularidad de las correspondencias entre grafemas y fonemas, tanto en la lectura como en la escritura.
- También hay que prestar atención a la complejidad de sílabas y palabras, utilizando primero palabras cortas compuestas de sílabas simples.

5. El programa solo propone palabras y textos decodificables

- Las palabras y textos están formados exclusivamente o en gran proporción por las relaciones grafema-fonema ya enseñadas.

6. Revisiones regulares

- Los elementos aprendidos previamente se revisan de manera regular.

7. Los textos para leer se alargan simultáneamente a la progresión del aprendizaje

- Es importante proponer textos de cierta longitud en los que aparezcan estructuras sintácticas variadas y signos de puntuación.
- La estructura de los textos debe estar adaptada a las capacidades lingüísticas del alumnado.

8. El programa propone ejercicios de escritura en paralelo a la lectura

- La escritura comienza con letras aisladas, luego palabras legibles en cada lección y, finalmente, una verdadera elaboración de escritos cortos y corregidos inmediatamente en caso de faltas de ortografía o de sintaxis.

Criterios para la enseñanza de la comprensión

Podemos encontrar alumnado con unas buenas habilidades decodificadoras, pero con baja comprensión lectora. Muchos programas se han centrado en trabajar la decodificación, considerando que la comprensión "llegaría" sin necesidad de intervenir en ella.

Sin embargo, la investigación demuestra que es útil enseñar explícitamente las estrategias de comprensión de los textos. La enseñanza y práctica de la comprensión tiene sus propios contenidos y es distinta de la enseñanza de la decodificación, que debe suponer la parte esencial del tiempo de enseñanza al inicio del aprendizaje en el primer curso de Primaria. Pero la enseñanza de la comprensión debe ir cobrando cada vez más importancia a medida que el alumnado progresa en la lectura. Se inicia con la comprensión oral desde los primeros cursos de infantil, hasta conseguir una buena comprensión de los textos escritos.

1. El material permite acceder a un vocabulario rico, incluso ambicioso, trabajado primero en el lenguaje oral y, a continuación, tan pronto sea posible, a la vez en el oral y en el escrito

El vocabulario se aprende mejor si se encuentra en diversas situaciones. Una palabra nueva de una lectura, por ejemplo, debe reutilizarse en los momentos de aprendizaje estructurados e independientes que llevarán al alumnado a leerla, entenderla y producirla en numerosos contextos (condición para su memorización) y a ser consciente de su sentido.

2. El programa enseña la morfología de las palabras

El trabajo sobre la morfología permite establecer relaciones entre el lenguaje oral y el escrito. Incidir en las familias de palabras permite enriquecer el vocabulario y automatizar la lectura de los morfemas, y ayuda a agilizar la lectura mediante el reconocimiento implícito de la composición de la palabra durante la lectura del texto.

3. El programa propone una enseñanza explícita y estructurada de la comprensión

Reflexionar y razonar sobre el contenido de los enunciados es un aspecto esencial y poco intuitivo de la actividad de comprensión. Aprender a comprender pasa en gran medida por la discusión y el debate argumentado. Es relevante que el alumnado pueda expresarse a fin de explicar la manera en que logra dar con esta o aquella interpretación y debatir entre ellos cuál es la correcta.

4. El programa propone progresivamente textos variados, atractivos, cada vez más complejos y que abordan diversos géneros

La complejidad de los textos para leer por el alumnado aumentará en función de las capacidades de lectura. Los textos se irán alargando y, además, se deben introducir distintos tipos de textos.

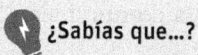 **¿Sabías que...?**

El Consejo Científico de la Educación Nacional de Francia propone trabajar la comprensión durante el aprendizaje formal de la lectura

Trataremos el trabajo de la comprensión en un capítulo posterior, pero, ya que estamos viendo esta guía, nos parece interesante incluir la lista de contenidos de comprensión que propone para el primer curso de Educación Primaria.

Contenidos sobre léxico o vocabulario

· Identificar el sentido aproximado de una palabra desconocida a partir del contexto.

· Seleccionar el significado de un término polisémico en su contexto.

Contenidos sobre morfología

· Analizar los morfemas gramaticales que indican el género, el número, el tiempo de los verbos, etc.

Sintaxis

· Comprender los términos gramaticales que describen el espacio (sobre, bajo, en...) y el tiempo (antes, después, durante...).

· Comprender las referencias (por ejemplo, lograr determinar a quién alude un pronombre).

· Interpretar estructuras sintácticas complejas (relativas, pasivas...).

Comprensión del texto

· Comprender la causalidad.

· Saber distinguir lo que se dice (lo explícito) y lo que va implícito. El trabajo sobre lo implícito permite trabajar con diferentes tipos de inferencias y aprender a diferenciar entre lo que dice el texto y lo que se sabe a partir de él.

· Identificar la idea principal de un párrafo, resumirla o reformularla con sus propias palabras.

· Deducir la interpretación esencial del resto de los datos accesorios a fin de poder responder a una pregunta.

La guía reconoce que falta investigación para conocer el efecto de la enseñanza de estas habilidades al inicio de la Educación Primaria, de modo que las proponen porque son consistentes con el análisis teórico de la comprensión.

Criterios ergonómicos

La finalidad fundamental de estos criterios es que la organización del material debe permitir hacerse una idea clara de qué hay que aprender en cada lección. En este sentido, la guía da cuatro recomendaciones:

- No sobrecargar la página con instrucciones que el alumnado no sepa leer (por ejemplo, "leo palabras", "leo frases", etc., cuando la tarea es evidente).
- No introducir grafías o dibujos inútiles (por ejemplo, "r → o → ro", las flechas son aquí inútiles y constituyen un elemento de confusión).
- Separar claramente, en la página, lo que está destinado al alumnado y lo que se pueda destinar al profesorado o a los padres.
- Dar preferencia a los tipos de fuente sin serifa[14] y evitar la utilización de la cursiva. Utilizar tamaños de letra grandes y con buena separación entre letras y entre palabras.

Obstáculos que evitar

Hasta ahora hemos visto criterios que indican la alta calidad de un material para la enseñanza inicial de la lectura y la escritura. En esta sección recogemos características que la guía considera imprescindible evitar.

1. Distraer al alumnado de su tarea principal

Esto hace referencia a actividades o contenidos que no tienen relación con el aprendizaje de la lectura y la escritura:

- Insistencia en el nombre de las letras.
- Recitación del alfabeto.
- Uso del alfabeto fonético[15].
- Uso de contraejemplos o presentación de las excepciones al mismo tiempo que las reglas[16].
- Demarcación del contorno de la palabra, que consiste en señalar el perfil de rasgos ascendentes y descendentes en las letras que forman una palabra (a

---

[14] Las serifas son pequeños segmentos o remates que adornan los extremos de las letras. Por ejemplo, esta palabra está escrita en una fuente con serifa: **mía.**

[15] Se trataría de intentar presentar las palabras escritas según la transcripción de sus sonidos. Es muy difícil encontrar ejemplos de esta práctica en la enseñanza inicial de la lectura del español.

[16] La escasez de excepciones en la lectura del español hace que este aspecto sea poco relevante. Un ejemplo de esta práctica no recomendable sería presentar la relación entre "j" y /j/ y, en la misma lección, enseñar que hay nombres propios como "Jénifer" o "Jésica" en los que "j" se pronuncia como /y/.

continuación presentamos un ejemplo del aspecto que suelen tener este tipo de propuestas).

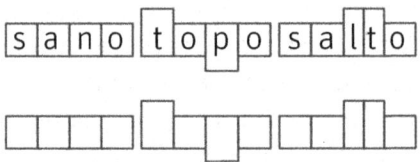

- La fusión de palabras (escribirlaspalabrassinespaciosintermedios ose pararlasin correctamente).
- Que el alumnado elabore su propio libro cortando las páginas y encuadernándolas.
- Mostrar textos de otras escrituras, como el chino o el árabe.

2. Desviar la atención del código alfabético
- Proponer la lectura de palabras o frases enteras imposibles de decodificar por el alumnado para su lectura global.

Otros criterios
La guía propone otros criterios de forma genérica:
- El manual no recurre a la jerga o a un vocabulario inútilmente técnico.
- El manual no propaga mitos neurológicos, ni se apoya en las neurociencias sin un motivo válido.
- El manual es autosuficiente: propone, en cada etapa, actividades pedagógicas directamente utilizables por el docente, sin que haya necesidad de recurrir a fotocopias u otros materiales adicionales.
- El manual no presenta el aprendizaje como algo estresante.
- El manual contiene un apartado destinado a los educadores, breve, claro y desprovisto de jerga; en él se explican en algunas páginas el método de enseñanza y los objetivos del año.
- El manual contiene un apartado destinado a los padres, breve, claro y desprovisto de jerga, explica en particular los objetivos del año, el progreso pedagógico y la manera en que los padres pueden actuar, complementando las actividades de clase.
- El manual es "inclusivo": su formato digital permite adaptaciones a las diferentes necesidades específicas del alumnado con alguna discapacidad (tamaño de la fuente, transcripción a Braille, lectura en voz alta, etc.).
- El precio del manual es razonable.
- El peso y el volumen del manual son razonables.

También plantea algunos aspectos dudosos sobre los que faltaría información para valorar si son recomendables o no. El primero de los dos que se tratan es el uso de gestos como recordatorio de las letras y su relación con los fonemas. El segundo es la antropomorfización de las letras, es decir, su presentación como rostros o personajes.

Ya hemos señalado que nadie nos ha encargado una propuesta de criterios para valorar materiales de enseñanza inicial de la lectura y la escritura. Pero después de ver esta interesante recopilación de criterios no podemos resistirnos a aportar algún criterio complementario.

- El primero es que el programa incluya actividades de conciencia fonológica. La relación entre el aprendizaje de la lectoescritura y el desarrollo de las habilidades fonológicas es tan estrecha que parece un desperdicio no combinar ambos trabajos. En el ámbito hispano, la importancia de la conciencia fonológica se comenzó a poner de relieve a finales del siglo xx: por eso, algunos programas de lectoescritura desarrollados en torno a esa época o anteriores carecen de ese componente, aunque pueden aparecer actividades de discriminación auditiva, como identificar palabras que comienzan por un sonido concreto o que comienzan por el mismo sonido, que encajan bien como actividades de conciencia fonológica.

  Entre los programas que se han creado posteriormente es común que se incluya el trabajo de la conciencia fonológica de forma explícita, aunque, a veces, las actividades son bastante reducidas y se limitan a la discriminación auditiva de los métodos anteriores.

- El segundo criterio es que el programa debe favorecer la evolución y el seguimiento del aprendizaje. Lógicamente, un buen seguimiento mejorará la detección del alumnado con dificultades y ayudará a enfocar mejor las actuaciones de refuerzo.

Conocer más

· GRUPO DE TRABAJO "MÉTODOS Y MANUALES" DE ENSEÑANZA PRIMARIA (2019): *Métodos y manuales de enseñanza para el aprendizaje de la lectura: ¿cómo elegirlos?* Consejo Científico de Educación Nacional de Francia.

Subiendo de nivel

En contraste con la importancia que decimos que tiene el aprendizaje de la lectura y la escritura, la investigación sobre la eficacia de los métodos de enseñanza tiende a ser escasa y de baja calidad y sus resultados, como hemos anticipado en el cuadro "¿Aún existen las guerras de la lectura?", siguen siendo poco concluyentes.

No obstante, la postura más común entre quienes se dedican a este tipo de investigación es a favor del método sintético. Uno de los argumentos de quienes defienden el método analítico es que quienes tenemos mucha experiencia en lectura no procesamos los detalles de las palabras, sino su forma global. Entre las observaciones que podrían concordar con esta idea se encuentra el hecho de que, normalmente, tenemos mayor facilidad para leer palabras escritas con letras minúsculas que con mayúsculas. Una interpretación de este fenómeno es que las palabras escritas en minúscula son más reconocibles porque la presencia de rasgos ascendentes y descendentes produce variedad en su perfil o silueta. Hemos visto un ejemplo al presentar la práctica de la demarcación del contorno de las palabras.

Sin embargo, la ventaja que se encuentra en la lectura con letras minúsculas también podría explicarse por la mayor familiaridad que tenemos con ese formato: la mayoría de textos están escritos en minúsculas. En la Universidad de Valencia, Manuel Perea, Ana Marcet y Marta Vergara-Martínez realizaron una interesante investigación sobre este tema, la lectura en mayúscula y en minúscula de palabras que estamos acostumbrados a ver en minúscula (por ejemplo, "mosca", "laberinto" o "cremallera") y palabras que solemos encontrar en mayúscula (por ejemplo, "CINE", "ENTRADA" o "TINTORERÍA"). Las palabras del primer grupo fueron leídas más rápidamente cuando se presentaron en minúscula. En cambio, las palabras del segundo grupo se leyeron a una velocidad similar en minúscula y en mayúscula.

Pero, sin lugar a dudas, los estudios que más nos interesan aquí son los que comparan los métodos de enseñanza de la lectura sintético y analítico. Un trabajo de este tipo es el publicado en 2015 por Delia Villar y Pilar Vieiro, de la Universidad de La Coruña. En él se compara a dos grupos de 20 participantes del primer curso de Educación Primaria: uno que aprendía la lectura con el método analítico o global y otro que la aprendía con el método sintético o fónico.

Sus resultados son bastante difíciles de exponer porque evaluaron la lectura de palabras que se diferenciaban en tres características: familiaridad, longitud y frecuencia silábica. Las investigadoras indican que no hubo diferencias en las palabras con alta frecuencia, pero las palabras con baja frecuencia fueron mejor leídas por el grupo que aprendía con el método sintético.

En cambio, generalmente, las velocidades de lectura eran mayores en quienes aprendían con el método analítico. Este dato debe tomarse con mucha precaución, ya que solo se consideraron los tiempos de lectura de las palabras correctamente leídas.

Conocer más

• Perea, M., Marcet, A., y Vergara-Martínez, M. (2018): "Are you taking the fastest route to the restaurant? The role of the usual letter-case configuration of words in lexical decision". *Experimental Psychology*, 65(2), 98-104.

• Villar, D., y Vieiro, P. (2015): "Métodos de lectura y acceso al léxico on-line en lectores principiantes". *Ciencias Psicológicas*, 9(2), 309-319.

¿Qué evidencia tenemos sobre la eficacia de los programas de enseñanza de la lectoescritura?

En Estados Unidos, la agencia What Works Clearinghouse analiza la investigación que se realiza sobre varias cuestiones educativas, incluyendo la enseñanza inicial de la lectura, y aún existen otras instituciones y grupos de investigación que tratan este tema. En este capítulo hemos visto cómo el Consejo Científico de Educación Nacional de Francia ha publicado un análisis de los distintos métodos y manuales existentes para enseñar a leer.

En España e Hispanoamérica no hay ningún organismo de este tipo. No obstante, existen algunos trabajos de revisión sistemática sobre intervenciones (aunque no de programas) para la mejora de la precisión, la fluidez o la comprensión lectora.

Entre estos trabajos, quizá los más relevantes sean los publicados por Juan Cruz Ripoll y Diana Zevallos acerca de la mejora de la precisión y la fluidez lectora en Educación Infantil y Primaria, que ya comentamos en el capítulo cinco, al hablar del papel de la conciencia fonológica en el aprendizaje inicial de la lectura.

Atendiendo a sus resultados, la mayor parte de los programas que se han investigado con alumnado hispanohablante combinan distintos tipos de actuaciones que pueden resultar positivas. Los programas que trabajan la mejora de la conciencia fonológica, la mejora de la decodificación (enseñanza de las relaciones entre letras y sonidos y práctica de la lectura) y actividades de comprensión consiguen mejores resultados en precisión lectora que los programas que no incluyen esos componentes. En la mejora de la fluidez lectora también se encontró una diferencia a favor de los programas que trabajaban la mejora de la conciencia fonológica.

Hemos reservado para el final algunas investigaciones con grupo de control sobre programas comerciales para la enseñanza inicial de la lectura: "Letrilandia", "Leer en un clic" y "Javitor, el castor lector y los amigos de las letras". No se trata de una selección de trabajos, sino de los pocos que hemos encontrado con un mínimo de calidad.

Conocer más

Los dos metaanálisis de Ripoll y Zevallos, que revisan 21 publicaciones sobre mejora de la precisión lectora y 15 sobre mejora de la velocidad o fluidez lectora ya los citamos en el capítulo cinco, al hablar sobre el papel de la conciencia fonológica en el aprendizaje de la lectura.

El programa "Érase una vez... el país de las letras" o "Letrilandia", reeditado actualmente como "Molalaletra", se ha utilizado como material en tres investigaciones:

- BARBA-QUINTERO, M. J. (2016): *Proceso de aprendizaje de la lectoescritura: qué y cuándo enseñar* [Tesis doctoral, Universidad de Málaga]. RIUMA.
- MARÍ SANMILLÁN, M. I.; GIL LLARIO, M. D., y CECCATO, R. (2019): "Habilidades predictoras de éxito en el aprendizaje inicial de la lectura y su relación con dos métodos de enseñanza". *Revista INFAD de Psicología*, 1(2), 149-158.
- MARÍ SANMILLÁN, M. I.; GIL LLARIO, M. D., y CECCATO, R. (2019): "Influencia de los métodos de enseñanza en el aprendizaje y desarrollo de la lectura". *Revista INFAD de Psicología*, 3(1), 177-186.

El programa "Leer en un clic" ha sido valorado en:

- CUETOS, F.; ARNEDO, M.; FANJUL, M.; FERNÁNDEZ, J.; FERNÁNDEZ-OJANGUREN, M.; GARCÍA DE CASTRO, M.; IBÁÑEZ, F.; MÚÑIZ, P.; RODRÍGUEZ, E.; SUÁREZ, L., y GALLEGO, J. (2003): "Eficacia de un método fonético en el aprendizaje de la lectoescritura". *Aula Abierta*, 81, 133-145.

"Javitor, el castor lector y los amigos de las letras" no se presenta como un programa de enseñanza de la lectura, sino como un complemento a esta enseñanza, especialmente para alumnado que manifieste dificultades. La investigación realizada se encuentra en:

- GONZÁLEZ, R. M.; LÓPEZ, S.; VILLAR, J., y RODRÍGUEZ, A. (2013): "Estudio de los predictores de la lectura". *Revista de Investigación en Educación*, 11(2), 98-110.

No olvides

☐ Existen dos métodos básicos de enseñanza de la lectura: sintético y analítico.

☐ Para no caer en ambigüedades o informaciones imprecisas, es conveniente distinguir entre métodos, enfoques y programas. Los programas comerciales se basan en algún método.

☐ El método sintético es el que cuenta con mayor respaldo empírico. Varias de las críticas que ha recibido carecen de fundamento.

☐ Al seleccionar o diseñar un programa de iniciación a la lectura es conveniente comprobar que cumple la mayor cantidad posible de las siguientes características:

1. Se realiza una enseñanza explícita y sistemática de las correspondencias entre grafemas y fonemas.

2. Se comienza presentando las relaciones entre grafema y fonema y los tipos de sílaba más simples, para progresar a lo más complejo. La extensión y complejidad de los textos también es progresiva.

3. Se presentan las letras de forma incremental: se introducen nuevos grafemas sin dejar de repasar los anteriores y se leen palabras y textos formados, fundamentalmente, por los grafemas ya presentados.

4. Se trabaja la comprensión, especialmente el vocabulario, la morfología, la sintaxis y la interpretación de los textos.

5. Se presentan textos de distintos géneros.

6. El diseño es claro y favorece la lectura.

7. Trabaja la conciencia fonológica y la escritura en paralelo con la lectura.

Capítulo nueve

La enseñanza de la decodificación

La decodificación es el núcleo del aprendizaje inicial de la lectura. Su importancia es tan grande que es frecuente pensar que leer se reduce a conocer y utilizar con soltura las relaciones entre letras y sonidos.

¿Por qué es importante profundizar en esto?

Entre el profesorado de Educación Infantil y Primaria existe bastante desconocimiento sobre las formas más eficientes de enseñar la decodificación. A falta de un análisis riguroso de las causas de esta situación, podemos pensar en algunas, como las siguientes:

- Polarizaciones sobre los métodos de lectoescritura y sobre el peso que se debe dar a los factores relacionados con la decodificación y la comprensión: si adoptamos un enfoque de enseñanza por descubrimiento tenderemos a no enseñar explícitamente las relaciones entre letras y sonidos. Si adoptamos un método global, tenderemos a hacer una enseñanza incidental de las relaciones, a partir de las palabras que se vayan trabajando. Si elegimos un método sintético, tendremos que enseñar explícitamente las relaciones entre letras y sonidos.
- Pervivencia de ideas desfasadas sobre la lectura, la escritura y sus dificultades, como algunas de las expuestas en el capítulo cuatro.
- Tratamiento escaso y, a veces, inadecuado de la enseñanza inicial de la lectura y la escritura en los estudios de Magisterio y en los currículos escolares.

En este contexto resulta conveniente recordar qué actividades y forma de enseñar resultan más eficientes para iniciar al alumnado en la decodificación.

¿Qué es el principio alfabético y cómo se desarrolla?

En el primer capítulo ya comenzamos a hablar del principio alfabético y es una idea que se ha repetido en varias ocasiones. Ahora lo vamos a explicar formalmente y para ello vamos a recurrir nuevamente a Brian Byrne, a quien ya mencionamos en el capítulo seis ilustrando cómo el mero contacto con las letras puede ser insuficiente para caer en la cuenta de que representan los sonidos del habla. Byrne ha sido uno de los mayores estudiosos del principio alfabético y de su adquisición. En uno de sus escritos, publicado en 1989 junto con Ruth Fielding-Barnsley, lo definió como el "conocimiento útil de que los fonemas se pueden representar mediante letras".

Buscando una mayor precisión, podríamos decir que el principio alfabético es la idea de que las letras o combinaciones de letras (pensemos aquí en dígrafos como "ch", "qu", "ll" o "rr") representan los sonidos del habla, de modo que, utilizándolas según algunas normas, podemos descifrar qué palabras están representadas en un texto escrito o transcribir palabras que cualquier lector pueda descifrar.

Se ha propuesto que el aprendizaje del principio alfabético tiene dos componentes:

1. El descubrimiento del principio.
2. El aprendizaje de las reglas que relacionan grafemas con fonemas.

Esto es una cuestión conceptual y no quiere decir que los componentes se adquieran en ese orden.

Parece muy acertada la característica que atribuyeron Bryan Byrne y Ruth Fielding-Barnsley al conocimiento alfabético: se trata de un conocimiento útil, no de un conocimiento exhaustivo o perfecto. Un conocimiento incompleto o incluso con algunos errores podría ser suficiente para que el alumnado practique la decodificación. Incluso puede suceder que, mediante esa práctica, con cierta asistencia, se pueda ir completando y mejorando el conocimiento de las reglas que regulan las relaciones entre grafemas y fonemas.

Imaginemos que se inventa una nueva letra en el español, que es la letra "^". Como nadie nos ha explicado qué sonido corresponde a "^", no podemos leer palabras como:

sa^a, pa^e, i^e o hu^o,

o frases como:

Ma^a co^a ca^as.

Sin embargo, si encontramos el contexto suficiente; por ejemplo, en la oración:

Se despe^ó con el ruido de los ma^illazos,

o con el apoyo de una ilustración:

Pue^a,

podemos empezar a entender que la nueva letra "^" representa los sonidos /rt/[17]. Como tenemos dominio del principio alfabético no necesitamos que alguien nos enseñe todas las combinaciones posibles con otras letras ("a^, e^, i^, o^, u^"). Esta situación que hemos descrito, en la que se ha conseguido un conocimiento alfabético suficiente como para poder mejorar el propio conocimiento alfabético mediante la práctica de la lectura, se corresponde con lo que muchas maestras han llamado "romper a leer".

Llegados a este punto, tenemos que hacer una llamada a la prudencia. Que no sea necesario enseñar y conocer todas las relaciones entre letras y sonidos para ponerse a leer no quiere decir que cuando se haya descubierto el principio alfabético tengamos que abandonar la enseñanza explícita de las relaciones entre letras y sonidos. No todo el alumnado va a aprovechar esta posibilidad de descubrir nuevas relaciones y muchos lo harán con más rapidez y seguridad si se les enseñan directamente.

Conocer más

- BYRNE, B., y FIELDING-BARNSLEY, R. (1989): "Phonemic awareness and letter knowledge in the child's acquisition of the alphabetic principle". *Journal of Educational Psychology*, 81(3), 313-321.

¿Cómo se desarrolla la habilidad de decodificación?

Hay una idea mayoritaria de que la conciencia fonológica y el conocimiento de las letras y sus relaciones con los sonidos del habla favorecen el descubrimiento del principio alfabético. A partir de ahí tenemos pocos detalles sobre lo que sucede: ¿qué cantidad de relaciones grafema-fonema hay que conocer para empezar a com-

---

[17]   Quizá nos resulte extraño que una letra represente dos sonidos consonánticos consecutivos, pero esto no es una novedad en el español. Si leemos en voz alta "excursión" y "ekscursión", podemos comprobar que la letra "x" puede representar los sonidos /ks/

prender las reglas generales de la lectura y la escritura? ¿Pueden favorecer el descubrimiento del principio alfabético experiencias como darse cuenta de que una misma palabra siempre se lee igual, aunque se encuentre en distintos lugares, o que todos los lectores interpretan de la misma forma la misma palabra?

Una investigación realizada en Noruega encontró que en el momento en que el alumnado de 5 y 6 años "rompía a leer" conocía, como media, 19 ± 5 letras. Sin embargo, no había una relación clara entre el número de letras conocidas y el descubrimiento del principio alfabético. Había una cantidad considerable de alumnado que no era capaz de leer aun conociendo más de 22 letras, incluso conociendo todas las letras del alfabeto.

Existen modelos del desarrollo de la lectura y la escritura que proponen la existencia de distintas fases. Entre ellos, son muy conocidos el de Utah Frith, publicado en 1985, y el de Linnea Ehri, publicado en 1995. En la siguiente tabla podemos ver un resumen de las fases de aprendizaje que proponen estos dos modelos .

Modelos del desarrollo de la lectura de Frith y Ehri		
Modelo de Frith (1985)	Modelo de Ehri (1995)	Descripción
Etapa logográfica	Fase prealfabética	Se asocia la forma visual de las palabras o algunas características relevantes de esta forma con su pronunciación o con su significado.
Etapa alfabética	Fase alfabética parcial	Se sigue haciendo una lectura por reconocimiento de la forma visual de la palabra, pero se forman conexiones entre algunas letras y su pronunciación. Normalmente las primeras o últimas letras de las palabras. Solo se conocen algunas relaciones grafema-fonema.
	Fase alfabética completa	Se utiliza el conocimiento de las relaciones entre grafemas y fonemas para leer con mayor precisión. Comienza la lectura por reconocimiento de algunas palabras.
Etapa ortográfica	Fase alfabética consolidada	Se aumenta el repertorio de palabras que se pueden leer por reconocimiento y también se forman representaciones de unidades menores que las palabras, como los morfemas, que agilizan la lectura de las palabras que las contienen.

El descubrimiento del principio alfabético se situaría entre la fase alfabética parcial y la fase alfabética completa. Cuando ya se conocen algunas relaciones entre grafemas y fonemas, de alguna forma se produce la comprensión del principio alfabético. Las palabras ya no se entienden como un dibujo o símbolo que hay que asociar con una pronunciación o un significado, como sucedía en la etapa prealfabética.

Muchos autores coinciden en que la enseñanza explícita de relaciones grafema-fonema ayuda a alcanzar la fase alfabética completa. La práctica de la lectura y la escritura alfabéticas irá formando representaciones mentales de la forma de las palabras que agilizan y mejoran estas habilidades consiguiendo una lectura más fluida y una escritura ortográfica.

Conocer más
- EHRI, L. C. (1995): "Phases of development in learning to read words by sight". *Journal of Research in Reading*, 18(2), 116-125.
- FRITH, U. (1985): "Beneath the surface of developmental dyslexia". En K. E. Patterson, J. C. Marshall y M. Coltheart (Eds.): *Surface dyslexia* (pp. 301-330). Erlbaum.
- SIGMUNDSSON, H.; HAGA, M.; OFTELAND, G. S., y SOLSTAD, T. (2020): "Breaking the reading code: letter knowledge when children break the reading code the first year in school". *New Ideas in Psychology*, 57, 100756.

¿Cómo plantear la enseñanza inicial de la decodificación?

El National Reading Panel fue un grupo de expertos creado en 1997 por petición del Congreso de Estados Unidos para informar sobre cuáles eran los métodos de lectura más eficaces. En 2000 publicó un informe titulado "Teaching children to read". El título completo, traducido al español, sería algo como "Enseñando a los niños a leer: una valoración basada en evidencias de la literatura de investigación científica sobre la lectura y sus implicaciones para la enseñanza de la lectura".

Este informe ha tenido una gran repercusión, tanto en el campo de la investigación y el conocimiento sobre la lectura como en el campo de la enseñanza o la mejora de la lectura. Las aportaciones del panel se dividen en cinco grandes temas: conciencia fonológica, enseñanza de las relaciones grafema-fonema (*phonics* en inglés), fluidez lectora, vocabulario y estrategias de comprensión.

Centrándonos en la enseñanza de relaciones grafema-fonema, una de las conclusiones de este informe fue que "los datos recogidos proporcionan un respaldo sólido a la conclusión de que la enseñanza sistemática de las relaciones entre letras y sonidos produce una contribución al desarrollo de la lectura mayor que la que ofrecen otros programas que proporcionan una enseñanza no sistemática de esas relaciones o no las enseñan".

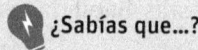 **¿Sabías que...?**

La enseñanza de la decodificación no debe desvincularse de otras habilidades

El informe del National Reading Panel fue considerado como el fin de las "guerras de la lectura", una controversia entre partidarios de los enfoques analíticos y partidarios de los enfoques sintéticos. Aunque se pensaba que la enseñanza de tipo global podía ser más adecuada para un idioma como el inglés, en el que las correspondencias grafema-fonema son muy complejas, los datos indicaban que la enseñanza explícita y sistemática de las relaciones grafema-fonema era una alternativa más eficiente.

Esto produjo un cambio de tendencia en la forma de plantear la enseñanza de la lectura en varios países angloparlantes, como Estados Unidos o Inglaterra, hasta el punto de que la palabra "phonics" resulta conocida en nuestras escuelas por las asignaturas de lengua inglesa o por los programas bilingües.

Sin embargo, el National Reading Panel también advierte del riesgo de confundir enseñanza de las relaciones entre letras y sonidos con enseñanza de la lectura. Por tanto, nunca debería desvincularse de:

· La enseñanza y práctica de la conciencia fonológica.

· Su uso práctico en la lectura.

· Su uso práctico en la escritura.

Concretamente, se recomienda que también se utilicen textos con un vocabulario controlado para permitir que el alumnado pueda practicar la decodificación y que se les lea literatura de calidad para que desarrollen su sentido de historia, vocabulario y comprensión.

Conocer más

· NATIONAL READING PANEL (2000): *Teaching children to read. An evidence-based assessment of the scientific research literature on reading and its implications for reading instruction*. National Institute of Child Health and Human Development.

Cerca del final del capítulo dedicado al conocimiento alfabético nos encontramos con estas palabras:

> Existen distintas formas de enseñar las relaciones entre letras y sonidos y no todo el alumnado necesita la misma intensidad, pero tres decisiones para asegurar bien el aprendizaje del principio alfabético, sobre todo para el alumnado con más dificultades, son:
>
> **1.** Enseñar las relaciones entre letras y sonidos de una en una y paulatinamente.
>
> **2.** Practicar regularmente la lectura de palabras con las relaciones aprendidas.
>
> **3.** Introducir nuevas relaciones sin dejar de repasar las anteriores.

Estas tres recomendaciones tienen implicaciones claras y directas para nuestra propuesta de enseñanza de la lectura y la escritura:

1. Si debemos enseñar las relaciones entre letras y sonidos de una en una, necesitamos tener previsto en qué orden las vamos a introducir. En cuanto a esto, recordemos que en el capítulo seis hemos proporcionado distintos criterios y hemos presentado dos propuestas sobre el orden de presentación de las letras.

2. Si vamos a hacer práctica regular con las relaciones, necesitamos suficiente material de trabajo, especialmente para aquel alumnado que va a necesitar más práctica hasta aprender cada una de las relaciones.

3. Si repasamos los aprendizajes anteriores al tiempo que presentamos los nuevos, necesitamos un material de lectura gradual en el que las letras recién incorporadas se puedan practicar en combinación con las que se han adquirido anteriormente.

Suponemos que a estas alturas ha quedado claro que se puede enseñar a leer de distintas formas. Da igual el enfoque, método o programa que elijamos; seguramente nos encontraremos con personas que aprendieron a leer con otro diferente. También encontraremos a personas que han utilizado ese método con escasos resultados y que, después, han probado otro con mayor éxito. Es común que atribuyan el éxito al segundo método, sin tener en cuenta un factor importante: que ese segundo método lo han utilizado "después". Es posible que eso implique mayor capacidad de procesamiento y desarrollo de habilidades y conocimientos importantes para el aprendizaje de la lectura.

Lo que nos interesa es qué alternativa resulta más eficiente. El conocimiento que tenemos sobre cómo se aprende a leer y escribir y los datos acumulados hasta el momento sobre la eficacia de distintas formas de enseñar esas habilidades nos hacen pensar que la enseñanza sistemática y sintética es la opción más segura.

Hemos visto cómo el National Reading Panel de Estados Unidos propone este tipo de enseñanza. Otra propuesta, más reciente y realizada en otro contexto es la del Consejo Científico de la Educación Nacional de Francia. Ya hemos mencionado la guía publicada en 2022 por Liliane Sprenger-Charolles y Johannes Ziegler. El título de esta guía se podría traducir como: "Aprender a leer: de la decodificación a la comprensión. Síntesis de la investigación y recomendaciones".

En ella se indica lo siguiente:

En cuanto al dominio de la decodificación, primero debe basarse en un aprendizaje explícito, sistemático e intensivo de las correspondencias grafema-fonema regulares más frecuentes.

A finales del siglo XX era común encontrar, entre las objeciones a las propuestas sintéticas de enseñanza de la lectura, que estas podrían ser adecuadas para aprender a leer y escribir en idiomas con sistemas de relación entre grafemas y fonemas más sencillos, como el español, el italiano o el finés. Sin embargo, no se consideraban recomendables para idiomas con sistemas más complejos, como el francés o el inglés.

Aunque aún es posible encontrarse con este tipo de objeciones, resulta curioso ver cómo en Francia o Estados Unidos se está abogando por la enseñanza explícita y sistemática de las relaciones entre grafemas y fonemas como base de la decodificación, es decir, se está apostando por la enseñanza sintética.

Para realizar esa enseñanza explícita, sistemática, intensiva y sintética de la decodificación ya tenemos tres recomendaciones. Recordemos que eran:

1. Introducir las relaciones grafema-fonema de una en una.
2. Practicar de forma extensa cada una de estas relaciones (suponemos que hasta alcanzar su dominio).
3. Repasar las relaciones aprendidas previamente mientras se introducen las nuevas.

Con todo lo visto hasta ahora vamos a permitirnos añadir otras tres recomendaciones:
1. Inhibir el uso de estrategias de adivinación.
2. Fomentar la síntesis o pronunciación conjunta de los distintos fonemas en sílabas y palabras.
3. Combinar el trabajo de lectura con el de escritura.

Desde estas recomendaciones hasta las actividades y los materiales concretos que utilicemos para la enseñanza hay una distancia notable y, seguramente, muchas dudas. En el capítulo seis ya vimos cómo trabajar el aprendizaje de las letras y, especialmente, de las relaciones entre grafemas y fonemas.

Una vez conocidas algunas de estas relaciones, es posible utilizarlas para leer sílabas, palabras, oraciones y pequeños textos. Idealmente, al introducir un nuevo grafema, como "s" practicaríamos la lectura de sílabas sencillas formadas por su combinación con una vocal:

se os sa su is si as so es us

A continuación, podríamos leer palabras formadas por esa consonante y vocales, por ejemplo:

eso	asa	ese
Susi	oso	esas
seis	sois	aseo

El siguiente paso sería practicar la lectura de oraciones formadas por algunas de esas palabras[18], como:

Así es Susi.

Ese se asea.

Finalmente, se leen palabras, oraciones y textos en los que el nuevo grafema se combine con los aprendidos anteriormente.

---

[18] Se pueden complementar con las palabras "a" y "o", formadas por una única vocal, como en "Esa es Isa o Susi".

Conviene complementar esto con actividades de escritura de elementos similares a los que están trabajando en la lectura. Esto ayuda a poner en práctica, de otra forma, cuestiones como las reglas de equivalencias entre grafemas y fonemas y la importancia del orden en que se colocan las letras.

Escribir puede ser mucho más lento y laborioso que leer, de modo que es difícil que las actividades sean paralelas. Conviene recordar que existen formas de escribir como el uso del teclado, juntando letras ya preparadas (de madera, de plástico, escritas en tarjetas, en pinzas o tapones), con sellos, con plantillas, pegatinas…

En un nivel inicial es importante que la forma que se elija sea ágil, que permita seleccionar un pequeño conjunto de letras (las que se han trabajado en lectura) y que permita realizar cambios y correcciones. Probablemente, las letras ya preparadas son la alternativa que mejor cumple estas opciones.

Esta estructura de trabajo no se debe mantener rígidamente. De hecho, ni siquiera es posible: difícilmente podremos formar oraciones con las vocales y un solo grafema consonántico cuando trabajemos con grafemas como "CH, J, K, LL, Ñ, RR, W, X, Y, Z". Afortunadamente, tal como exponíamos al explicar qué es el principio alfabético, una vez que se descubre el principio alfabético, el alumnado adquiere capacidades para el autoaprendizaje de la lectura, de modo que no es necesario un trabajo tan sistemático de todos los grafemas.

En los comienzos de este trabajo es muy importante conseguir que la lectura se realice por el uso de las reglas de conversión entre grafemas y fonemas y no por adivinación de las palabras. También es clave conseguir cierta agilidad en el uso de esas reglas de conversión, para que el resultado de la decodificación no parezca una sucesión de sonidos aislados.

Conocer más

• SPRENGER-CHAROLLES, L., y ZIEGLER, J. (2022): *Apprendre à lire: du décodage à la compréhension*. Conseil Scientifique de l'Education Nationale.

¿Cómo fomentar la lectura alfabética y evitar las estrategias de adivinación?

Ya hemos ejemplificado cómo en la lectura es normal que tratemos de anticipar o adivinar las palabras. Esta tendencia es ambivalente y en las fases iniciales del aprendizaje de la lectura puede dificultar la adquisición del principio alfabético. Adivinar la palabra que se está leyendo suele requerir menos esfuerzo que realizar la síntesis de los sonidos que corresponden a sus grafemas, pero no ayuda a entender cómo se realiza la lectura ni mejora la habilidad para aplicar el conocimiento alfabético.

Desconocemos mucho acerca del papel que juegan estas habilidades de adivinación en la lectura, pero hay razones para pensar que durante el aprendizaje de la lectura operan dos formas de leer: la aplicación del conocimiento alfabético y la adivinación. Es posible que esto responda a la existencia de dos redes cerebrales que intervienen durante la lectura inicial.

Aunque hay formas de enseñanza que promueven el uso de la lectura por adivinación, nuestra propuesta es tratar de inhibirla durante la enseñanza inicial de la decodificación.

Anteriormente, en la sección "¿Cómo se desarrolla la habilidad de decodificación?", de este mismo capítulo, hemos presentado el modelo de desarrollo de la lectura de Linnea Ehri. Atendiendo a este modelo, el uso excesivo de la adivinación podría propiciar una lectura de tipo alfabético parcial en la que el conocimiento de algunos grafemas se combine con información contextual y sobre el tipo de actividades y palabras trabajadas previamente para realizar adivinaciones.

Estas adivinaciones serán exitosas a veces y en otras ocasiones percibiremos errores; por ejemplo, alguien lee "sano" donde ponía "asno" o invenciones de palabras, como leer "Susana" donde ponía "asno".

Mientras la persona que está aprendiendo a leer considere que la forma de hacerlo es "adivinar qué pone ahí", no está aprovechando el conocimiento alfabético, es decir, no hace una lectura alfabética completa. Nuestra intención no es extinguir las estrategias de adivinación, sino practicar la lectura fonológica, convirtiendo los grafemas en fonemas y ensamblándolos para formar palabras.

Para personas hábiles en lectura, la adivinación podría ser un recurso útil; incluso hay sistemas ortográficos como el hebreo o el árabe clásicos en los que se espera que los lectores adivinen los sonidos vocálicos de las palabras, ya que solo se escriben las consonantes. Por la experiencia que hemos tenido trabajando con alumnado que está aprendiendo a leer, las estrategias de adivinación son muy persistentes y es muy improbable que las hagamos desaparecer por inhibirlas durante algún tiempo.

No tenemos pruebas de que la mayor parte de lo que vamos a exponer aquí sea útil y lo proponemos porque parece razonable hacerlo. Entre las cosas que podríamos probar para inhibir la adivinación están:

Propiciar una lectura grafema a grafema
La lectura alfabética en español se realiza convirtiendo los grafemas en sonidos secuencialmente, de izquierda a derecha de la línea que se esté leyendo. Hay algunos recursos que pueden favorecer esta forma de leer:
- Utilizar un tamaño de letra grande, para presentar menos cantidad de información (letras) simultáneamente.

- Señalar la letra que hay que leer con un puntero, la punta de un lápiz o el dedo. Además, esto parece ser una ayuda bastante útil para el alumnado con dificultades de atención.
- Tapar la palabra que se está leyendo, con una tarjeta o con el propio dedo, y descubrir las letras una a una.

El último recurso debería utilizarse con precaución, ya que en la lectura solemos tener el texto disponible y vemos las palabras completas. La única utilidad de esa presentación de los grafemas uno a uno es forzar una lectura alfabética.

Indicar explícitamente que la lectura no se hace por adivinación

Podemos explicar, poner ejemplos y recordar con frecuencia que "leer no es adivinar lo que pone", sino, más bien, "juntar los sonidos de las letras para decir las palabras que están escritas".

En el trabajo individualizado también se puede señalar cuándo se detecta que se está utilizando la adivinación: "me parece que estás intentando adivinar la palabra, recuerda que para leer tienes que ir diciendo los sonidos…".

Proponer palabras decodificables

Un problema de la presentación de los grafemas de uno en uno es que el repertorio de palabras que podemos trabajar es muy limitado al principio. Por ejemplo, si el programa de lectura que hemos elegido o elaborado introduce como primera consonante la letra "L", podremos trabajar palabras como: "la, le, lo, ala, ola, lee, lía, lío, lio, leí, leo, lela, lelo, lila, Lola, aula, olía" y si introducimos sílabas terminadas en consonante, "al, el, leal", además de algunos nombres propios o diminutivos como "Lalo, Lolo, Lulú, Laila o Leila".

Si queremos crear una oración o un texto breve con esta única consonante, obtendremos algo parecido a "Lola lee a Lalo", "Laila olía la lila" o "la ola le lía a Lolo". No parece que esto vaya a proporcionar información útil o interesante, y la tercera oración quizá ni siquiera tenga mucho sentido…

Un recurso que se ha utilizado para poder construir textos más ricos es introducir palabras más complejas mediante dibujos o pictogramas. Estos pictogramas pueden estar sustituyendo a la palabra o pueden acompañarla. Podemos hacer que la oración de la ola tenga más sentido si escribimos:

La ola le mojó a Lolo.

Sin duda, esta práctica tiene aspectos positivos y quizá sea interesante para otros objetivos o en otros momentos, pero entre el alumnado que aún no ha trabajado la lectura de la "M" y la "J", estamos fomentando la adivinación. Es posible que lean que la ola le mojó a Lolo, pero también que lean que la ola le moja, empapa, salpica o riega a Lolo.

Durante el aprendizaje inicial de la lectoescritura es importante evitar lo que pueda distraer al alumnado del código alfabético, por eso es importante proponer sílabas, palabras, frases o textos que sean decodificables con lo aprendido hasta el momento. Eso conlleva que, sobre todo al principio, se presentarán oraciones forzadas.

Presentar algunas palabras poco familiares

Uno de los problemas que genera el abuso de la adivinación en la lectura es que no podemos adivinar las palabras que no conocemos previamente. Volvamos con la historia de Lolo y la ola y supongamos que tenemos este texto

Lolo se con la ola.

¿Has podido leerlo? Seguro que has hecho un buen intento. Ahora veamos el texto original, que dice:

Lolo se asperjó con la ola.

¿Has podido leerlo? Seguro que sí, porque conoces el código alfabético. Eso nos permite leer palabras inesperadas, desconocidas o incluso inventadas.

Leer algunas palabras poco frecuentes puede ser una forma de tomar conciencia de esas posibilidades de la lectura alfabética. Esto tendría que hacerse con cierto cuidado. Por una parte, ese tipo de palabras no tendría que predominar y, por otra, convendría acompañarlas de alguna explicación y ejemplos de su uso.

Elogiar, reforzar y apreciar la lectura fonológica

Es posible que una de las razones por las que se intenta adivinar es porque así se alcanza un nivel que quienes se inician en la lectura no pueden conseguir por la conversión de letras a fonemas. Con la adivinación se leen palabras completas, no sucesiones de sonidos o sílabas, y se accede a un significado (a veces incorrecto).

El alumnado puede necesitar más ánimo para perseverar con esta forma de leer más laboriosa y que, aparentemente, es menos similar a la de los lectores hábiles que la lectura por indicios y adivinación.

Recordar de vez en cuando que "así se hace" o "eso es leer de verdad" puede ayudar a mantener el esfuerzo. Un recurso que hemos utilizado a veces es el de "la pareja lectora". Supongamos que una alumna consigue convertir correctamente algunos grafemas en sonidos, pero aún no es capaz de sintetizar esos sonidos. En ese caso tú puedes ser la pareja lectora: la alumna se encarga de decir los sonidos y tu papel será escuchar los sonidos y sintetizarlos, es decir, saber a qué palabra se refieren. Por ejemplo:

– /l/ /u/ /nnn/ /a/

– ¡Fenomenal! Lo has leído muy bien. Estás muy concentrada en leerlo bien, así que igual no has podido oír lo que has dicho. Pero yo sí lo he oído. Has leído "luna" y eso está muy bien porque aquí pone "luna".

Evitar secuencias predecibles

A veces fomentamos algunas adivinaciones con el tipo de actividades de enseñanza de la lectura que proponemos. Por ejemplo, si dedicamos un tiempo extenso a la práctica de palabras compuestas por sílabas formadas por una consonante seguida de una vocal (CV), es probable que, al introducir las sílabas inversas (VC) buena parte del alumnado cometa errores como leer "lama" donde ponía "alma" y al introducir las sílabas mixtas (CVC) nos podemos encontrar con que alguien lea "sono" donde ponía "son".

Aún más peligroso: si estamos practicando una única consonante, combinándola con las vocales, con un solo tipo de sílaba, es posible que el alumnado lea enfocándose solo en las vocales. Esto es más peligroso porque es posible que la lectura sea correcta. Si sé, por la práctica anterior, que todo va a sonar "ma, me, mi, mo, mu", puedo adivinar cómo se leen estas palabras sin fijarme en la consonante, solo con conocer las vocales:

Mi, mimo, mami, mamá, memo, me.

Si vamos a practicar la lectura de sílabas, el ponerlas en el orden que se acaba de mencionar ("ma, me, mi, mo, mu") acabará haciendo predecible qué es lo que está escrito. Si siempre se estructura así, al inicio de la lección de la "F" ya sabemos que encontraremos "fa", "fe", "fi", "fo" y "fu", sin necesidad de molestarnos en leerlo.

Si para trabajar con el grafema "D" presentamos palabras como "dama, daba, dato, dado, dale...", las personas más avispadas percibirán que todas las palabras de la lista comienzan con "da", por tanto, no merece la pena leerlo, sino enfocarse en la segunda sílaba de la palabra.

Las recomendaciones que se derivan de esto son:

- Aunque comencemos trabajando con sílabas directas (CV), tratemos de introducir tempranamente las sílabas inversas (VC) y mixtas (CVC).
- Procurar que lo que leemos, especialmente cuando trabajamos con un repertorio muy restringido de grafemas, se presente de forma salteada, sin seguir un orden que se pueda predecir con facilidad.

Tener precaución con las imágenes

Las ilustraciones incluidas en el material de lectura pueden hacer que sea más atractivo, pueden complementar la información cuando se están leyendo textos y también pueden ser una ayuda a la lectura. Sin embargo, hay que tener precaución con su uso.

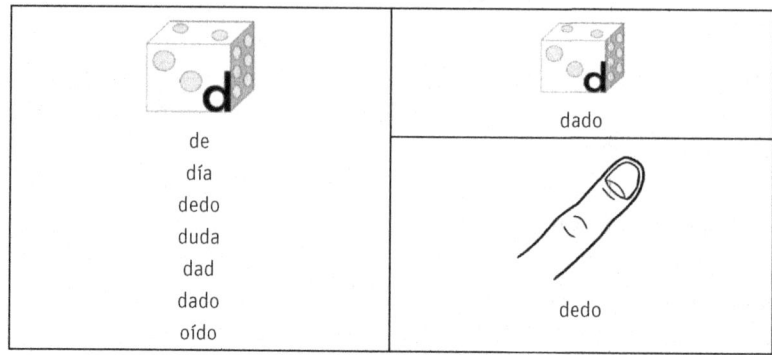

Por ejemplo, en la columna izquierda del ejemplo anterior, la ilustración es un recordatorio que asocia la letra "D" con el sonido inicial de la palabra "dado". Eso puede ser una ayuda para decodificar la lista de palabras.

En cambio, en la columna izquierda podemos estar propiciando una lectura por adivinación, ya que el alumnado puede percibir que la palabra que hay que leer se corresponde con el dibujo al que acompaña.

Conocer más

Linnea Ehri ha sido una persona importante en el estudio científico de la enseñanza inicial de la lectura. Ya jubilada de su trabajo en la Universidad de la Ciudad de Nueva York (CUNY) publicó, en 2022, un artículo de revisión sobre lo que el profesorado debe saber y hacer para la enseñanza inicial de la lectura. Salvo la limitación de estar escrito en inglés, se trata de un texto breve y sin el aparataje metodológico y estadístico que muchas veces dificulta la lectura de trabajos de investigación.

• EHRI, L. C. (2022): "What teachers need to know and do to teach letter-sounds, phonemic awareness, word reading and phonics". *The Reading Teacher*, 76(1), 53-61.

¿Cómo favorecer la síntesis?

La enseñanza y práctica sistemáticas de las relaciones entre grafemas y fonemas para conseguir una lectura alfabética suele producir, al principio, una forma de leer poco natural y poco útil. Es común que expresemos eso como "no junta los sonidos".

En un nivel de iniciación no nos debe sorprender encontrar alumnado capaz de sintetizar los sonidos de sílabas de dos letras, pero que en sílabas más extensas separe el sonido final, sobre todo si es una consonante, y lean /so/ - /l/ en lugar de /sol/. En cambio, enseñar a reconocer palabras completas o la memorización de sílabas producen una lectura mucho más parecida a la de lectores hábiles.

Conocer las relaciones entre grafemas y fonemas es importantísimo, pero no suficiente. El siguiente paso es sintetizar los fonemas para leer sílabas y palabras. De hecho, esta forma de enseñar a leer se conoce también como "método sintético".

En esta sección vamos a ver algunas recomendaciones para favorecer una lectura sintética.

Practicar habilidad fonológica de síntesis

Entre las actividades para el desarrollo de la conciencia fonológica nos podemos encontrar con las de síntesis. En ellas se presenta la sucesión de fonemas que forman una palabra y el alumnado debe averiguar de qué palabra se trata. Por ejemplo, decimos /d/ - /i/ - /e/ - /n/ - /t/ - /e/ y esperamos que perciban que se trata de la palabra "diente".

Automatizar la recuperación de las correspondencias grafema-fonema

A estas alturas suponemos que ya ha quedado claro: el conocimiento de las relaciones entre grafemas y fonemas no garantiza que se vaya a producir la síntesis. No esperemos de los métodos de enseñanza de la lectura más de lo que pueden proporcionar.

Se ha observado una relación entre la velocidad con la que se recuperan las relaciones entre grafemas y fonemas y la habilidad para hacer una lectura sintética de las palabras. Durante la lectura, las asociaciones grafema-fonema se realizan a una velocidad considerable. Se ha calculado que, a lo largo del primer curso de Educación Primaria, la mayoría del alumnado hispanohablante está leyendo entre 25 y 72 palabras por minuto. Suponiendo que las palabras del español tienen una longitud media de 5 letras, eso supone que procesaría una media de entre 2 y 6 letras por segundo.

Saber algo no es lo mismo que tenerlo presente, algunos conocimientos nos vienen automáticamente a la mente, mientras que nos tenemos que esforzar para recuperar otros. Es fácil entender que cuanto más cueste recuperar la información sobre a qué fonema corresponde el grafema que estamos leyendo, más lenta será la lectura y más improbable la síntesis.

Confiamos en que la práctica frecuente de la lectura llevará a la mayor parte del alumnado a acceder a esa información de forma muy rápida. Dos recursos que podemos añadir son:

1. Trabajar con tarjetas con los fonemas realizando actividades o juegos en los que haya que decir rápidamente el sonido que les corresponde.
2. Recordar las relaciones grafema fonema que se vayan a utilizar antes de una actividad de lectura. Por ejemplo, si vamos a leer palabras formadas por "S", "N", "L" y las vocales, recordamos qué sonidos corresponden a esas consonantes antes de comenzar a leer.

Utilizar la fonación conectada

Cuando la recuperación de la información sobre qué sonidos corresponden a los grafemas es lenta, puede suceder que los fonemas se vayan diciendo espaciados. Por ejemplo, al leer "sal" escuchamos /s/ - /a/ - /l/. A esto se le llama fonación segmentada: hay un momento de silencio entre los fonemas de la misma sílaba.

La fonación conectada es la que trata de prolongar los sonidos de los fonemas para que, sin necesidad de emitirlos más rápidamente, estos formen un continuo. Según el ejemplo que hemos propuesto sería algo como /sssssaaaaalllll/.

Hay que tener en cuenta que en español tenemos cuatro fonemas cuyo sonido no se puede prolongar:

- /k/, que se puede representar con las letras "C", "K" y el dígrafo "QU";
- /p/, que se representa con la letra "P";
- /r/, que se corresponde a la letra "R" intervocálica, al final de sílaba o tras consonantes que no sean "L", "N" o "S";
- /t/, que se representa con la letra "T".

Los fonemas /k/, /p/ y /t/ son oclusivos sordos. El fonema /r/ tiene un carácter un poco diferente porque en él suena una percusión que no se puede prolongar, pero es un fonema sonoro y esa sonoridad sí que puede ser continua. Anteriormente ya hemos recomendado introducir los grafemas que representan a estos fonemas más tardíamente, aunque en el caso de "R" era más por representar dos fonemas distintos que por dificultar la fonación conectada.

Considerar la síntesis como objetivo de aprendizaje y considerar distintos niveles de logro

Ya hemos advertido de que la síntesis no se va a alcanzar automáticamente por la enseñanza de las relaciones entre grafemas y fonemas o, al menos, no va a ser así en muchos casos. Si va a ser habitual que tengamos que hacer un trabajo explícito para propiciar la síntesis, parece lógico que consideremos que adquirir esta habilidad es un objetivo de aprendizaje.

Si procedemos de esa manera, es más probable que planteemos actividades para lograr una lectura sintética y que evaluemos si se está alcanzando o no. No pretendemos que el alumnado reciba un boletín de calificaciones de microhabilidades de lectura y escritura. Es más importante que durante la práctica de la lectura informemos del nivel de logro, por ejemplo:

- – ¡Muy bien, con esta ayuda lo has leído!
- – ¡Muy bien, has dicho correctamente los sonidos de la palabra, y en orden!
- – ¡Muy bien, lo lees correctamente y estás juntando algunos sonidos!
- – ¡Muy bien, al leerlo he oído la palabra perfectamente!
- – ¡Muy bien, has leído la palabra perfectamente y, además, sabes qué palabra has leído!

Y a esto le podemos añadir alguna indicación sobre cómo mejorar la lectura y oportunidades para poner en marcha esas mejoras como se indica en el siguiente punto.

Modelar y practicar repetidamente

En algún momento de la actividad de lectura, quien está leyendo debería poder escuchar cómo se leen las palabras que está trabajando. Hablamos de palabras porque quizá no tenga mucho sentido leer oraciones o textos con alumnado que no ha adquirido la capacidad de sintetizar los sonidos de palabras conocidas e identificarlas.

Está claro que si este modelo se proporciona inmediatamente antes de la lectura de la palabra, es muy posible que el alumno se limite a repetir lo que le hemos dicho, sin llegar a leer la palabra. Pero eso no es un gran problema si más adelante volvemos sobre la misma palabra.

Recordemos el final del punto anterior: hay que proporcionar oportunidades para mejorar la lectura y no pretendemos realizar la actividad de lectura y pasar a la siguiente, sino realizar la actividad de lectura alcanzando el mejor nivel posible. Eso se puede favorecer cuando el alumnado tiene varias oportunidades de leer el mismo material, tratando de hacerlo mejor cada vez.

Entre el alumnado que está aprendiendo a leer es frecuente que, de forma espontánea, algunos lean las palabras dos veces: una vez para decodificarlas y otra vez para "oírlas" y entenderlas.

Señalar las sílabas

Muchos programas de enseñanza de la lectura del español se han enfocado en las sílabas. Otros realizan una breve práctica de lectura de sílabas antes de pasar a la lectura de palabras.

Lo que proponemos aquí es que cuando no se realice la síntesis, sea en lectura de sílabas o en lectura de palabras, señalemos las unidades silábicas para practicar su lectura sintética.

Una momia del museo me da la mano

Como en este ejemplo, podemos señalar con arcos o rayitas los grafemas que deberían combinarse para formar sílabas o, si estamos leyendo con un puntero, deslizarlo a lo largo de la sílaba con un movimiento oscilante, en lugar de ir marcando la letra que se lee en cada momento.

Subiendo de nivel

En este capítulo hemos presentado bastantes indicaciones de tipo práctico sobre qué actividades proponer y cómo realizarlas. Sin embargo, ya hemos advertido de que muchas de estas propuestas tienen una fundamentación muy débil: aparecen en guías de buenas prácticas, hay acuerdo entre muchos especialistas o, simplemente, nos han parecido razonables.

No obstante, también hay algunos datos de estudios empíricos que conviene conocer. En 2020, las investigadoras Selenyd González-Frey y Linnea Ehri publicaron un artículo que en español se titularía: "La fonación conectada es más efectiva que la fonación segmentada para enseñar a lectores iniciales la decodificación de palabras no familiares".

En realidad, tanto los participantes que trabajaban con fonación conectada como los participantes que utilizaban la fonación segmentada, aprendían a leer un número similar de sílabas. La diferencia se encontraba cuando se les pedía leer sílabas con sonidos que no habían trabajado, concretamente /k/, /p/ y /t/. En ese caso la fonación conectada suponía una ventaja.

Conocer más

• González-Frey, S. M., y Ehri, L. C. (2021): "Connected phonation is more effective than segmented phonation for teaching beginning readers to decode unfamiliar words". *Scientific Studies of Reading*, 25(3), 272-285.

No olvides

☐ El principio alfabético es el descubrimiento de que la lectura y la escritura están regidas por unas reglas, de modo que conociendo las relaciones entre grafemas y fonemas se puede leer y escribir cualquier palabra del español.

☐ La enseñanza explícita, sistemática e intensiva de las relaciones entre grafemas y fonemas es una de las claves para la adquisición del principio alfabético.

☐ Los acercamientos prealfabéticos a la lectura se suelen caracterizar por la adivinación de las palabras a partir del contexto o de algunos indicios alfabéticos. Conviene inhibir estas adivinaciones durante la época de enseñanza del código alfabético.

☐ Es normal que la enseñanza de las relaciones grafema-fonema tenga que ir acompañada por la enseñanza y práctica de la habilidad de síntesis para leer sílabas y palabras.

Capítulo diez

La enseñanza inicial de la escritura

La escritura se suele considerar como una de las habilidades académicas básicas, junto con la lectura, el cálculo y la resolución de problemas. La lectura y la escritura son dos aprendizajes muy relacionados, que se suelen realizar en paralelo y que se benefician mutuamente, hasta el punto de que se habla de enseñanza de la lectoescritura.

Sin embargo, es habitual que la parte de la escritura quede relegada: la investigación, los modelos o las propuestas sobre enseñanza de la escritura son más escasos y menos conocidos que los que se centran en la enseñanza de la lectura.

Hasta ahora hemos realizado menciones a la escritura, pero la exposición se ha centrado en la lectura. Sin embargo, no debemos caer en el error de pensar que se puede conseguir un desarrollo óptimo de la escritura como consecuencia o efecto secundario de la enseñanza de la lectura. La escritura incluye aspectos que no tienen paralelismo en la lectura. Probablemente, los más fáciles de percibir son la realización de los caracteres escritos o trazado y la planificación del texto, es decir, la generación de las ideas del texto y la previsión de su organización.

¿Por qué es importante profundizar en esto?

La legibilidad de las producciones escritas influye en el hecho de que puedan cumplir su objetivo. Si el lector tiene dificultades para acceder a la información escrita, se puede deteriorar la comprensión del mensaje. Por otra parte, la fluidez en la escritura parece tener cierta influencia sobre la calidad del contenido de lo que se escribe.

Durante la enseñanza inicial de la escritura se establecen las bases para conseguir una escritura ágil y clara y también es posible detectar dificultades para conseguirla. Sin embargo, hay distintas formas de iniciarse en la escritura y es preciso tomar varias decisiones prácticas, por ejemplo, sobre el tipo de letra que se va a utilizar, si emplear pauta y cuál, si incluir actividades previas de grafomotricidad. Incluso, en la actualidad, se ha planteado si habría que familiarizar y enseñar al alumnado a escribir con teclado.

Probablemente, el tomar decisiones en un sentido o en otro no va a tener consecuencias determinantes, pero no por eso deberíamos renunciar a elegir las opciones más eficientes.

¿Cómo se desarrolla la escritura y qué actividades son útiles para su enseñanza?

El concepto de alfabetización emergente surgió en torno a los años sesenta y setenta del siglo xx, siendo Marie Clay y Emilia Ferreiro dos figuras clave en su desarrollo. Se refiere a los conocimientos, creencias y habilidades relacionadas con el lenguaje escrito que los niños y las niñas desarrollan antes del inicio de la enseñanza formal de la lectura y la escritura.

La escritura emergente es una parte de la alfabetización emergente en la que el alumnado muestra comportamientos que imitan o se aproximan a la escritura. Se han propuesto algunas graduaciones de estos comportamientos, desde los más lejanos a la escritura alfabética hasta los más elaborados, por ejemplo:

1. Dibujos más o menos representativos.
2. Producciones, como líneas rectas, quebradas u onduladas que imitan la escritura (garabateo).
3. Sucesiones de símbolos, como círculos o rayas que tratan de representar letras (pseudoletras).
4. Letras utilizadas de forma aleatoria, sin un valor fonético, aunque pueden representar la estructura silábica de las palabras.
5. Escritura semialfabética, en la que se emplean algunas letras con un valor fonético, pero sin llegar a transcribir las palabras completas. Por ejemplo, se escribe la letra inicial de las palabras o se transcribe algún sonido, vocales o consonantes, de cada sílaba de la palabra (escritura silábica). En la fase más avanzada se combina la escritura de algunas sílabas completas con la silábica (escritura silábico-alfabética).

En la siguiente tabla se pueden ver algunos hitos que se observan con cierta frecuencia, pero hay mucha variabilidad entre distintas personas.

Desarrollo de la escritura entre los 3 y los 5 años		
3 años	**4 años**	**5 años**
En algunos niños no se aprecian diferencias entre dibujo y escritura. Ambas incluyen características figurativas. Otros utilizan "palotes", líneas onduladas o signos no figurativos que tampoco corresponden a las letras. Uso de unidades discretas, como círculos, en una cantidad proporcional a la longitud de lo que quieren escribir.	La escritura se diferencia del dibujo, pero mezcla caracteres heterogéneos. Comienzan a usar letras, sobre todo las de su nombre. Se aprecian características como: -Direccionalidad izquierda a derecha. -Separación de las líneas por espacios en blanco -Menor tamaño que en el dibujo.	Uso de las letras. Comienza a haber correspondencia entre letras y sonidos.

Hay enfoques como el constructivista, que, en sus versiones más radicales, proponen una sucesión de fases universales, de modo que el alumnado transita por una sucesión de etapas durante el aprendizaje de la escritura, por ejemplo, una etapa indiferenciada (dibujos o garabateos) seguida por una etapa silábica y una alfabética. También proponen que los sistemas de enseñanza tienen que ajustarse a esa forma de desarrollo.

Por otra parte, en la enseñanza de la lectoescritura con enfoques fónicos, muchas veces estas formas de escritura emergente son vistas con recelo, como algo erróneo que hay que evitar para que no se perpetúe una forma incorrecta de escribir.

Con respecto a estas ideas se podría indicar que no es necesario diseñar un complejo sistema de experiencias de aprendizaje con el que el alumnado vaya pasando por fases cada vez más evolucionadas de descubrimiento de la escritura. No parece que haya nada contraproducente en eso, pero la mayor parte del alumnado puede beneficiarse de una enseñanza explícita y directa sobre las características y el funcionamiento del lenguaje escrito que facilite el paso a la escritura alfabética.

En segundo lugar, la práctica frecuente de la escritura emergente puede favorecer el aprendizaje de la escritura alfabética. Veamos un ejemplo. Gary Bingham, Margaret Quinn y Hope Gerde recogieron datos de observación del trabajo de escritura realizado por 41 docentes de Educación Infantil y 488 alumnos y alumnas de 2 a 5 años de edad.

La mayor parte del trabajo se centró en la escritura manual, sobre todo en el trazado o los movimientos de la escritura. También se encontraron ejemplos de la enseñanza de las correspondencias entre letras y sonidos, pero la actividad menos frecuente fue el uso de la escritura para componer algún tipo de mensaje, por ejemplo, escribir con ayuda del alumnado un "mensaje del día" en la pizarra al inicio de las clases. Este tipo de actividades solo se advirtió en el 39 % de las clases observadas y, en total, supuso solo un 7,3 % de las observaciones de trabajo de escritura.

Sin embargo, se encuentra que en las clases en las que se utiliza la escritura para realizar composiciones, el alumnado muestra mayor desarrollo de la habilidad de escritura.

Anna Hall ha revisado la investigación sobre enseñanza de la escritura en Educación Infantil, en una revisión realizada con Qianyi Gao, Ying Guo y Yanli Xie, centrada en alumnado de 1.º y 2.º curso de Educación Infantil. Este trabajo es bastante confuso en cuanto a la clasificación de las intervenciones, pero muestra el efecto positivo de intervenciones basadas en incluir objetos o materiales relacionados con la escritura en los lugares de juego y trabajo del aula, con o sin guía del profesorado, y de intervenciones de escritura grupal o interactiva.

En estas intervenciones se realizaban actividades como:
- Modelado de actividades de escritura por parte del profesorado.
- Creación de periódicos o libros.
- Escritura compartida del mensaje de la mañana.
- Combinación de juego simbólico o dramatizaciones con escritura (elaboración de guiones previos al juego).
- Escritura grupal.
- Escritura del nombre propio y de nombres familiares.

El trabajo basado en el nombre propio es muy popular. Se trata de un contenido interesante para el alumnado, con aplicaciones directas, como identificar sus producciones, reconocer pertenencias o encontrarse en una lista. Las primeras letras que uno aprende a trazar y reconocer suelen ser las del nombre propio.

Conocer más

- BINGHAM, G. E.; QUINN, M. F., y GERDE, H. K. (2017): "Examining early childhood teachers' writing practices: Associations between pedagogical supports and children's writing skills". *Early Childhood Research Quarterly*, 39, 35-46.
- HALL, A. H.; SIMPSON, A.; GUO, Y., y WANG, S. (2015): "Examining the effects of preschool writing instruction on emergent literacy skills: A systematic review of the literature". *Literacy Research and Instruction*, 54(2), 115-134.

¿Es necesario trabajar la grafomotricidad?

El trazado correcto de una letra requiere dos condiciones:
1. Disponer de una representación de la letra, que puede tenerse por conocimiento de esa letra o porque se dispone de un modelo que se puede copiar.
2. Tener la habilidad para reproducir de una forma reconocible los rasgos de la letra con los materiales de escritura disponibles.

La grafomotricidad es un conjunto de habilidades perceptivas, de postura y movimiento que facilitan el trazado de la letra con materiales de escritura similares a un lápiz y un papel. Esta es una de las partes de la escritura que no tiene un equivalente entre los procesos de lectura.

Para poder trazar las letras es necesario tener la habilidad de realizar sus componentes gráficos: círculos cerrados o abiertos, líneas curvas y rectas verticales, horizontales u oblicuas. No es nada fácil encontrar fuentes fiables y actuales sobre las habilidades grafomotrices que muestra el alumnado antes del comienzo de la enseñanza escolar de la escritura. Es posible encontrar listas de hitos en los que se describe qué tipo de agarre de la herramienta de escritura o qué formas son capaces de copiar o realizar los niños a distintas edades, pero es muy común que estas listas no estén referenciadas a ningún autor o estudio concreto o, en algunos casos, a autores como Arnold Gesell, Lauretta Bender o Jean Piaget, nacidos en el siglo XIX.

No hemos encontrado información fiable sobre cómo se desarrolla la capacidad de dibujar o copiar distintos tipos de líneas y formas. En una antigua revisión sobre enseñanza de la escritura, publicada en 1980, Steven Graham y Lamoine Miller recomendaban que antes de comenzar la enseñanza formal de la escritura, los alumnos tengan habilidad para trazar círculos, líneas horizontales y líneas diagonales. Resulta curioso que no mencionen la habilidad para trazar líneas verticales, que se emplean más que las horizontales en la escritura.

Las investigadoras canadienses Katya Feder y Annette Majnemer publicaron en 2007 un artículo con el prometedor título de "Handwriting development, competency and intervention". Sobre el desarrollo de la escritura manual solo hay dos párrafos, y lo referente a la grafomotricidad se limita a resumir un trabajo publicado en 1989, el test de integración visomotora de Beery-Buktenika (la primera edición de este test fue de 1967). Estos test se basan en la copia de las siguientes formas.

$$| - \bigcirc + \diagup \square \diagdown \times \triangle$$

Se ha encontrado una correlación considerable entre la capacidad para copiar estas formas y la habilidad para copiar letras en alumnado del tercer curso de Educación Infantil. Sin embargo, no se ha encontrado que la habilidad para copiar estas formas en el tercer curso de Educación Infantil sea un buen predictor de la habilidad para trazar letras en el primer curso de Educación Primaria.

La pinza o forma de sostener con la mano la herramienta de escritura ha recibido más atención por parte de la investigación. Una parte de los estudios realizados está sintetizada en la tesis doctoral de Ann-Sofie Selin, publicada en 2003, que en español se titularía: "Sujeción del lápiz: un modelo descriptivo y cuatro estudios empíricos".

Se ha descrito una pinza ideal, que es la formada por los dedos pulgar, índice y corazón, conocida como "pinza trípode", "pinza tridigital" o, muchas veces, como "LA pinza". Muchas profesoras o terapeutas ocupacionales consideran que es la ideal para la escritura y se han descrito ventajas, como que permite el agarre del lápiz de una forma bastante estable en una zona cercana a la punta, poniéndolo en contacto con las yemas de tres dedos, donde la sensibilidad táctil es muy alta; facilita la realización de movimientos muy precisos o induce una postura corporal y del brazo adecuadas para escribir.

La tesis de Selin concluye que la pinza trípode es adecuada para la escritura y puede fomentarse sin problemas. Sin embargo, existen otras alternativas que también permiten una escritura adecuada y fluida. Por ejemplo, se citan como pinzas maduras o eficientes las que aparecen en la siguiente imagen.

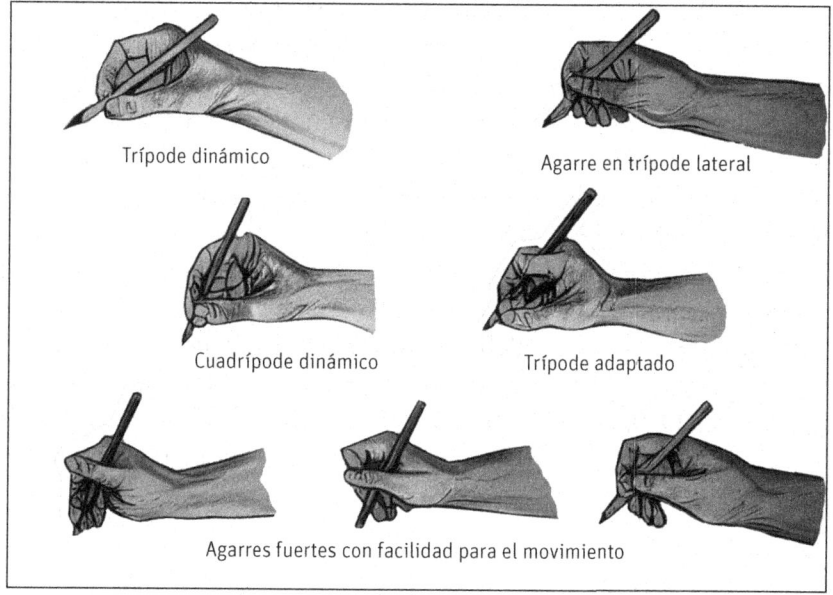

Trípode dinámico

Agarre en trípode lateral

Cuadrípode dinámico

Trípode adaptado

Agarres fuertes con facilidad para el movimiento

El inicio de la enseñanza de la escritura es un momento adecuado para ayudar al alumnado a adoptar una pinza que facilite la escritura, ya que, a partir de ese momento, la pinza que cada uno emplee tiende a estabilizarse. Los adultos podemos servir de modelo, mostrando cómo sujetar el lápiz de una forma estable y relajada, animando y ayudando a hacer lo mismo.

No hay datos que muestren que los adaptadores para el lápiz o el uso de lápices triangulares o lápices de mayor diámetro ayuden a mejorar la pinza.

En los países hispanohablantes son frecuentes las recomendaciones de trabajar la destreza manual y la coordinación visomanual y la grafomotricidad antes del inicio de la enseñanza de la escritura.

La destreza manual se trabaja practicando movimientos o posiciones de las manos: mover las palmas, sostener objetos en equilibrio, utilizar las manos en coreografías, abrir y cerrar las manos al mismo tiempo, o abrir una mientras se cierra otra; tocarse las yemas de cada dedo con el pulgar, manipular objetos pequeños, enroscar tapones o tuercas, utilizar pinzas o hacer bolitas de papel.

La coordinación visomanual recibe otros nombres como coordinación oculo-manual, visomotriz o visomotora. Para su práctica se utilizan actividades como lanzar objetos, recortar, punzar, ensartar, coser, modelar arcilla o plastilina, hacer puzles o construcciones, realizar nudos, juegos de habilidad con trozos de cuerda o lana, crear o copiar formas en tableros de gomas, hacer plegados de papel o hacer manualidades pegando objetos pequeños como lentejas, fideos o bolitas de papel.

Un tipo de actividades que no encaja del todo bien entre las de coordinación visomanual, pero que se suele considerar de ese tipo es la de explorar las letras con el tacto. Existen algunos estudios que encuentran mejores resultados en el aprendizaje de las letras, cuando se añaden actividades de tipo táctil, como seguir con el dedo el trazado de letras en relieve, especialmente si se hace en la misma dirección que se va a utilizar para escribir la letra, adivinar letras por el tacto, sosteniéndolas con la mano, o tapar varias letras con una tela y encontrar una en concreto.

Expresiones como "motricidad fina" o "psicomotricidad fina" se suelen referir a estas habilidades de destreza manual y coordinación visomanual. En cambio, la expresión "motricidad gruesa" se refiere a otros movimientos corporales, incluyendo saltos, flexiones, marcha, carrera, patadas, equilibrios... Aunque esto pueda tener otros beneficios, salvo en el caso de algunas discapacidades físicas, el trabajo de los grandes movimientos del cuerpo resulta lejano al control y la precisión que requiere la escritura.

Finalmente, en el entrenamiento de la grafomotricidad se realizan actividades como dibujar, pintar con distintas herramientas —"sin salirse"—, resolver laberintos, unir puntos, completar figuras y repasar o copiar distintos trazos: horizontales, verticales, inclinados, curvos, trazos de distinto tipo alternos, en cruz o en aspa; espirales, bucles, figuras geométricas sencillas o combinaciones de mayor complejidad.

El entrenamiento de la habilidad motriz fina durante la Educación Infantil parece tener efectos positivos (al menos a corto plazo) en las habilidades entrenadas: la coordinación visomanual y la destreza manual. Pero ¿tienen influencia en la escritura?

En su revisión de 2015 sobre el trabajo de la escritura en alumnado de 1.º y 2.º curso de Educación Infantil, el equipo de Anna Hall encontró un número muy reducido de estudios enfocados en el desarrollo de la motricidad fina, especialmente con actividades del programa "Escritura sin lágrimas", como formar letras juntando distintas piezas o modelar letras con plastilina. Esta revisión considera que los resultados de dichas intervenciones eran prometedores.

Sin embargo, en una revisión de investigación sobre enseñanza de la escritura publicada en 2016, Tanya Santangelo y Steve Graham no encontraron que el entrenamiento motriz o sensoriomotriz y la enseñanza multisensorial produjeran efectos significativos sobre la legibilidad o la fluidez de la escritura. Tampoco producían mejores resultados que la propia práctica de la escritura.

Los programas de iniciación a la escritura mejor investigados no suelen incluir actividades de grafomotricidad previas a la escritura, sino que se centran directamente en la interiorización de las formas de las letras y en su trazado. Normalmente enseñan a escribir con tipos de letra muy simples y claros, intentando presentar las letras en orden de dificultad y practicándolas en soportes diferentes y mayores que el papel, antes de pasar a la escritura en papel.

Todo esto nos indica que no parece necesario realizar un extenso trabajo de preparación para el trazado de las letras, especialmente si se propone la escritura con una tipografía sencilla y si las propias letras pueden ser el elemento que se practique.

Como en otros aspectos de la enseñanza inicial de la lectoescritura, la investigación en este campo ha sido realizada, sobre todo en Estados Unidos, donde se enseña a escribir con un tipo de letra no ligada y de trazado muy sencillo (a veces se describe como "palos y bolas"). La letra manuscrita ligada[19] que se utiliza en varios países hispanohablantes es más difícil de trazar y requiere mayor control y precisión. Eso genera dudas acerca de si en estas condiciones sí podría ser útil un trabajo de grafomotricidad previo al trabajo de escritura.

Conocer más

- FEDER, K. P., y MAJNEMER, A. (2007): "Handwriting development, competency, and intervention". *Developmental Medicine and Child Neurology*, 49(4), 312-317.
- GRAHAM, S., y MILLER, L. J. (1980): "Handwriting research and practice: a unified approach". *Focus on Exceptional Children*, 13(2), 1-16.
- SANTANGELO, T., y GRAHAM, S. (2016): "A comprehensive meta-analysis of handwriting instruction". *Educational Psychology Review*, 28(2), 225-265.
- SELIN, A. S. (2003): *Pencil grip: a descriptive model and four empirical studies* [Tesis doctoral, Åbo Akademi]. Doria.

¿Es conveniente utilizar la práctica aislada?

En la sección anterior sobre escritura emergente hemos visto cómo utilizar la escritura para escribir el nombre propio, pero, sobre todo, para crear mensajes es una forma de ir mejorando la habilidad de escribir.

---

[19] Este tipo de letra también se conoce como letra corrida o cursiva. Esta última denominación es más confusa porque letra cursiva se puede referir a un estilo de letra inclinada, sin necesidad de que los caracteres que forman una palabra estén unidos entre sí.

Existe otra postura respecto a la enseñanza de la escritura que defiende la práctica descontextualizada de los trazos o las letras, sin intención de comunicar nada con esas composiciones. Por ejemplo, una ficha en la que se repasa y se copia la letra "d" sola y combinada con las vocales, incluso formando palabras como "da", "di", "día", "oda" o "dedo".

Ya hemos mencionado a Steve Graham. Este profesor de la Universidad Estatal de Arizona se ha especializado en la enseñanza de la escritura y ha investigado este tema desde 1980, durante más de 40 años. Además, tiene la distinción de *Regents Professor*, que se concede a profesorado universitario que ha realizado una contribución notable en su especialidad.

Entre sus publicaciones hay varios metanálisis, estudios experimentales, estudios longitudinales o manuales de didáctica. Pero como ahora nos interesa su opinión, nos fijamos en un artículo titulado "Issues in handwriting instruction", publicado en 1992, en el que comienza describiendo cómo estaba aprendiendo a escribir su hija Leah, de 6 años. En este trabajo, más personal y divulgativo, Graham escribe:

> Lo que propongo en este texto es que el profesorado tiene que proporcionar instrucción sobre la escritura tanto durante su uso como fuera de él. En primer lugar, el profesorado debería adoptar una postura proactiva y enseñar y ayudar directamente al alumnado a establecer los hábitos y patrones que facilitan el desarrollo de una escritura legible y fluida. Esto incluye enseñar al alumnado una forma eficiente de realizar las letras individuales, incluyendo el modelado de la formación de cada letra, proporcionando oportunidades para practicarla, animando a la autoevaluación y proporcionando información sobre el trabajo realizado. El profesorado también debería asegurarse de que el alumnado desarrolle una pinza razonable para sujetar el lápiz y de que coloque adecuadamente el papel en el que está escribiendo (…).
>
> Eso no implica que el alumnado deba pasar horas copiando filas de letras. La calidad de la práctica es más importante que la cantidad. Una vez que se introduce una nueva letra, el alumnado debería dedicar un tiempo corto a practicar cuidadosamente cómo hacer esa letra, recibir ayuda si la necesita y evaluar sus propios esfuerzos. Las letras individuales deberían ser repasadas periódicamente para reforzar la manera de formar la letra; habría que proporcionar práctica adicional y correcciones, si son necesarias.

El metanálisis de Tanya Santangelo y Steve Graham mencionado en la sección anterior muestra que la enseñanza explícita de la escritura manual mejora la legibilidad y la fluidez de las producciones escritas.

Una lectura cuidadosa de las revisiones de Graham o de la del equipo de Anna Hall, que hemos mencionado anteriormente, produce la sensación de que ninguna actividad de mejora de la escritura, por sí sola, produce una mejora significativa. Más bien, es la combinación de varias actividades lo que puede producir mejoras. Entre las actividades que podemos incluir en un programa de enseñanza de la escritura tenemos:

- **Reconocimiento de las letras:** identificarlas y nombrarlas.
- **Modelado:** la profesora escribe la letra y la nombra para que el alumnado observe el número, orden y dirección de los rasgos.
- **Destacar los atributos críticos:** la profesora compara y contrasta la letra que está exponiendo con otras letras que tienen características comunes.
- **Ayuda física:** la profesora ayuda físicamente dirigiendo la mano del alumno para que trace la letra. Además, se puede recordar el orden y la dirección de los rasgos con flechas o puntos de colores en las letras.
- **Trazado:** el alumnado practica las letras con guías de puntos, letras en gris, modelos con información decreciente, letras en relieve o siluetas.
- **Copia:** el alumnado copia la letra en papel o arena.
- **Autoverbalizaciones:** el alumnado dice en voz alta los pasos que tiene la letra mientras la escribe. Algunos datos indican que es importante desvanecer estas autoverbalizaciones tras su aportación inicial, porque su permanencia puede afectar negativamente a la velocidad de la escritura.
- **Escritura de memoria:** el alumnado escribe la letra sin ayudas.
- **Repetición:** el alumnado practica repetidamente la escritura de la letra.
- **Autocorrección y valoración:** el alumnado corrige los errores consultando modelos o con la ayuda de la profesora: uso de transparencias, rodear las mejores letras.
- **Refuerzo:** la profesora elogia y premia los avances.

Los dos recursos que han producido mejores resultados han sido la individualización de la enseñanza y el apoyo digital en la práctica de la escritura; por ejemplo, el uso de pantallas táctiles para practicar el trazado de las letras.

Conocer más

- GRAHAM, S. (1992): "Issues in handwriting instruction". *Focus on Exceptional Children*, 25, 1-14.

¿Cómo se corrigen la escritura en espejo o las rotaciones de letras?

Aunque se pueden producir problemas más importantes en la escritura, la escritura en espejo y escribir las letras "al revés", como si estuviesen giradas (por ejemplo, las confusiones entre "p", "q", "b" y "d") son problemas de escritura llamativos y que, con frecuencia, preocupan a profesorado y familias, que los pueden llegar a interpretar como signos de dislexia.

La escritura en espejo casi siempre es un problema transitorio y sin ninguna trascendencia, especialmente si eso que está escrito como si estuviera reflejado está correctamente escrito, con todas las letras necesarias y bien ordenadas (de derecha a izquierda). Normalmente, el alumnado que escribe correctamente en espejo también escribe correctamente de la forma típica, de izquierda a derecha. A veces basta con indicarles que empiecen a escribir en la parte izquierda de la hoja o la pizarra para que se produzca el cambio.

Las confusiones que afectan solo a algunas letras como la sustitución de "b" por "d" o las que afectan al orden de las letras en la palabra, como escribir "tirpa" en lugar de "tripa", suelen ser más persistentes.

La idea de que la escritura en espejo es característica de la dislexia proviene de teorías actualmente superadas que relacionaban el aprendizaje de la lectura y sus dificultades con habilidades perceptivomotrices y con la lateralización. Ya expusimos este tipo de ideas en el capítulo tres sobre los mitos en torno al aprendizaje de la lectura.

Actualmente, la explicación científica más común de este fenómeno es la hipótesis del reciclaje neuronal: nuestro cerebro no tiene ningún sistema dedicado específicamente a la representación de las letras, de modo que esa tarea es asumida por regiones que participan en la función de reconocer caras y objetos. El reconocimiento de caras y objetos es poco sensible a la simetría de izquierda a derecha porque estamos acostumbrados a ver las caras y los objetos desde ambos puntos de vista.

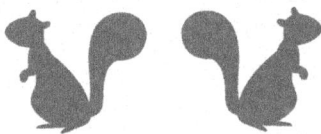

Nuestro cerebro no almacena una representación de la silueta de una ardilla vista desde el lado izquierdo del animal y otra vista desde el lado derecho. Más bien ignora la perspectiva.

Cuando esto sucede con las letras nos encontramos con que el cerebro tiende a tratar las letras que tienen simetría de izquierda a derecha ("p" y "q" o "b" y "d") como idénticas. También se pueden producir confusiones entre "E" y "3". Curiosamente hay pocos errores entre letras que tienen simetría de arriba abajo, como "u" y "n" o "M" y "W" (que la simetría sea perfecta o solo aproximada dependerá de la tipografía con la que se escriban).

Tampoco hay que descartar otras influencias, como el parecido perceptivo o la similitud entre los fonemas que representan.

Según Stanislas Dehaene, durante el aprendizaje inicial de la lectura existe una etapa "de espejo", en la que las letras con simetría horizontal se confunden. Con la práctica, la mayor parte del alumnado aprende a inhibir esa tendencia y a discriminar entre las letras "especulares".

Hay personas con dislexia que confunden con frecuencia esas letras tiempo después de la etapa de enseñanza inicial de la lectura y la escritura, pero no se trata del problema de lectura o escritura más frecuente en la dislexia ni de algo característico o exclusivo; también hay personas sin dislexia que cometen errores con este tipo de caracteres.

Los datos acerca de qué puede ser útil para disminuir este tipo de errores son escasos y dispersos. Sabemos con bastante seguridad que las personas experimentadas en lectura diferencian mejor las letras reversibles horizontalmente que quienes se están iniciando. Eso hace pensar que para la mayoría del alumnado puede ser suficiente con una buena enseñanza de la lectura y la escritura. Sin embargo, sabemos muy poco sobre lo que puede ser útil para las personas en las que persisten esas dificultades.

Un estudio realizado en Brasil encontró resultados positivos con un programa en el que se realizaban las siguientes actividades:

- Guiar la mano del alumno para trazar las letras del par que se confunde, en papel o en el aire (previamente se ha practicado con formas básicas como líneas, círculos o semicírculos).
- Solicitar al alumno que trace las letras sin guía, en distintos tamaños.
- Trazar las letras en la mano del participante para que adivine cuál se ha realizado.
- Indicar dónde está una parte de una letra. Por ejemplo, indicar dónde está la parte redonda de "d" o de la "b", señalándola con la mano izquierda (d) o derecha (b).

Estas actividades se realizaban, fundamentalmente, con los ojos tapados. Solo al final de la sesión se trabajaba durante un rato con los ojos abiertos. Durante la realización del trazado en papel o en el aire, el investigador repetía el sonido de las letras y también solicitaba al alumnado que lo dijese.

Los resultados del alumnado entrenado con estos procedimientos fueron mejores que los del grupo de control. Además, el aprendizaje se generalizó y los errores se redujeron en otras letras no simétricas. Pero la parte más sorprendente es que los mejores resultados fueron obtenidos por un subgrupo que, además de recibir este entrenamiento, realizó dos horas de siesta cada día.

Conocer más

TORRES, A. R.; MOTA, N. B.; ADAMY, N.; NASCHOLD, A.; LIMA, T. Z.; COPELLI, M.; WEISSHEIMER, J.; PEGADO, F., y RIBEIRO, S. (2021): "Selective inhibition of mirror invariance for letters consolidated by sleep doubles reading fluency". *Current Biology*, 31(4), 742-752.

¿Qué sabemos sobre tipo de letra, pautas y escritura con teclado?

Curiosamente, en España y varios países de Hispanoamérica, forma parte de nuestra cultura el hecho de que la letra manuscrita ligada[20] es la que se emplea para enseñar a leer y escribir. No solo eso, sino que se ha desarrollado una especie de mitología alrededor de la letra ligada que le otorga beneficios aparentemente razonables, como que se traza más rápido, que ayuda a evitar errores por separación o unión incorrecta de las palabras, que se corresponde mejor con los movimientos de la mano… y otros beneficios más esotéricos, como que ayuda a formar el carácter o desarrolla la capacidad cognitiva. Pero un motivo de peso para mantener la letra manuscrita ligada en la enseñanza inicial de la lectura y la escritura es la inercia: reproducción de la forma como muchos aprendimos y el motivo de "siempre se ha hecho así".

Si uno no ha estado expuesto a otras posibilidades, puede resultar sorprendente encontrarse con que hay países en los que, con toda naturalidad, se enseña a leer y a escribir con caracteres que calificaríamos como letra suelta o "de palo", un tipo de letra muy sencillo que se asemeja a la letra de imprenta en el que no se unen los caracteres que forman las palabras. Inglaterra, Estados Unidos, Canadá o Finlandia son algunos países en los que sucede eso.

---

[20] Este tipo de letra también se conoce como letra corrida o cursiva. Esta última denominación es más confusa porque letra cursiva se puede referir a un estilo de *letra inclinada*, sin necesidad de que los caracteres que forman una palabra estén unidos entre sí.

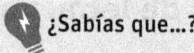

¿Sabías que...?

La historia de la enseñanza de la lectura muestra propuestas muy variadas

Desde la popularización de la imprenta hasta finales del siglo XIX, incluso en los primeros años del siglo XX, la enseñanza de la lectura del español se hacía con letras de imprenta, al menos eso es lo que se percibe en las cartillas o silabarios de aquellas épocas. Aquí podemos ver tres ejemplos:

| 1787 | 1818 | 1844 |

Imágenes procedentes de los fondos de la Biblioteca Nacional de España.

Terminando el siglo XIX se populariza algo que hoy nos resulta familiar: la enseñanza combinada de la lectura y la escritura, o lo que se conoce como enseñanza simultánea. En las últimas décadas del XIX y las primeras del XX hay una notable riqueza de propuestas pedagógicas, y si consultamos los materiales que se utilizaban para la enseñanza de la lectura, nos encontraremos con que algunos usaban la letra de imprenta, otros combinaban la letra de imprenta y la ligada, y también aparecen métodos que utilizan únicamente o de forma predominante la letra ligada.

Uno de los problemas que tenían aún nos lo encontramos en algunos lugares: la escritura se hacía con letra manuscrita ligada mientras que los libros o periódicos estaban escritos con tipos de imprenta. Aunque parece que no había muchas opciones, se plantearon alternativas como las siguientes:

• Enseñar a leer y escribir con letra de imprenta mayúscula.
• Enseñar a leer y escribir con letra de imprenta minúscula.
• Enseñar a leer y escribir con letra ligada.
• Enseñar a leer con letra de imprenta y a escribir con letra ligada.
• Enseñar a leer y escribir con letra de imprenta y letra ligada.

¿Nos sorprende encontrarnos en esta lista con la enseñanza de la lectura y escritura en letra mayúscula? Aunque solemos creer que es una idea moderna, aparecen en la clasificación de formas de hacer enseñanza simultánea que publicó Gregorio Torres en 1906.

En algunos países, como España, se va imponiendo el predominio de la letra ligada para la enseñanza inicial por distintas razones. La principal es que enseñar un solo tipo de letra es más fácil que enseñar dos. También hay que tener en cuenta que en aquella época el método principal de comunicación personal era el correo, de modo que leer textos manuscritos era bastante más común que en la actualidad.

En el año 1901 se publicó el *Método Palmer de caligrafía comercial*, que se editó en español en 1949. Su objetivo era enseñar una forma de escritura en letra cursiva (ligada) clara y rápida. Aunque ya se utilizaba la máquina de escribir, en el trabajo "de oficina" muchas tareas se realizaban escribiendo a mano. Otra característica que nos evoca el método Palmer es que la escritura se hacía con pluma. El bolígrafo no comenzó a popularizarse hasta los años cuarenta.

En Estados Unidos era común introducir la enseñanza de la escritura ligada después de los primeros cursos de primaria, hacia el tercero o cuarto curso. El currículo *Common Core*, que comenzó a introducirse en 2010 (y que no respaldan todos los estados) hizo que la enseñanza de la letra ligada dejara de ser obligatoria. Esto fue mal acogido en algunos sectores de la población. Fuera de las posibles razones pedagógicas, había una razón política: el texto original de la Constitución del país está escrito con letra ligada y ser capaz de leerlo es una especie de deber patriótico. Varios estados han mantenido como obligatoria la enseñanza de la letra ligada.

Resulta difícil hacerse una idea de qué tipografía se utiliza para enseñar a escribir en los distintos países. Hay casos en los que existe un tipo de letra oficial, pero es fácil encontrar diferencias regionales o lugares en los que conviven distintos tipos de letra, incluyendo algunas tipografías diseñadas para poder escribirse tanto de forma suelta como ligada.

Podemos encontrar razones para defender cualquiera de las opciones, pero los datos comparativos son muy escasos. No obstante, conviene revisar lo poco que podemos tener claro, así que vamos a intentar resumirlo. La mayor parte de la investigación sobre el aprendizaje de la caligrafía se ha realizado en países anglosajones, donde se suelen considerar tres sistemas:

- *Traditional manuscript* (letra de palo[21]): caracteres sencillos con formas redondeadas y rectas, bastante similares a la letra de imprenta.
- *Cursive*: letra ligada.
- *Slanted manuscript*: letra inclinada que se suele plantear como transición entre la letra de palo y la letra ligada.

La investigación realizada hasta la fecha no llega a conclusiones respecto a qué tipo de letra es el más adecuado para la enseñanza de la escritura. Distintas revisiones, realizadas entre 1980 y 2022, reiteran que no hay razones empíricas para considerar que el aprendizaje en un tipo de letra sea más ventajoso que en otro.

En una revisión de Steve Graham y Lamoine Miller, publicada en 1980, se indica que:

- El uso inicial de la letra de palo permite un aprendizaje de la lectura y una precisión en la escritura (*spelling*) similar al que se obtiene con la letra ligada.
- En algunas investigaciones se aprecia que facilita el aprendizaje de la lectura.
- El aprendizaje inicial de la letra de palo no impide o dificulta el aprendizaje posterior de la escritura ligada.
- La letra de palo es más rápida y fácil de aprender. También es más legible que la ligada.

---

[21] También se traduce como "letra manuscrita"» o "letra Script".

- Con el mismo tiempo de práctica, la letra de palo se escribe con una velocidad similar a la cursiva.
- Al escribir muy deprisa, la letra de palo se deteriora menos que la letra ligada.

Como desventajas, señalan que:
- El alumnado que aprende la lectoescritura con letra de palo tiene más dificultades para leer la letra ligada.
- Algunas investigaciones indican que los adultos escriben la letra ligada más rápido que la de palo.
- Los padres suelen preferir que sus hijos no utilicen la letra de palo tras la Educación Primaria.

Respecto a la primera desventaja, Graham y Miller indican que es posible aprender a leer letra ligada sin saber escribirla. Además, podríamos añadir que también se ha documentado el efecto paralelo: quienes aprenden a escribir con letra ligada rinden peor en tareas de reconocimiento de letras o lectura de palabras que se presentan con letra impresa.

En relación con el tercer punto, resulta curioso cómo en países en los que predomina la enseñanza inicial de la escritura con letra de palo, la letra ligada parece una forma más madura de escribir, mientras que donde preferimos la enseñanza inicial con letra ligada, tendemos a considerarla como más infantil que la letra suelta.

Las investigadoras canadienses Heidi Schwellnus, Debra Cameron y Heather Carnahan publicaron en 2012 una revisión sobre si elegir letra de palo o letra ligada, encontrando ventajas e inconvenientes en ambos tipos.

Por ejemplo, en la letra de palo es más fácil confundir caracteres muy similares, como "b" y "d" o "p" y "q". En la letra ligada, los caracteres que tienen mucha curvatura y cambios de dirección resultan más difíciles de aprender ("k", "s" o "x").

Su conclusión es que con los datos que encuentran no es posible tomar una decisión y recomiendan a terapeutas ocupacionales y educadores que se preocupen por incrementar el tiempo de práctica y la estructuración de las intervenciones más que por el formato de la escritura.

La revisión más reciente que conocemos es de 2022. En ella, Loïc Pulido y Pascale Thériault, de la Universidad de Quebec, continuaron el trabajo de Schwellnus, Cameron y Carnahan, revisando la investigación publicada a partir de 2012. Entre sus conclusiones, encontramos que:
- El alumnado que aprende a escribir con letra de palo lo hace más deprisa y adquiere un buen conocimiento de las letras antes que el alumnado que aprende otras formas de escribir. Ese menor tiempo de aprendizaje no afecta negativamente a la legibilidad.

- El alumnado que aprende a escribir con letra ligada mejora más en la corrección en la escritura de palabras y oraciones.

Sin embargo, Pulido y Thériault advierten de que esas conclusiones están basadas en una cantidad muy reducida de investigaciones, de modo que deberían considerarse con precaución.

Quizá lo más relevante de todo esto es que en más de 40 años apenas se han realizado estudios comparativos con buena calidad que fundamenten los beneficios que se pueden obtener con el aprendizaje de un determinado tipo de letra.

También se puede ver aquí cómo apenas ha habido interés por propuestas de enseñanza de la lectura y la escritura empleando la letra mayúscula. Eso no quiere decir que tal cosa no se practique. Las mayúsculas son un recurso transitorio para que niños de corta edad o con dificultades en el control del trazo puedan realizar letras, al ser de mayor tamaño y más simples de construir que las minúsculas. Algunas puestas en práctica del enfoque constructivista alientan el uso de este tipo de letra, pero quizá sea algo que solo se dé en países hispanohablantes.

Conocer más

- GRAHAM, S., y MILLER, L. J. (1980): "Handwriting research and practice: a unified approach". *Focus on Exceptional Children*, 13(2), 1-16.
- PULIDO, L., y THÉRIAULT, P. (2022): "Manuscript and/or cursive: the contribution of research conducted since 2012 on handwriting instruction". *Journal of Occupational Therapy, Schools, & Early Intervention*, 1-17.
- SCHWELLNUS, H.; CAMERON, D., y CARNAHAN, H. (2012): "Which to choose: manuscript or cursive handwriting? A review of the literature". *Journal of Occupational Therapy, Schools, & Early Intervention*, 5, 248-258.

¿Qué sabemos sobre guías, pautas y cuadrículas?

En la enseñanza inicial de la escritura es común utilizar ayudas como las pautas o las cuadrículas con la intención de conseguir una letra homogénea en tamaño, dispuesta en líneas horizontales, con espacios regulares entre ellas y que no ocupe los márgenes de la hoja.

En el aprendizaje inicial de la escritura parece razonable intentar conseguir objetivos como los siguientes:
- producir una escritura legible por uno mismo y por los demás;
- escribir con agilidad: con una velocidad rápida que no produzca un deterioro de la legibilidad y dedicando poca atención al control del trazo, de modo que esta se pueda emplear en los procesos ortográficos y de composición del texto;
- ser capaz de escribir en distintos tamaños;
- ser capaz de escribir sobre distintas guías (papel rayado, papel cuadriculado, recuadros, huecos, casillas, zonas sombreadas, etc.) y también sin guía.

Etimológicamente, la palabra "caligrafía" se refiere a una escritura bella. En ocasiones, en la escuela se ha hecho mucho énfasis en este aspecto convirtiéndolo en el criterio principal para valorar el progreso en la escritura. La prioridad de la caligrafía se ha justificado presentándola como un indicador de buen gusto, sensibilidad, orden, disciplina, etc. En realidad, no hay constancia de que exista relación entre esos rasgos y la habilidad para reproducir con precisión un modelo caligráfico.

No tenemos nada en contra de que el alumnado escriba con una letra bonita, siempre que lo consiga con un esfuerzo razonable y que favorezca, en lugar de dificultar, la expresión a través de la escritura. Una letra legible y realizada con agilidad es suficiente.

Existen distintos tipos de pauta y no hay razones de peso para considerar que unas sean mejor que otras. Lo poco que se puede decir con algo de seguridad es que pueden ayudar a mejorar la calidad de la letra y que una pauta ancha ha dado buenos resultados en estudios realizados con alumnado entre 3.º de Educación Infantil y 3.º de Educación Primaria, pero no todos se benefician de esa medida.

La escritura en cuadrícula —siguiendo las líneas guía— puede funcionar cuando se utiliza letra ligada, porque el cuadro que queda entre algunas letras es ocupado por el enlace. En cambio, hacer la letra de palo en este tipo de pauta resulta poco satisfactorio, a no ser que se ignore la referencia de las líneas verticales.

En la enseñanza inicial de la escritura es más común utilizar pautas con líneas horizontales. Cuando la pauta está formada por más de una línea puede haber problemas para interpretarla. Por ejemplo, Whitney Reidlinger, Catherine Candler y Marsha Neville realizaron un estudio con alumnado de 1.º de Educación Primaria en el que compararon el uso de la pauta de dos líneas y la pauta de cuatro líneas.

No encontraron diferencias en la forma, legibilidad o espaciado de su letra, pero sí que se encontraron problemas con el tamaño en quienes utilizaron la pauta de dos líneas: algunos participantes interpretaron que la línea superior indicaba la altura máxima de la letra.

También puede ocurrir que algunas personas no identifiquen correctamente la línea básica de la pauta, algo que puede mejorar si se utiliza algún recurso gráfico para destacarla, como hacerla más gruesa, colorearla o que las líneas adicionales aparezcan punteadas.

Conocer más

- REIDLINGER, W.; CANDLER, C., y NEVILLE, M. (2012): "Comparison of differently lined paper on letter production quality in first graders". *Journal of Occupational Therapy, Schools, & Early Intervention*, 5(2), 155-164.

¿Habría que enseñar a escribir con teclado?

No hay que olvidar que escribir es una forma de codificar información representándola con letras y otros signos. La forma concreta de realizar esos signos puede ser variada. Hay formas de escritura directas, en las que se traza la letra. Actualmente nos resulta muy familiar hacerlo, por ejemplo, con un bolígrafo y un papel, pero el soporte y el material para el trazado pueden ser otros. A lo largo de la historia hemos escrito con una pluma sobre papiro, con un punzón en la arcilla, con un cincel en una piedra y de otras muchas formas.

Por otra parte, existen formas de escritura que podemos llamar mecánicas, en las que no trazamos la letra directamente, sino que, de alguna forma, realizamos una acción para que aparezca ahí: colocando tipos móviles de imprenta, empleando el teclado de una máquina de escribir u ordenador, incluso mediante sistemas de dictado con reconocimiento de voz.

Las personas entrenadas en mecanografía escriben, generalmente, más rápido y con menos errores que quienes utilizan teclados sin haber entrenado esta habilidad. En los años setenta y ochenta del siglo xx, las mecanógrafas profesionales alcanzaban velocidades de entre 60 y 90 palabras por minuto.

Vivek Dhakal, Anna Feit, Per Kristensson y Antti Oulasvirta han realizado la recopilación de datos sobre mecanografía más grande que existe hasta el momento. Recogieron los resultados de una prueba realizada a 168 000 voluntarios de cerca de 200 países, encontrando una velocidad de escritura media de 52 palabras por minuto. No había diferencias en la velocidad ni en el número de errores de los participantes que afirmaban haber realizado algún curso de mecanografía y de los que indicaban no haberlo hecho.

Gordon Logan, Jana Ulrich y Dakota Lindsey han encontrado que adultos que utilizan los dedos de forma estándar, según se enseña en los métodos de mecanografía, alcanzan una velocidad media de 80 palabras por minuto, mientras que quienes utilizan otras formas de escribir, normalmente utilizando menos de 8 dedos, alcanzan una velocidad media de 72 palabras por minuto si pueden ver el teclado.

Además de que las diferencias no son grandes, hay que tener en cuenta que cuando personas hábiles en mecanografía deben componer un mensaje, en lugar de copiarlo o escribirlo al dictado, su velocidad de escritura desciende notablemente.

Estos datos hacen que Gordon Logan se cuestione si merece la pena enseñar mecanografía en las escuelas: "los beneficios de un entrenamiento temprano pueden ser insuficientes para superar los costes que tendría para el alumnado y el sistema educativo".

> **Conocer más**
>
> - DHAKAL, V.; FEIT, A. M.; KRISTENSSON, P. O., y OULASVIRTA, A. (2018, abril): "Observations on typing from 136 million keystrokes". *Proceedings of the 2018 CHI Conference on Human Factors in Computing Systems.*
> - LOGAN, G. D.; ULRICH, J. E., y LINDSEY, D. R. (2016): "Different (key)strokes for different folks: how standard and nonstandard typists balance Fitts' law and Hick's law". *Journal of Experimental Psychology. Human Perception and Performance,* 42(12), 2084-2102.

Escritura manual y reconocimiento de las letras

Susana Araújo, Miguel Domingues y Tânia Fernandes, de la Universidad de Lisboa, publicaron en 2022 un metanálisis de 50 estudios que muestran que la escritura manual favorece el reconocimiento de las letras, tanto en alumnado que está iniciándose en el aprendizaje de la lectura y la escritura como en adultos.

Aparentemente, nuestro conocimiento de las letras está formado por una amalgama de información: visual, motora y simbólica. Durante la lectura, al menos en la lectura de texto manuscrito, activamos en nuestro cerebro los patrones motores de la escritura manual para ayudarnos a reconocer los caracteres.

No creemos que nadie esté planteando entrenar en mecanografía al tacto al alumnado de Educación Infantil o de Educación Primaria, sino, más bien, se trata de utilizar teclados como herramientas de escritura o de sustituir algunas actividades de escritura manual por escritura en teclado.

Se han realizado varias investigaciones en las que se compara la escritura manual con la escritura en teclado, encontrando que recordamos mejor la información si escribimos notas o apuntes a mano que si lo hacemos con teclado. En cambio, el teclado permite una escritura más rápida (puede que no sea así en la etapa escolar) y parece favorecer nuestra expresión escrita haciendo que realicemos textos más largos y estructurados, con mayor riqueza de vocabulario y menos errores.

En la siguiente tabla podemos ver resultados de estudios que comparan la escritura manual y en teclado en alumnado de Educación Infantil o de los primeros cursos de Educación Primaria, para ver qué diferencias se encuentran. Los dos primeros estudios son descriptivos. En ellos, simplemente, se comparan los resultados en una tarea de escritura realizada a mano o con teclado. En cambio, en los restantes se realiza algún tipo de enseñanza o entrenamiento, de escritura manual o en teclado, y después se evalúa cómo realizan ciertas tareas los grupos que han recibido cada tipo de instrucción.

Comparaciones entre escritura manual y en teclado				
Estudio	Edad o curso	Mejor resultado con escritura a mano	Mejor resultado con escritura en teclado	Sin diferencias significativas
Berninger et al. (2006)	1.º de Educación Primaria		Velocidad y precisión en la escritura del alfabeto	
Connelly et al. (2007)	3.º de Educación Infantil a 2.º de Educación Primaria	Velocidad de copia de texto		
Longchamp et al. (2004)	3 a 5 años	Reconocimiento de letras		
Kiefer et al. (2015)	3.º de Educación Infantil	Escritura de palabras		Reconocimiento de letras, nombrado de letras, escritura de letras, lectura de palabras
Mayer et al. (2020)	3.º de Educación Infantil	Reconocimiento de letras, habilidades visoespaciales		Lectura de palabras, escritura de palabras

---

Conocer más

El metanálisis sobre escritura manual y reconocimiento de las letras lo encontramos en:

- ARAÚJO, S.; DOMINGUES, M., y FERNANDES, T. (2022): "From hand to eye: a meta-analysis of the benefit from handwriting training in visual graph recognition". *Educational Psychology Review*, 34, 1577-1612.

También podemos encontrar información en español sobre este tema en:

- IBAIBARRIAGA, G., y ACHA, J. (2022). Escritura manual o en teclado: ¿puede influir en el desarrollo de la lectura? *Ciencia Cognitiva*, 16(3), 71-73.

Las referencias a los estudios de esta tabla son:

- BERNINGER, V. W.; ABBOTT, R. D.; JONES, J.; WOLF, B. J.; GOULD, L.; ANDERSON-YOUNGSTROM, M.; SHIMADA, S., y APEL, K. (2006): "Early development of language by hand: composing, reading, listening, and speaking connections; three letter-writing modes; and fast mapping in spelling". *Developmental Neuropsychology*, 29, 61-92.
- CONNELLY, V.; GEE, D., y WALSH, E. (2007): "A comparison of keyboarded and handwritten compositions and the relationship with transcription speed". *British Journal of Educational Psychology*, 77(2), 479-492.
- KIEFER, M.; SCHULER, S.; MAYER, C.; TRUMPP, N. M.; HILLE, K., y SACHSE, S. (2015): "Handwriting or Typewriting? The influence of pen- or keyboard-based writing training on reading and writing performance in preschool children". *Advances in Cognitive Psychology*, 11(4), 136-146.
- LONGCAMP, M.; ZERBATO-POUDOU, M. T., y VELAY, J. L. (2005): "The influence of writing practice on letter recognition in preschool children: a comparison between handwriting and typing". *Acta Psychologica*, 119(1), 67-79.
- MAYER, C.; WALLNER, S.; BUDDE-SPENGLER, N.; BRAUNERT, S.; ARNDT, P. A., y KIEFER, M. (2020): "Literacy training of kindergarten children with pencil, keyboard or tablet stylus: the influence of the writing tool on reading and writing performance at the letter and word level". *Frontiers in Psychology*, 10, 3054.

Subiendo de nivel

Como los temas que se han tratado en torno a la enseñanza inicial de la escritura han sido bastante diversos, para esta sección hemos pensado en presentar algunas investigaciones, variadas, pero realizadas con hispanohablantes de Educación Infantil o de los primeros cursos de Educación Primaria.

En la Universidad de La Laguna, en España, se han realizado algunos estudios sobre escritura con participantes de 1.º a 3.º de Educación Primaria. Los tres que vamos a presentar tienen en común que utilizan tareas del test EGWA (Early Grade Writing Assesment) y en todos ellos ha participado Celia Morales.

Comenzamos con dos tareas de copia en las que se comparaba el uso de la letra de palo y de la letra ligada. En la primera participaba alumnado de 1.º a 3.º de Primaria y se trataba de escribir el alfabeto. Cada participante elegía el modelo (letra de palo o letra ligada) que consideraba que le resultaba más fácil y que creía que podía copiar más rápido. Quienes eligieron la letra de palo realizaron la tarea con mayor velocidad que quienes escogieron la letra ligada. En el primer caso, en cada curso la velocidad era significativamente mayor que en el curso anterior. Pero en el caso de la letra ligada las diferencias en velocidad entre los cursos no fueron significativas.

La cantidad de errores por omisión de trazos fue mayor en quienes copiaron letras de estilo ligado. En cambio, la cantidad de errores por adición de trazos fue mayor en el alumnado de 1.º y 2.º que utilizaba letra de palo. La diferencia no fue significativa en 3.º.

Al tratarse de una tarea de copia de letras no se tiene en cuenta una posible ventaja de la letra ligada que, según algunas personas, sería la escritura más rápida de palabras completas. Tampoco se consideraron errores que no fueran de tipo gráfico (omisión o adición de rasgos), como podría ser la sustitución de una letra por otra.

El segundo estudio fue posterior y utilizó una muestra de solo 19 participantes, mucho más pequeña que el grupo de 779 que se evaluó en el estudio que acabamos de comentar.

En este caso, todos estudiaban en la misma escuela, 9 en un aula con alumnado de 1.º y 2.º de Educación Primaria y 10 en un aula de 6.º curso. La tarea que se propuso fue de copia de palabras.

La cantidad de errores de adición de rasgos fue significativamente mayor en la letra de palo en el grupo de 1.º y 2.º, pero no en el de 6.º. Los errores de omisión de rasgos fueron mayores en la letra ligada. En este caso, la diferencia fue significativa en 6.º curso, pero no en 1.º y 2.º. Los problemas en la alineación de las letras no resultaron significativos en ninguno de los dos grupos.

Las diferencias en velocidad de escritura no llegaron a ser significativas. Los errores en las letras fueron más abundantes en 1.º y 2.º cuando utilizaban la letra de palo. En 6.º, la diferencia no fue significativa. Según la poca información sobre estos errores, los más abundantes fueron la omisión de letras o la inversión de letras.

La tercera investigación compara escritura manual y con teclado. Se trata de la tesis doctoral de Celia Morales, en la que recogió datos de 1164 estudiantes de 1.º a 3.º de Primaria. Las pruebas utilizadas fueron escribir las letras minúsculas del alfabeto (se ponía como modelo la mayúscula), copiar palabras, escribir el abecedario de memoria y dictado de palabras con problemas ortográficos.

En las dos primeras tareas, en las que había que copiar, la exactitud y la fluidez de escritura fueron mayores al utilizar el teclado en todos los cursos. Además, las diferencias con la escritura manual aumentaban considerablemente en cada curso.

En 1.º de Primaria no hubo diferencias en la fluidez de escritura del alfabeto de memoria, pero en 2.º y 3.º la fluidez fue mayor con la escritura manual. La exactitud en el dictado de palabras fue mayor en la escritura manual en todos los cursos.

Las conclusiones de la autora son que la escritura en teclado supone una ventaja en tareas que se centran en procesos de movimiento, mientras que la escritura manual produce mejores resultados en tareas con mayor demanda lingüística y cognitiva.

Conocer más

- MORALES, C. (2015): *Estudio evolutivo de las habilidades de transcripción en las modalidades de escritura con papel y lápiz vs. teclado de ordenador en niños de Educación Primaria* [Tesis de doctorado. Universidad de La Laguna]. RIULL.
- MORALES, C.; GIL, V.; SUÁREZ, N.; GONZÁLEZ, D., y JIMÉNEZ, J. E. (2014): "Fluidez y exactitud en la copia de letras del alfabeto (manuscrita vs. cursiva): un estudio transversal". *International Journal of Developmental and Educational Psychology*, 1(6), 485-492.
- MORALES-RANDO, C.; PÉREZ-JORGE, D.; STRBOVÁ, L., y ARIÑO-MATEO, E. (2021): "Manuscript *vs* cursive writing. Learning to write in primary education". *Education*, 3(13), 1-13.

No olvides

- [ ] La escritura emergente o uso de formas de escritura inventadas o rudimentarias parece favorecer al aprendizaje de la escritura alfabética.
- [ ] El entrenamiento más eficiente de la grafomotricidad parece ser el que tiene como actividad principal el trazado de las letras. La práctica repetida de las letras sin intención comunicativa no parece necesaria para desarrollar una escritura legible y fluida, pero permite la detección temprana de dificultades y la aplicación de medidas de refuerzo.
- [ ] La práctica de la escritura de las letras es eficaz cuando combina varias actividades, como el modelado (observación de cómo se traza la letra), exposición de los atributos críticos que diferencian la letra de otras similares, ayudas como puntos para repasar, flechas que indican las direcciones o incluso ayuda física; práctica repetida en copia y de memoria, autoevaluación, y refuerzo.
- [ ] La pinza del lápiz que opone el pulgar con los dedos índice y corazón, llamada "pinza trípode", es adecuada para escribir con agilidad, aunque hay otras alternativas que también son válidas. Sobre esto es importante que la pinza utilizada permita la estabilidad de la herramienta de escritura y realizar movimientos precisos y controlados.
- [ ] Se puede enseñar a escribir tanto con letra ligada como con letra suelta "de palo". Las razones por las que se da preferencia a una u otra suelen ser culturales y es muy escasa la investigación que haya comparado ambas formas de enseñanza.
- [ ] Las pautas o cuadrículas pueden ser una ayuda para conseguir una letra legible y fluida, pero los datos son escasos y no permiten recomendar un tipo de pauta concreto. Más bien parece que es algo individualizado: no todo el alumnado se beneficia de la misma propuesta.
- [ ] La escritura con teclado permite una mayor velocidad que la escritura manual, aunque los resultados no son unánimes, pero la escritura manual mejora el reconocimiento de las letras, de modo que parece favorecer la lectura. El mero hecho de utilizar teclados habitualmente parece permitir una fluidez de escritura suficiente para muchas actividades de escritura, sin necesidad de un entrenamiento sistemático que supondría una ventaja en actividades de copia y de escritura sin ver el teclado.

Capítulo once

Los inicios de la comprensión lectora

Como ya habrás aprendido en este libro, los datos empíricos indican que la decodificación precisa y fluida es una condición necesaria (aunque no suficiente) para la comprensión lectora. Sin embargo, una buena enseñanza inicial de la lectura no debería descuidar la comprensión; de hecho, los programas que incluyen el trabajo de la comprensión parecen obtener mejores resultados, incluso en decodificación.

¿Por qué es importante profundizar en esto?

A muchas personas les sorprende la propuesta de trabajar la comprensión lectora con alumnado que aún no se ha iniciado en el aprendizaje formal de la lectura. Los currículos escolares pueden fomentar la idea de que existen distintas comprensiones, ya que distinguen entre comprensión oral y comprensión lectora. Aunque esto pueda tener una utilidad didáctica, conceptualmente no es muy adecuado. Aunque la comprensión oral y la comprensión lectora tienen características que las diferencian, es mucho más lo que comparten.

La comprensión lectora es el resultado de múltiples procesos y conocimientos. Entre ellos se pueden distinguir dos grandes líneas o tipos de procesos que se desarrollan de forma paralela: los de decodificación, que ya hemos tratado de forma extensa, que nos permiten leer de manera fluida, y los de comprensión, que en el alumnado prelector se manifiestan en el desarrollo del lenguaje y la comprensión oral.

Una vez que aceptamos eso, nos encontramos con el problema de saber o decidir qué habilidades de comprensión lectora desarrollamos con quienes se están iniciando en la lectura. Para la enorme importancia que se da a la comprensión lectora, los currículos escolares suelen ser muy parcos a la hora de graduar o temporalizar su enseñanza.

¿Qué importancia tiene para la comprensión lectora aprender a leer correctamente y con fluidez?

Ahora te vamos a poner prueba:

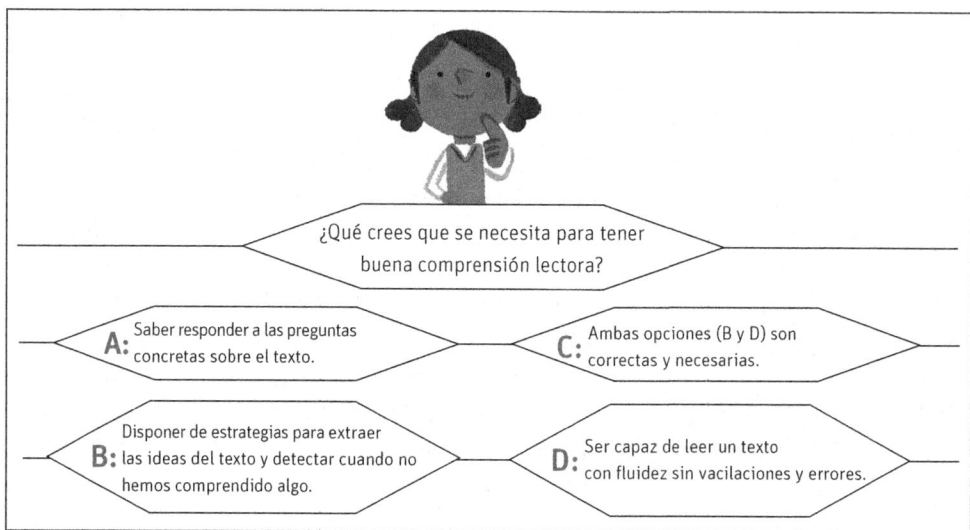

¿Qué crees que se necesita para tener buena comprensión lectora?

A: Saber responder a las preguntas concretas sobre el texto.

C: Ambas opciones (B y D) son correctas y necesarias.

B: Disponer de estrategias para extraer las ideas del texto y detectar cuando no hemos comprendido algo.

D: Ser capaz de leer un texto con fluidez sin vacilaciones y errores.

Antes de anunciar la respuesta correcta, vamos a pensar en las nociones y habilidades que debe tener un buen conductor. Para conducir bien tenemos que aprender el significado de las señales de tráfico (sobre todo de las más abstractas). También debemos saber normas que no aparecen escritas en las señales, como, por ejemplo, que no se puede adelantar por la derecha o que no está bien permanecer en el carril del medio si no estamos adelantando a ningún coche. Por supuesto tenemos que conocer las vías por las que circulamos, las rutas más comunes y otras alternativas. Además de eso debemos ser habilidosos con el volante, el cambio de marchas (si el coche no es automático), los pedales y otros controles. Todo esto es necesario para poder conducir, pero para tener el título de "buen conductor/a" debemos saber hacer todo esto automáticamente y con soltura, es más, debemos tener la capacidad para detectar fallos y corregirlos; por ejemplo, debemos recalcular nuestra ruta cuando nos hemos equivocado o debemos realizar frenados de emergencia cuando vemos que hay un atasco o estar en alerta por si otro conductor hace alguna maniobra incorrecta y poder prevenir que choque con nuestro coche.

Cuando tratamos de comprender un texto también necesitamos muchos conocimientos y habilidades; por ejemplo tenemos que descifrar las letras en sonidos (decodificar) de la misma manera que un conductor maneja el volante y las marchas, debemos entender el lenguaje y la sintaxis de la misma forma que un conductor entiende lo que significan las señales, debemos saber que se lee de izquierda a derecha y que se para de leer en los puntos de la misma manera que un conductor sabe que no se puede adelantar por la derecha, pero además ¡debemos hacer todo esto lo más automáticamente posible para que no terminemos agotados con la lectura y podamos disfrutar del viaje y comprender la historia!, eso sí, siempre con precaución, monitorizando que hemos entendido lo que hemos leído y releyendo o preguntando cuando nos hemos perdido en nuestro camino hacia la comprensión lectora.

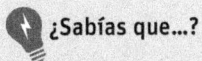 **¿Sabías que...?**

El modelo DRIVE compara la lectura con la conducción

En las formaciones al profesorado sobre lectura y comprensión utilizamos con frecuencia esta analogía entre lectura y conducción. No es algo original e ignoramos quién pudo ser la persona que la comenzó a utilizar o que la popularizó. Pero sí sabemos que existe un modelo llamado DRIVE (*deploying reading in varied environments*) que está basado en la metáfora de que leer es conducir.

Este modelo fue publicado en 2019 por Kelly Cartwright y Nell Duke y desarrolla la idea de que los lectores, como los conductores, realizan una actividad cotidiana, con un carácter estratégico y activo, en la que se despliegan diferentes procesos para alcanzar destinos de distintas formas y en condiciones variables.

Sus autoras establecen más de 25 paralelismos, siendo los cuatro principales:
1. El propósito de la lectura es el destino del viaje.
2. Los textos son carreteras.
3. El lector es el conductor y también el vehículo.
4. El contexto de la lectura es el contexto de la conducción.

Entre los paralelismos hay algunos relacionados con los capítulos anteriores de nuestro libro, por ejemplo:
• Los conocimientos sobre la lectura, los textos y los materiales impresos son los conocimientos sobre el funcionamiento del coche y del tráfico.
• Los conocimientos de decodificación y reconocimiento de palabras son las ruedas.
• Las habilidades fonológicas son la huella de los neumáticos.
• La fluidez lectora son los ejes.

Conocer más
• Cartwright, K. B., y Duke, N. K. (2019): "The DRIVE model of reading: making the complexity of reading accessible". *The Reading Teacher*, 73(1), 7-15.

En definitiva, y dejando atrás la analogía planteada, leer supone una habilidad compleja que requiere que se automaticen algunos procesos y nociones previas, pero sobre todo requiere de una estrategia en donde se tenga claro el lugar a donde se quiere llegar, es decir, que el lector tenga claro lo que quiere extraer del texto. Sería inadecuado leer de la misma forma para preparar una receta de cocina, para entender cómo se juega a un juego de mesa o las estadísticas que nos hablan de la nueva situación económica a la que nos enfrentamos. No va a haber buena lectura hasta que ambos hitos, "estrategia" y "automatización de las habilidades", se den simultáneamente, pues de la misma manera que un conductor novel que todavía no ha automatizado su conducción estará pendiente de las marchas y los pedales y no disfrutará del viaje, un lector novel ocupará sus recursos cognitivos en descifrar las letras y ensamblarlas en palabras y apenas podrá ocuparse de comprender el texto y poner en marcha habilidades más complejas de monitorización que faciliten su entendimiento.

Aproximadamente entre los 4 y 7 años el alumnado está preparado para desarrollar las habilidades de decodificación, que se automatizarán con la práctica y que van a favorecer el aprendizaje de otros procesos necesarios para la comprensión del texto. En este punto serán muy importantes las habilidades de lenguaje: haber alcanzado un desarrollo del vocabulario y la sintaxis que permita comprender frases con estructuras simples y complejas. También se necesitarán otras habilidades cognitivas que denominamos funciones ejecutivas, entre las que se encuentran la memoria de trabajo, el control inhibitorio, el control atencional, la flexibilidad cognitiva o la planificación, entre otras. Las funciones ejecutivas están muy relacionadas con la autorregulación o capacidad de:

1. Plantearse objetivos de lectura.
2. Supervisar si se está comprendiendo el texto y si se están alcanzando los objetivos.
3. Tomar decisiones para mejorar la comprensión del texto o solucionar problemas de comprensión (por ejemplo, decidir releer alguna parte del texto).
4. Reflexionar sobre la actividad realizada y su eficacia.

Por tanto, es necesario manejar mucho más que una buena decodificación para conseguir una buena comprensión lectora.

Una vez leído esto, podemos volver a la pregunta: "¿Qué crees que se necesita para tener una buena comprensión lectora?". La alternativa A ("Saber responder a las preguntas concretas sobre el texto") es atractiva porque con mucha frecuencia evaluamos y trabajamos la comprensión lectora realizando preguntas sobre lo leído. Sin embargo, descartamos esta opción: responder correctamente a preguntas sobre el texto sería la manifestación o la consecuencia de una buena comprensión, incluso eso sería relativo y dependería de la calidad de las preguntas. Uno puede leer el texto más difícil, oscuro e incomprensible que encuentre y responder correctamente a preguntas superficiales como "¿Cuántas páginas tiene el texto?" o "¿Cómo se titula?".

La alternativa B ("disponer de estrategias para extraer las ideas del texto y detectar cuándo no hemos comprendido algo") es muy convincente. La enseñanza de estrategias de comprensión es la forma de mejorar la comprensión lectora con mayor respaldo empírico. Además, lo que se describe en esta alternativa se corresponde muy bien con el concepto de autorregulación que acabamos de presentar.

La alternativa D ("Ser capaz de leer el texto con fluidez, sin vacilaciones ni errores") también es interesante. Según lo que hemos explicado, la capacidad para decodificar el texto de forma precisa y automáticamente es algo necesario para una buena comprensión lectora; ya lo experimentamos en el capítulo uno al leer cosas como "GZR CDRBHEQZCÑ DK LDMRZID".

Por tanto, la opción B sería una buena respuesta, la opción D sería una buena respuesta y la opción C (B y D son correctas) sería la respuesta más completa, aunque probablemente no recoge todo lo que se necesita para tener una buena comprensión lectora. También se necesita tener vocabulario, conocimientos o estar familiarizado con estructuras sintácticas complejas, entre otras muchas cosas.

¿Cómo evoluciona la comprensión durante la Educación Infantil?

En la década de 1970 se desarrollaron teorías de la automatización que daban por supuesto que quien fuera inteligente y tuviera conocimientos suficientes entendería los textos tras conseguir una lectura fluida. Estas teorías asumen que nuestra capacidad para procesar los textos es limitada. Si necesitamos concentrarnos y esforzarnos para leer correctamente, estamos en una situación en la que la decodificación del texto ocupa la mayor parte de esa capacidad de procesamiento. El esfuerzo cognitivo necesario para decodificar el texto no nos permite centrarnos en la comprensión del texto, una situación muy común en quienes están comenzando a leer.

La habilidad de decodificación se puede automatizar por medio de la práctica y, entonces, se liberan recursos cognitivos que permiten centrarse en la comprensión del texto. Aquí hay algo interesante: estas teorías proponen que para comprender el texto es necesario descifrarlo de manera fluida y sin esfuerzo, pero no es eso lo que produce la comprensión. La lectura fluida y automática favorece la comprensión lectora porque libera recursos de procesamiento que permiten que se pongan en marcha procesos de comprensión.

En la década de 1980 se comenzó a desarrollar el modelo simple de lectura, que presentamos en el capítulo uno. Este modelo propone que hay unas habilidades de comprensión que se desarrollan de forma independiente a las habilidades de decodificación; la comprensión lectora será el fruto de la interacción entre ambos conjuntos de habilidades.

¿Cuáles son estas habilidades de comprensión que ya existen cuando se inicia la enseñanza formal de la lectura? Como hemos señalado al inicio de este capítulo, el buen lector necesitará manejar habilidades del lenguaje. Estas fueron identificadas por el modelo simple de lectura con la comprensión oral o, más recientemente, con el desarrollo del lenguaje. Eso significa que en las habilidades de comprensión podemos distinguir componentes como:

- El vocabulario.
- La sintaxis.
- El razonamiento verbal, especialmente la capacidad inferencial.
- La capacidad para reconocer la estructura del texto.

Vamos a detenernos en cada una de ellas.

El vocabulario

La adquisición de vocabulario ha sido muy estudiada en la etapa de 0 a 3 años. Llegados al segundo ciclo de Educación Infantil se da por supuesto que el vocabulario aumenta por la experiencia con las palabras, sin que parezca haber una secuencia típica de desarrollo.

Se aprenden palabras de diferentes categorías gramaticales (nombres, verbos, adjetivos, etc.) y es muy común que se aprenda una palabra representativa de una categoría, por ejemplo "barco", y a partir de ella se incorporen términos más generales ("vehículo", "transporte") y específicos ("velero", "remolcador").

En la escuela es muy común presentar familias de nuevas palabras: alimentos, oficios, animales, ropa, etc. Eso puede tener un interés didáctico, pero no hay datos de que esta forma de presentación sea necesaria o más eficaz para el aprendizaje de vocabulario.

La sintaxis

Al comenzar la Educación Infantil, la mayor parte del alumnado ya tiene un conocimiento morfosintáctico considerable: percibe errores de concordancia, conjuga parcialmente verbos o es capaz de cambiar el género y el número de palabras nuevas.

En su libro *El desarrollo del lenguaje de 0 a 3 años*, Gerardo Aguado indica que, a los dos años y medio, la mayoría de los niños que observó utilizaban:

- Oraciones con las formas sujeto + verbo, sujeto + verbo + predicado, sujeto + verbo + complemento directo, sujeto + verbo + complemento adverbial.
- Preguntas, incluyendo el uso de partículas interrogativas, especialmente "qué".
- Oraciones negativas.
- Verbos en imperativo, presente de indicativo, pretérito perfecto (compuesto) de indicativo y gerundio.
- Concordancias de género, número y persona en los verbos.
- Demostrativos "este/esta", "ese/esa", que también se emplean con función de pronombres.
- Pronombres personales.
- Adjetivo indefinido "otro".
- Adverbios "sí" y "no".

Asumiendo que los recursos menos utilizados serán los que se desarrollen durante la Educación Infantil, en esta etapa se desarrollarían:

- Formación del plural de palabras terminadas en consonante ("narices", "relojes").
- Tiempos verbales simples: pretérito imperfecto de indicativo, pretérito indefinido (perfecto simple), futuro simple o potencial simple.
- Conjugación de verbos irregulares frecuentes.
- Oraciones interrogativas con las partículas "dónde, quién, cómo, por qué, cuándo o cuánto".
- Voz pasiva.
- Oraciones comparativas.
- Oraciones coordinadas y subordinadas.
- Complemento indirecto.

- Adjetivos posesivos.
- Pronombres reflexivos.
- Perífrasis verbales, como ir a + infinitivo.

Es importante tener en cuenta que la mayor parte de nuestras referencias acerca del desarrollo morfosintáctico infantil son sobre la producción, es decir, proceden de observaciones y registros de lo que los niños y las niñas dicen.

Al concluir la Educación Infantil, el alumnado ya muestra en su lenguaje oral un extenso dominio de la morfosintaxis. Sin embargo, aún puede mejorar en el uso de elementos que se utilizan más en la lengua escrita que en la lengua oral, como las formas verbales compuestas, el modo subjuntivo o conectores como "no obstante" o "siempre y cuando".

Conocer más

• Aguado, G. (1995): *El desarrollo del lenguaje de 0 a 3 años. Bases para un diseño curricular en la Educación Infantil.* CEPE.

Construcción de inferencias

Al hablar de la construcción de inferencias nos referimos a la combinación de la información que proporciona el discurso (oral, escrito e incluso una imagen) con nuestros propios conocimientos (inferencia con conocimiento previo) o a la posibilidad de conectar información dentro del discurso o texto (inferencia textual). Las inferencias permiten dar coherencia al discurso y enriquecer la representación de su contenido.

Ejemplos de inferencias

Inferencia con conocimiento previo:

• Con relato: *La tarta de cumpleaños de Pedro tenía 4 velas. ¿Cuántos años cumplía Pedro?*

• Con imagen:

¿Por qué corre el cerdito?

Inferencia textual:

María sacó a Pancho a pasear. Cuando terminó el paseo el perro no quería volver a casa. ¿Cómo se llamaba el perro de María?

Está documentado que el alumnado de Educación Infantil es capaz de responder correctamente a preguntas inferenciales tras escuchar una historia o ver capítulos de dibujos animados. También hay datos experimentales que hacen pensar que somos capaces de inferir desde edades muy tempranas, incluso antes de ser capaces de hablar.

La habilidad de realizar inferencias útiles para la comprensión de los textos se desarrolla con la edad, pero el cambio parece ser más cuantitativo que cualitativo.

Por ejemplo, se ha estudiado cómo el alumnado de Educación Infantil es capaz de establecer relaciones causales entre sucesos que ocurren en un capítulo de una serie de dibujos animados. En cambio, el alumnado de Educación Primaria es capaz de establecer relaciones causales entre distintos episodios.

También se ha encontrado una diferencia en el tipo de relaciones causales que se establecen. Inicialmente resulta más fácil inferir relaciones causales de tipo físico en momentos concretos de la historia. Por ejemplo, si "el jarrón se cayó y se rompió", la razón por la que se ha roto es que se ha golpeado con fuerza al caerse. Después de la Educación Infantil, el alumnado ya es bastante solvente estableciendo relaciones a partir de hechos o componentes más abstractos, especialmente los que tienen que ver con las intenciones o los sentimientos de los personajes. Por ejemplo, si en un episodio una niña no quiere hablar con su amiga, puede inferir que se siente ofendida, ya que en otro episodio anterior esta amiga se burló de ella.

Quienes han estudiado estos procesos de comprensión suelen considerar que este cambio no se debe a la aparición de la capacidad de hacer un nuevo tipo de inferencias, sino a que, con la edad, se han vivido más experiencias y se tiene un mayor conocimiento del mundo (tras haber vivido varias experiencias de enfado con amigos, sé que si una amiga se enfada conmigo, es probable que no quiera que tengamos un trato amistoso). Además, la mejoría en la capacidad de procesamiento de la información que acompaña el desarrollo infantil permite recordar mayor cantidad de información, durante más tiempo, de modo que se pueden relacionar informaciones más distantes.

Estructura del texto

Ser sensible a la estructura de los textos ayuda a comprenderlos, recordarlos y también a escribir textos de mayor calidad. Normalmente, los niños y las niñas son sensibles a la estructura narrativa antes de comenzar la Educación Infantil y lo que se puede hacer durante esta etapa es enseñarles a identificar sus elementos fundamentales en los textos, según se verá en la próxima sección sobre estrategias.

Aunque la investigación sobre comprensión de estructuras textuales en la Educación Infantil se ha centrado en la narrativa, la práctica habitual y algunos escasos datos nos indican que también se pueden interpretar estructuras expositivas, como la de secuencia o la descripción. Sin embargo, el trabajo de identificación de estas estructuras y sus componentes es más propio de las etapas posteriores.

¿Qué estrategias de comprensión enseñamos antes y durante la enseñanza formal de la lectoescritura?

Ya hemos mencionado que la enseñanza y práctica de estrategias de comprensión es la forma de mejorar la comprensión lectora más respaldada por la investigación, así que es algo que conviene tener muy en cuenta. La mayor parte de esa investigación se ha llevado a cabo con alumnado que realiza cursos a partir de 3.º o 4.º de Educación Primaria, así que podemos preguntarnos si hay estrategias de comprensión que se pueden utilizar en cursos anteriores y si merece la pena hacerlo.

Aunque la investigación sobre la eficacia de estrategias de comprensión en la Educación Infantil y los primeros cursos de Educación Primaria sea más reducida, revisándola podemos responder afirmativamente a esas preguntas: sí que se pueden practicar algunas estrategias de comprensión en esos cursos y, además, parece ser algo productivo.

En el capítulo tres mencionamos la agencia inglesa de educación basada en evidencias Education Endowment Foundation (EEF). Esta organización tiene una guía sobre alfabetización inicial para los cursos de 3.º de Educación Infantil a 2.º de Educación Primaria, que en Inglaterra forman la etapa Key Stage 1. Esta guía, titulada *Improving literacy in Key Stage 1*, propone enseñar cinco estrategias de comprensión:

1. Activar conocimientos previos.
2. Hacer predicciones.
3. Hacerse preguntas.
4. Aclarar el significado de palabras u oraciones.
5. Resumir.

Si no entendemos "resumir" como la elaboración de una síntesis escrita, sino como contar brevemente de forma oral el contenido de una parte del texto, estas cinco estrategias pueden ser utilizadas con alumnado prelector. No obstante, tenemos que tomar esta recomendación con bastantes precauciones. En primer lugar, en otras guías de la EEF destinadas a cursos superiores, incluso a la Educación Secundaria, se siguen recomendando las mismas estrategias. Tampoco se aportan pruebas de que estas deban ser las primeras estrategias que haya que enseñar o de que sean las más adecuadas para quienes se están iniciando en la lectura. En algunos casos, apenas hay información sobre su eficacia en distintas edades; en otros, las evidencias disponibles señalan que podemos confiar en su utilidad en alumnado a partir de los 8 o 9 años de edad.

Existen otras agencias de educación basada en evidencias, destacando especialmente la estadounidense What Works Clearinghouse. También se pueden consultar trabajos de revisión y síntesis, en los que se intenta establecer la eficacia de intervenciones educativas buscando y combinando los resultados de distintas investigaciones. En uno de nuestros trabajos anteriores, titulado *Un marco para el desarrollo de la competencia lectora*, hemos intentado recopilar las actuaciones útiles para la mejora de la lectura en las distintas etapas del sistema educativo. En cuanto a estrategias de comprensión, en Educación Infantil aparecen:

- Activación de conocimientos previos.
- Predicciones.
- Aclaraciones o estrategias para inferir el significado de palabras desconocidas, incluyendo la enseñanza de la morfología.
- Construcción de inferencias durante la lectura compartida.
- Reconocimiento de la estructura del texto narrativo.

En los dos primeros cursos de Educación Primaria presenta:

- Activación de conocimientos previos.
- Predicciones.
- Aclaraciones o estrategias para inferir el significado de palabras desconocidas, incluyendo la enseñanza de la morfología.
- Hacerse preguntas sobre el texto.
- Construcción de inferencias.
- Reconocimiento de la estructura del texto narrativo.
- Reconocimiento de estructuras del texto expositivo.
- Metacognición: planificación, autosupervisión y autoevaluación o reflexión sobre el proceso de lectura.

Escribir resúmenes está documentado como una estrategia útil a partir del tercer curso de Educación Primaria, de modo que podemos pensar que hacer resúmenes orales puede ser útil en edades anteriores. De este modo ya tenemos más seguridad de que las estrategias de comprensión propuestas por la EEF pueden ser adecuadas para el alumnado prelector o que se inicia en la lectura y, de propina, hemos encontrado algunas estrategias más.

Conocer más

- BILTON, C., y TILLOTSON, S. (2020): *Improving literacy in Key Stage 1*. Education Endowment Foundation.
- RIPOLL, J. C. (2023): *Un marco para el desarrollo de la competencia lectora*. Ministerio de Educación, Formación Profesional y Deportes.

---

1. Activación de conocimientos previos

La comprensión de un texto no consiste en trasvasar la información que contiene a nuestra mente. Si fuera así, todo el mundo entendería los textos de la misma forma y siempre que leyéramos el mismo texto entenderíamos exactamente lo mismo. En realidad, durante la comprensión combinamos la información del texto con nuestros propios conocimientos. Nuestro alumnado también tiene conocimientos, por sus experiencias, por lo que han aprendido en clase o en otras situaciones, incluyendo lo que han aprendido escuchando lecturas.

Saber algo no significa necesariamente que vamos a tener presente ese conocimiento cuando sea necesario, por eso puede ser útil hacer una activación de conocimientos antes de la lectura. Tener presente información clave sobre el texto ayudará a dar sentido, organizar y recordar la nueva información que aparezca en el texto. Activar conocimientos para la lectura es que se manifiesten de alguna forma.

Vamos a partir de la historia de *El traje nuevo del emperador*, para ejemplificar las estrategias a trabajar. Este sencillo cuento nos sitúa en otra época con otras costumbres. Para comenzar a trabajar esta historia podemos intentar hacer aparecer información clave haciendo preguntas al grupo:

- ¿Qué es un emperador?
- ¿Cómo pensáis que iba vestido un emperador?
- ¿Quién hace la ropa?, ¿cómo se hace?
- ¿Qué es un sastre?

2. Predicciones

Las predicciones consisten en anticipar lo que se va a encontrar en el texto. Se pueden hacer antes de comenzar a leerlo o durante la lectura. Para hacer predicciones antes de leer el texto se proporciona algún tipo de información sobre su contenido. Por ejemplo, se muestra la portada, se echa un vistazo a las ilustraciones o se lee el título, la sinopsis o las primeras líneas del texto. Tras eso se lanzan preguntas como:

- ¿De qué tratará este cuento?
- ¿Qué personajes hay?
- ¿Qué crees que va a pasar?

Para hacer predicciones durante la lectura basta con detenerse y hacer una pregunta general como "¿Qué va a suceder ahora?" o más específica "¿Qué crees que responderá el emperador a los sastres?".

La elaboración de predicciones suele complementarse con la comprobación de si, posteriormente, se cumplen o no.

3. Hacerse preguntas

En esta estrategia, el alumnado genera sus propias preguntas que le ayudan a entender o profundizar en el significado del texto. Hay autores, como Garvin Brod, que al revisar la investigación sobre la eficacia de estrategias de comprensión llegan a la conclusión de que hacerse preguntas puede tener un efecto negativo en alumnado de cursos inferiores a 4.º de Educación Primaria y que no solo muestra un claro efecto positivo en el alumnado universitario.

Esto resulta desconcertante, ya que hemos visto otras fuentes que la recomiendan como estrategia inicial. Creemos que la discrepancia se debe al tipo de textos y preguntas que se utilicen. Preguntarse dónde sucedió una historia no está al mismo nivel que preguntarse si hay inconsistencias en una argumentación. Aquí nos estamos refiriendo a preguntas sencillas y, normalmente, creadas a partir de un repertorio de modelos.

Es muy común partir de las preguntas informativas: qué, quién, cuándo, dónde, cómo y por qué, y también preguntarse por los elementos clave de la narración:

- ¿Quiénes son los personajes principales?
- ¿Dónde se desarrolla la historia?
- ¿Sobre qué trata la historia?
- ¿Cuáles son los problemas o conflictos?
- ¿Cómo termina la historia?

De cualquier manera, son muy interesantes las preguntas que haga espontáneamente el alumnado como "¿Qué es un telar?" o "¿Por qué un personaje lleva plumas en el gorro?". Lejos de considerarlas como una interrupción de la lectura, hay que tomarlas como oportunidades para entender el texto.

Conocer más

• Brod, G. (2021): "Generative learning: Which strategies for what age?" *Educational Psychology Review*, 33(4), 1295-1318.

4. Hacer aclaraciones

Hemos visto que este epígrafe se refiere a intuir o averiguar el significado de palabras u oraciones que no resultan comprensibles. Normalmente se utiliza con palabras (por ejemplo, "telar" o "bribones" en la historia del emperador) o expresiones poco familiares o que se utilizan de una forma a la que no estamos acostumbrados.

En realidad, lo que llamamos estrategia de aclaraciones es un conjunto de posibles procedimientos o recursos entre los que tenemos:

- Encontrar claves en el contexto (otras partes del texto o ilustraciones).
- Intentar sustituir la palabra problemática por otra expresión que dé sentido al texto.
- Descomponer la palabra en partes (raíz, prefijos o sufijos) que puedan dar pistas sobre su significado.
- Buscar el significado en el diccionario o preguntar a alguien que conozca la palabra.

Supongamos que el texto dice:

En lugar de reírse del ridículo emperador que paseaba orgulloso, la gente se mostraba admirada por la *grandiosidad* del traje, que nadie veía.

Supongamos que alguien no conoce el significado de la palabra "grandiosidad". En primer lugar, se puede aprovechar la información que tenemos: los sastres han utilizado materiales muy caros y mucho dinero, y la gente admira el traje.

En segundo lugar, podríamos hacer como que esa palabra no está ahí y tenemos que completar el texto: "la gente se mostraba admirada por la _____ del traje": "belleza" o "elegancia" pueden funcionar bien.

Recurrir a la morfología también puede ayudar. En "grandiosidad" podemos identificar fácilmente dos partes: "grand-" y "-osidad". La primera nos hace pensar en palabras como "grande", "grandísimo" o "agrandar". La segunda parte la encontramos en palabras como "curiosidad" o "generosidad", que son la cualidad de ser curioso o generoso. Entonces "grandiosidad" querría decir que el traje es grande, aunque esto no se refiere a su talla.

Consultar el diccionario no es una habilidad que se trabaje en estas edades, pero si lo hiciéramos en el de la Real Academia Española no avanzaríamos mucho, ya que define grandiosidad como "admirable grandeza, magnificencia". El texto ya decía que la gente admiraba el traje y la palabra "magnificencia" es posible que no sea más conocida que "grandiosidad".

Por último, al preguntar, las respuestas pueden ser variadas, quizá no tan precisas como las definiciones de los diccionarios, pero, seguramente más útiles, ya que normalmente intentamos dar una definición comprensible y adecuada para el uso que se está haciendo de la palabra. Un recurso para animar al alumnado a preguntar por el significado de palabras nuevas es jugar a los "descubridores de palabras". Si en una lectura alguien identifica una palabra desconocida para la clase (ningún compañero es capaz de explicarla bien), se pondrá esa palabra en un panel o corcho en la clase junto con la foto o el nombre de quien la ha descubierto.

5. Construcción de inferencias

Hay propuestas didácticas que establecen que la comprensión tendría que trabajarse en distintas fases: literal, inferencial y crítica, sin pasar al siguiente nivel hasta que el anterior esté bien asentado. Creemos que este planteamiento es incorrecto, ya que hemos visto cómo está documentado que el alumnado de Educación Infantil puede realizar inferencias correctamente, aunque no al mismo nivel que personas adultas.

Por ejemplo, en *El traje nuevo del emperador*, la mayoría de los personajes tienen comportamientos absurdos como admirar una tela que no existe, pasarse varios días haciendo como que trabajan o elogiar el traje de un hombre que está desnudo. Para que todo esto tenga sentido hay que considerar lo que estos personajes piensan y sienten: "tienen miedo de que el emperador diga que son tontos" o "mucha gente repite lo mismo que hace la mayoría, aunque no sepa por qué".

Veamos el siguiente fragmento:

Los dos bribones hacían funcionar el telar durante todo el día, aunque este estaba vacío. De vez en cuando pedían seda, hilo de plata y de oro. Cuando estaban solos, iban escondiendo en un cofre las preciosas mercancías y continuaban trabajando en el telar vacío.

Podríamos preguntar:

- ¿Qué eran las preciosas mercancías que metían los bribones en el cofre?
- ¿Qué van a hacer con el cofre?

Son preguntas de distintos tipos porque hay diferentes clases de inferencias, pero todas tienen en común que la respuesta no aparece de forma explícita o literal en el texto.

Entre los factores que favorecen el que se realicen inferencias adecuadas en estas edades tenemos estos:

- El alumnado debe tener los conocimientos necesarios: si no sabes que la seda era muy valiosa, es improbable que creas que los bribones querían robarla. La activación de conocimientos previos favorece la creación de inferencias.
- Es conveniente que las informaciones clave del texto estén próximas: si la seda y los hilos de oro y plata se hubieran mencionado varios párrafos antes, sería difícil relacionarlos con las preciosas mercancías.
- Las inferencias relacionadas con hechos físicos, como que si piden muchos materiales necesitan un saco grande, son más fáciles que las relacionadas con la mente de los personajes, es decir con sus pensamientos, deseos, sentimientos, etc. Como ejemplo de estas inferencias mentales, encontramos en la historia que todos los adultos adulan al emperador por su traje nuevo porque saben que si dicen que no lleva traje, los tratarán de tontos e ignorantes. Mientras que la niña ve la realidad y es la única que dice que el emperador se pasea en ropa interior.

6. Reconocimiento de la estructura del texto

Desde temprana edad, los seres humanos somos sensibles a la estructura del texto narrativo. Esta estrategia aprovecha esa sintonía para enseñar a identificar los componentes básicos de los textos narrativos:

1. Localización, en la que se puede considerar el lugar y el tiempo.
2. Personajes, entre los que se puede destacar a los protagonistas.
3. Objetivo que quieren alcanzar los protagonistas o problema que se les presenta.
4. Intentos para conseguir lo que se pretende, con su resultado.
5. Obstáculos o nuevos problemas.
6. Situación final.

Desde otra perspectiva podemos distinguir: planteamiento (componentes 1, 2 y 3), nudo (componentes 4 y 5) y desenlace (componente 6). También se podría añadir como componente importante los sentimientos de los personajes en las distintas fases de la historia.

Dos recursos muy relacionados entre sí para identificar y utilizar los elementos de la estructura del texto narrativo son el mapa de la narración y el uso de señales para marcar los distintos componentes de la estructura en el propio texto.

El mapa de la narración es un esquema en el que aparecen los componentes básicos de la narración, que pueden ser los que acabamos de señalar, aunque es posible variar esta propuesta. En cada componente se escribe cómo se concreta en la historia que se está leyendo. Por ejemplo, en "objetivo", pondríamos que el emperador quiere ser admirado por su traje. Cabe la posibilidad de completar el esquema con imágenes o con una mezcla de imágenes y escritura.

Para señalar los componentes de la estructura en el propio texto se utilizan tarjetas con iconos que representan cada elemento. Hay maestras que prefieren utilizar tarjetas de colores con el nombre del componente ("lugar", "personaje", "problema", etc.) si observan que los iconos causan interferencias al alumnado, por ejemplo, que representar la situación final con una línea de meta haga que algunos piensen en una carrera.

Las estructuras expositivas son las de listado, secuencia, descripción, comparación, causa y efecto, y problema y solución. Normalmente, se suelen introducir a edades más tardías, aunque hemos visto que también se ha documentado su trabajo en los primeros cursos de Educación Primaria. La estructura de secuencia en la que se exponen los hechos en orden cronológico tiene cierto parecido con la estructura narrativa. También es común que las narraciones incluyan apartados de descripción, de modo que introducir estas estructuras no sería algo forzado.

En 2014, Macarena Silva, Katherine Strasser y Kate Cain publicaron un artículo con datos de una investigación sobre el recontado de una historia realizada con alumnado chileno de Educación Infantil, tomando como referencia el cuento *Un niño, un perro y una rana*, de Mercer Mayer. En este estudio utilizaron preguntas sobre los elementos básicos de la narración. Vamos a tratar de adaptar las preguntas a la historia de *El traje nuevo del emperador*.

Preguntas sobre los elementos básicos de la narración	
Elemento	**Preguntas**
Personajes	¿Cuáles son los personajes de la historia?
Localización	¿Dónde sucede esta historia?
Pensamientos	¿En qué crees que piensa el emperador cuando le dicen que le van a hacer el mejor traje del mundo? (identificación) ¿Por qué pensaría eso? (elaboración)
Diálogo	¿Qué piensas que estará diciendo el sastre al emperador? (identificación) ¿Por qué estará diciendo eso? (elaboración)
Suceso inicial	Dime lo que pasa cuando el emperador visita el telar. (identificación) ¿Por qué es esto una parte importante de la historia? (elaboración)
Problema	Si le estuvieras contando esta historia a un amigo ¿qué dirías que pasa ahora? (identificación) ¿Por qué sucedió eso? (elaboración)
Sentimientos	¿Qué crees que siente el emperador cuando está frente al espejo? (identificación) ¿Por qué piensas eso? (elaboración)
Resolución	¿Qué sucedió cuándo el emperador salió a la calle? (identificación) ¿Por qué pasó eso? (elaboración)
Predicción	Esta es la última imagen de la historia. ¿Qué crees que sucede después? (identificación) ¿Por qué piensas eso? (elaboración)
Tema	Piensa en todo lo que has aprendido con este libro. ¿Qué les dirías al emperador para que no le vuelva a pasar lo mismo? (identificación) ¿Por qué le dirías eso? (elaboración)

Conocer más

• SILVA, M.; STRASSER, K., y CAIN, K. (2014): "Early narrative skills in Chilean preschool: questions scaffold the production of coherent narratives". *Early Childhood Research Quarterly*, 29(2), 205-213.

7. Resumen

Elaborar un buen resumen de un texto es una habilidad muy compleja que muchas veces nos resulta difícil a personas adultas con formación superior. Obviamente, no esperamos llegar a ese nivel con el alumnado que se inicia en el aprendizaje de la lectura y la escritura. Aquí nos referimos a una forma rudimentaria de resumen: el recontado. Se trata de volver a narrar la historia o una parte de ella. Si el relato es algo extenso y complejo, es difícil que pueda ser repetido literalmente. Eso hace que el alumnado se suela centrar en el contenido principal o más llamativo.

Además, la calidad del resumen será mejor si trabajamos previamente las preguntas informativas, la estructura del texto o utilizamos algún organizador gráfico que la ilustre. Por ejemplo, podemos utilizar la mano de la historia (*story hand*), que plantea preguntas sobre aspectos clave de una narración:

- ¿Quién?
- ¿Cuándo?
- ¿Dónde?
- ¿Qué ocurre?
- ¿Por qué ocurre?
- ¿Cómo lo solucionan?
- ¿Qué sentimientos tienen los personajes?

Bueno, las manos no tienen tantos dedos, así que debemos hacer una selección de preguntas que nos resulten útiles, como en este ejemplo.

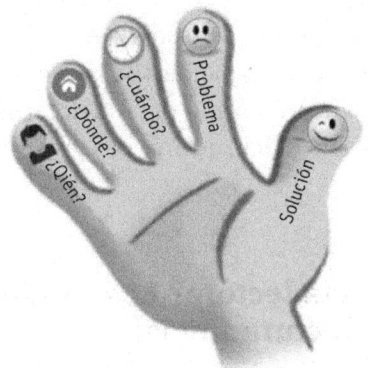

Al final de la sección anterior sobre la estructura del texto presentamos una lista de preguntas utilizadas en la investigación liderada por Macarena Silva en Chile. Un resultado interesante de ese estudio es que el alumnado que respondió a las preguntas antes de intentar recontar la historia la narró con más coherencia que el alumnado que primero recontó el cuento y después contestó a las preguntas.

8. Metacognición

Al igual que sucedía con las autopreguntas o el resumen, también puede ser extraño que presentemos la metacognición como estrategia para alumnado que se está iniciando en la lectura. Hay especialistas en comprensión que consideran que las estrategias metacognitivas, en las que se reflexiona sobre cómo se realiza el proceso de lectura, deberían reservarse para edades más avanzadas, quizá para adolescentes. El debate es complicado porque los especialistas aún no se han puesto de acuerdo en qué y cuáles son las estrategias metacognitivas.

Lo que proponemos aquí es algo muy dirigido por el profesorado en tres momentos clave:

1. **Antes de leer el texto:** una fase de planificación en la que podemos aprovechar algunas de las estrategias anteriores: activación de conocimientos previos, predicciones y autopreguntas. En un trabajo metacognitivo puede ser interesante convertir las autopreguntas en objetivos. Los textos narrativos los solemos leer con un propósito de entretenimiento, pero podemos plantearnos saber qué tenía de especial el traje nuevo o si el emperador lo consiguió.

2. **Durante la lectura** realizamos una autosupervisión o monitorización de la comprensión, es decir, tratamos de darnos cuenta de si estamos comprendiendo o no lo que estamos leyendo. Esto se puede hacer realizando paradas para preguntarnos si nos ha quedado claro lo que se ha leído, si hemos encontrado alguna dificultad, si seríamos capaces de volver a contarlo o de responder a preguntas sobre el contenido. Por ejemplo, "¿el ministro vio la tela que estaban fabricando?".

3. **Después de la lectura** llega un momento de reflexión o autoevaluación sobre lo que hemos hecho: ¿somos capaces de responder a nuestras preguntas iniciales?, ¿hemos encontrado problemas?, ¿qué hemos hecho para solucionarlos? Así veremos qué estrategias hemos utilizado para mejorar la comprensión del texto, como volver a leer un pasaje difícil, aclarar el significado de alguna expresión o hacer inferencias.

¿Qué es la competencia lectora? Los modelos de PISA y PIRLS aplicados a la lectura inicial

A lo mejor el nombre de "estrategias de comprensión" y el respaldo experimental que hemos mencionado que tienen nos hacen suponer que con estas estrategias ya llegamos al mayor nivel posible de comprensión. En esta sección vamos a ver que las cosas son un poco más complejas. Volvamos a la metáfora de la conducción. En el modelo DRIVE de lectura, la supervisión de la propia comprensión se corresponde con el cuadro de indicadores del coche y el conocimiento de la estructura del texto con el conocimiento del estado del tráfico.

Un buen conductor tiene que hacer caso a esos datos, pero manejarlos bien no implica que se vaya a llegar al destino. Podríamos seguir con los paralelismos y proponer que plantearse objetivos de lectura equivale a tener un destino en el viaje. Pero la conducción competente parece exigir algo más: orientarse por lugares desconocidos, buscar rutas alternativas cuando hay un atasco o un corte en la vía, elegir itinerarios con distintos criterios (más rápido, más barato, más interesante...). También hay quien añadiría la característica de disfrutar en los viajes.

Como ya hemos nombrado anteriormente, el modelo DRIVE indica que el equivalente al conductor estratégico es el lector estratégico, pero leer estratégicamente es más que conocer y aplicar estrategias. Según la tarea de lectura que estemos realizando y su finalidad, la forma de realizarla será una u otra. Por ejemplo, la finalidad de leer la lista de la compra no es saber leerla en voz alta delante de los abuelos para que vean lo bien que leemos. Leerla bien y comprender su contenido es importante, pero si no conseguimos comprar lo que necesitamos para la casa, no habremos cubierto el objetivo de la lectura. Este es el terreno de la competencia lectora.

El concepto de competencia lectora se ha popularizado con las evaluaciones educativas internacionales. Las más importantes son:

- PISA (Programme for International Student Assessment), que evalúa cada tres años la competencia de alumnado de 15 años en tres áreas: ciencias, lectura y matemáticas. Ocasionalmente valora otras competencias como la de lengua extranjera, el pensamiento creativo o la competencia financiera.
- PIRLS (Progress in International Reading Literacy Study), que hace cada cinco años una comparación internacional del nivel de lectura del alumnado de 4.º curso de Educación Primaria.

Lo que más nos interesa aquí es cómo definen la competencia lectora los marcos de estas evaluaciones y cuáles son los procesos que incluyen en ella. La primera edición de la evaluación PISA se realizó en 2000 y se centró en la lectura. En 2009 y 2018 volvió a evaluar con mayor profundidad la competencia lectora. En cada una de estas ocasiones se actualizó el marco de lectura. La última definición de competencia lectora antes de escribir este libro fue la de la edición de 2018: "la comprensión, el uso, la evaluación, la reflexión y el compromiso con los textos, con el fin de alcanzar los propios objetivos, desarrollar el conocimiento y el potencial personales, y participar en la sociedad".

El marco de lectura distingue dos tipos de procesos, los de procesamiento del texto y los de gestión de tareas. Aquí podemos ver la representación gráfica del modelo:

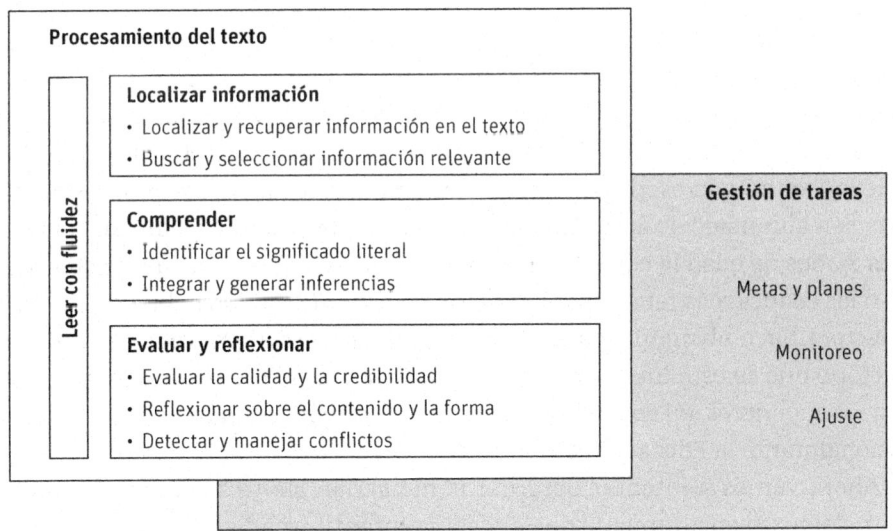

Por otra parte, el marco conceptual de PIRLS 2021 indica que "la competencia lectora es la habilidad para comprender y utilizar las formas lingüísticas escritas requeridas por la sociedad y/o valoradas por el individuo. Los lectores son capaces de construir significado a partir de una variedad de textos. Leen para aprender, para participar en las comunidades de lectores del ámbito escolar y de la vida cotidiana, y para su disfrute personal".

La evaluación de esta competencia se centra en dos propósitos de lectura y en cuatro procesos de comprensión. Los propósitos de lectura son:

1. Leer por la experiencia literaria.
2. Leer para adquirir y usar información.

Los cuatro procesos de comprensión son:

1. Localización y obtención de información explícita.
2. Extracción de conclusiones directas.
3. Interpretación e integración de ideas e informaciones.
4. Análisis y evaluación del contenido y los elementos textuales.

Hay bastantes coincidencias entre el marco de PIRLS y el de PISA. Aunque el segundo es más complejo, en las ediciones en las que la evaluación no se centra en la competencia lectora se utiliza una versión simplificada basada en tres tipos de procesos: localizar información, comprender y evaluar y reflexionar. Por tanto, podríamos decir que ambos modelos coinciden en tres niveles de procesamiento del texto para la comprensión:

1. Localizar o interpretar información literal del texto.
2. Integrar información del texto.
3. Valorar, evaluar o reflexionar sobre el texto.

Resulta interesante ver cómo un modelo pensado para evaluar a alumnado de Educación Primaria plantea los mismos niveles de comprensión que otro modelo destinado al alumnado de Educación Secundaria. Puede parecer fuera de lugar que presentemos estos modelos, sobre todo el de PISA, en un libro sobre enseñanza inicial de la lectura y la escritura. Vamos a intentar justificarnos: la prueba PIRLS se realiza con alumnado de aproximadamente 9 años de edad. Está claro que entre los 3 y los 8 años de edad la comprensión es más limitada que en edades posteriores y que en las edades más tempranas de ese rango no tiene sentido hablar de comprensión lectora. Sin embargo, no parece que los procesos de comprensión del alumnado prelector o que se está iniciando en la lectura sean diferentes de los del alumnado de cursos superiores, tal como hemos visto en la sección "¿Cómo evoluciona la comprensión durante la Educación Infantil?".

Ahora vamos a intentar describir cómo serían los tres niveles de procesamiento del texto en alumnado de Educación Infantil, añadiendo, además, el nivel de gestión de tareas que propone PISA, tal como se representa en la siguiente imagen.

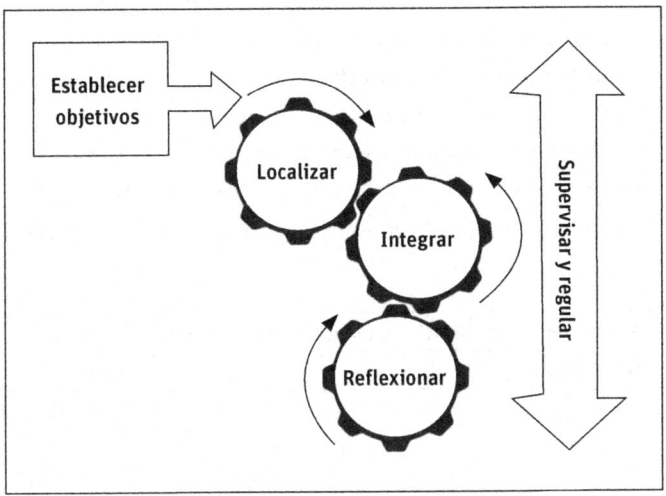

Los lectores competentes deben lograr tener un buen dominio de estos niveles en Educación Primaria. En nuestra experiencia como docentes en distintos niveles hemos visto muchas veces que hay alumnado, incluso de niveles superiores, que es capaz de comprender y responder preguntas literales, pero tiene muchas dificultades en preguntas inferenciales o de reflexión. No es extraño que cuando se plantea una pregunta cuya respuesta no es literal, los niños y las niñas (incluso los adolescentes y jóvenes universitarios) nos digan "eso no está en el texto".

Probablemente esto se debe a que no han sido instruidos o formados en comprensión inferencial, supervisión de la lectura y evaluación de objetivos. Por tanto, teniendo en cuenta esta necesidad de mejora, con todas las adaptaciones y precauciones necesarias, creemos que se debería trabajar este esquema desde los primeros acercamientos a la lectura, aunque hemos de reconocer que existe muy poca investigación sobre los efectos de un trabajo así.

Aunque pueda parecer reiterativo, ya que algunas de las estrategias se han descrito en apartados anteriores, vamos a desarrollar los tres niveles de procesamiento.

Localizar o interpretar información literal del texto

Entre las tareas de lectura más sencillas tenemos las de localizar o recordar información que aparece literalmente en el texto. Cuando una persona adulta lee con un niño o niña y, de forma espontánea, le hace preguntas sobre el texto, es muy común que estas preguntas se centren en la información literal del relato. Por ejemplo, preguntamos cómo se llama el protagonista, dónde vive o qué tiene que buscar; informaciones que aparecen claramente en el texto. También hay materiales educativos para el trabajo de la comprensión en los que predomina este tipo de preguntas.

Centrarnos exclusivamente en la búsqueda o el recuerdo de información literal puede llevar a una comprensión poco profunda, más parecida a una lista de detalles que a una representación de la información del texto. Pero, por otra parte, es improbable que podamos avanzar mucho en la integración o la valoración de la información de un texto si no somos capaces de comprender su información literal.

El alumnado de Educación Infantil puede practicar la localización e interpretación de información literal de distintas formas, como las que aparecen en la siguiente tabla.

Actividades de localización e interpretación de información literal	
Actividades	**Ejemplos**
Localizar un texto concreto.	En una estantería: ¿Cuál es el cuento de los tres cerditos? En el tablón de clase: ¿Dónde está la lista de encargados?
Identificar una información específica en una imagen, un mapa o una infografía.	¿Cuál es la casa de paja?
Identificar elementos básicos de la estructura de una narración.	¿Dónde vive el cerdito carpintero?
Identificar y recuperar información relevante para una actividad.	Tras leer la lista de equipos: ¿en qué equipo estás? Tras leer el menú del comedor: ¿cuál es el postre hoy?
Recordar información específica de un relato.	¿Por qué el cerdito se hizo una casa de ladrillo?

Integrar la información del texto

La comprensión de un texto suele formar una representación organizada de la información que encontramos en él. Muchas veces, cuando el alumnado relata el texto que estamos trabajando nos encontramos con una sucesión de ideas poco organizadas, como la lista de detalles que mencionábamos al hablar de los procesos de interpretación literal.

En una representación integrada del texto relacionamos unas informaciones con otras, establecemos una jerarquía de ideas de mayor y menor importancia y realizamos inferencias a partir de nuestros conocimientos para dar coherencia y enriquecer la información que se nos ofrece.

Por ejemplo, si en un relato se menciona una tarta de cumpleaños con cuatro velas, el alumnado sabe que el personaje del cuento cumple cuatro años, ya que tiene el conocimiento de que cuando alguien cumple años se celebra con una tarta con velas que indican cuántos cumple. Ahora supongamos que durante la fiesta un hombre agarra a la niña o al niño que cumple años por los tobillos, la levanta en el aire y golpea su cabeza varias veces contra el suelo. Lo de las velas es una inferencia muy sencilla para personas de cultura occidental. En cambio, los golpes contra el suelo nos pueden parecer un ataque, una locura o una broma pesada. Sin embargo, son una tradición irlandesa: un golpe por cada año cumplido y otro de propina para tener suerte en el año que comienza.

Cuando leemos un texto especializado, como un manual de embriología o una resolución judicial o simplemente una narración antigua o de otra cultura, solemos atribuir nuestra falta de comprensión al vocabulario desconocido, pero también hay que tener en cuenta que la falta de conocimiento sobre el tema nos impide hacer inferencias que den sentido a la información o nos lleva a hacer inferencias inadecuadas. Quizá has supuesto que los asistentes a la fiesta sujetarían al agresor, pondrían a salvo a la niña o al niño y llamarían a la policía.

Recordemos que en la etapa de Educación Infantil el alumnado puede tener dificultades para realizar algunos tipos de inferencias. Algunas investigaciones muestran un orden en el dominio de las inferencias:

- En primer lugar, se realizan inferencias basadas en relaciones físicas. Estas inferencias son más sencillas cuando los hechos que se relacionan ocurren al mismo tiempo o aparecen uno a continuación del otro, por ejemplo: llueve y un personaje abre un paraguas, así que inferimos que así evita mojarse. Más adelante, el alumnado conseguirá realizar inferencias en las que se relacionan sucesos distantes, como que un personaje guarda un helado en su bolsillo al inicio del relato y al finalizar encuentra el palo del helado en su bolsillo (inferimos que es el palo del helado y que este se ha derretido).
- Las relaciones basadas en aspectos psicológicos de los personajes (emociones, deseos...) se entienden un poco más tarde que las relaciones físicas. Por ejemplo, la sorpresa del personaje anterior al no encontrar el helado en el bolsillo, tras un día entero guardándolo.
- Por último, se encontraría la posibilidad de transformar una historia en una lección o moraleja.

Antes hemos mencionado que en la integración de la información también se establece una jerarquía de ideas, de modo que consideramos que unas son más importantes que otras. Cuando hemos comprendido adecuadamente un texto, tendemos a recordar mejor las ideas más importantes. En una narración, la importancia de las ideas parece estar relacionada con la cantidad de conexiones de tipo causal que tiene con otras ideas: a mayor cantidad de conexiones, más importante es una idea.

Por ejemplo, en el cuento de *Caperucita Roja*, el hecho de que el lobo engañe a Caperucita es consecuencia de que el lobo quiere comerse a la niña; además, ese engaño hace que el lobo consiga llegar antes a casa de la abuelita. En cambio, el hecho de que Caperucita llevaba un tarro de miel en su cesta tiene poca relación con el resto de los sucesos de la historia, de modo que es un detalle o idea de menor importancia.

Muchas de las conexiones causales que se establecen en una historia son inferidas, de modo que las limitaciones en la habilidad inferencial características de esta edad pueden influir en la habilidad para jerarquizar la información, distinguiendo la más y la menos importante.

A continuación podemos encontrar algunos ejemplos de integración a partir del comienzo de una fábula:

El campesinos, u hijo y el burro

Un hombre salió con su hijo a trabajar al campo. Llevaban un burro para ayudarles en sus tareas.

El viaje era largo, así que el hombre montó a su hijo en el burro y la gente del pueblo al verlo decía:
–¡Qué poca vergüenza!, ese chico joven y lleno de energía se monta en el burro como si estuviera cansado y su padre, a su edad tiene que ir caminando.

Al día siguiente, para que nadie dijera nada, el hombre se montó en el burro, pero la gente decía:
–¡Es increíble! Ese hombretón se monta en el burro y obligo o su hijo a ir caminando.

El tercer día el hombre dijo:
–Para que nadie tenga nada que criticar vamos a ir caminando los dos.
El asno trotaba alegre y ligero. pero. en la calle. la gente murmuraba:
–¡Menudo par de tontos! Llevan un burro y los dos van caminando en lugar de montarse en él.

Actividades de integración de información	
Actividades	**Ejemplos**
Relacionar imágenes y texto.	¿Dónde se ve la escena del segundo día, cuando es el hijo el que va andando?
Mantener el foco o saber de qué habla el texto en cada momento.	¿Quiénes son los tontos de los que habla la historia?
Inferir que un suceso origina otro.	¿Por qué, en el tercer día, el asno trotaba alegre y ligero?
Inferir el motivo de la acción de un personaje.	¿Por qué en el segundo día fue el hombre el que se montó en el burro?
Dar sentido a pronombres, sinónimos y otras expresiones que hacen referencia a elementos del texto.	En las últimas palabras "en lugar de montarse en él", ¿quién es él? ¿Qué personaje es el asno?
Describir relaciones entre personajes.	¿Quiénes son la gente que comenta todos los días lo que hacen el padre y el hijo?
Relacionar el texto con ideas o experiencias propias.	¿Alguna vez has visto o te has montado en un burro? ¿Qué pasa cuando haces un viaje largo caminando?
Inferir el estado anímico de los personajes.	¿Cómo se sienten todos los días el padre y el hijo?
Realizar predicciones.	¿Qué crees que harán el próximo día? ¿Cómo reaccionará la gente?
Sintetizar lo más importante del texto o su mensaje.	¿Cómo contarías esto con muy pocas palabras? ¿Cuál es la moraleja de esta historia, qué nos enseña?

Valorar, evaluar o reflexionar sobre el texto

En las escuelas decimos muchas veces cosas parecidas a "el fin de la lectura es la comprensión del texto". Supongamos que estamos leyendo un libro sobre el desarrollo infantil. En él hay un capítulo un poco largo en el que se expone desde distintos puntos de vista la misma idea: que las personas con epilepsia deben ser aisladas del resto de la población, como medida temporal mientras se promueven cambios legislativos que permitan su eliminación.

Tenemos clara la idea del texto, así que ya lo hemos comprendido. Fin. ¿O nos queda la sensación de que aún falta algo? Un ejemplo tan disparatado como este nos ayuda a entender que aún podemos hacer mucho más con el texto, por ejemplo:

- Compararlo con nuestro punto de vista y nuestras ideas sobre el tema.
- Analizar la validez de sus razonamientos.
- Valorar la calidad de la redacción. Quizá el texto está correctamente escrito, pero su extensión y la repetición de los argumentos lo hacen muy monótono.
- Preguntarnos si ese capítulo encaja con el tema y el contenido del libro.
- Averiguar quién ha escrito ese capítulo, cuál es su cualificación en ese campo y qué intereses puede tener. Es decir, valorar la fiabilidad de la fuente.

El nivel de valorar, evaluar o reflexionar sobre el texto está relacionado con las características del texto y con los juicios que realicemos sobre el texto y su contenido. Se corresponde con conceptos como la lectura crítica o el análisis de textos y tiene un carácter metalingüístico: utilizamos el lenguaje para analizar el lenguaje escrito. Nuevamente, podemos pensar que este nivel es más propio de los últimos cursos de la educación obligatoria que de los cursos en los que estamos realizando la iniciación a la lectoescritura. Sin embargo, el alumnado de Educación Infantil sí que puede realizar actividades de valoración, evaluación y reflexión sobre los textos, aunque no sean tan sofisticadas como las que se pueden hacer en cursos más avanzados.

Valoración de la forma del texto

Una vez que niños y niñas comienzan a familiarizarse con los textos escritos, también empiezan a apreciar que tienen características diferentes y a percibir que hay distintos tipos de textos. No es difícil diferenciar un cartel informativo de un libro de cuentos. Incluso, entre distintos libros, se puede percibir que hay algunos con letras grandes y dibujos coloridos más interesantes que ejemplares con letras pequeñas y sin ilustraciones. Incluso puede que identifiquen como poesías textos escritos de otra forma, con líneas centradas en la página y pocas palabras en ellas.

Considerar un texto atractivo o sin interés únicamente por su aspecto es una de las primeras manifestaciones de las habilidades para valorar la forma. Pero la forma también se refiere a cuestiones relacionadas con el lenguaje. Desde una edad temprana, el alumnado identifica fórmulas como "érase una vez…" o "colorín colorado…" como propias de los cuentos. Hace un tiempo eran más familiares fórmulas como "Querida amiga:", propias de las cartas, que quizá han sobrevivido en saludos parecidos a "Queridos Reyes Magos:".

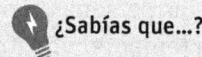

¿Sabías que…?

El alumnado de Educación Infantil diferencia subgéneros
El alumnado parece ser sensible a distintos subgéneros dentro del texto narrativo. Por ejemplo, identifica si una historia es de fantasía o de miedo. Eleni Loizou, Elena Kyriakides y María Hadjicharalambous investigaron cómo cuando se pedía a alumnado del tercer curso de Educación Infantil contar una historia o una historia humorística cambiaban las características de su relato. Algunos participantes incluían incongruencias. También se incluían símbolos de humor (chistes o un payaso como personaje), personajes que se saltan las normas o que actúan de forma violenta.

Conocer más
• Loizou, E.; Kyriakides, E., y Hadjicharalambous, M. (2011): "Constructing stories in kindergarten: children's knowledge of genre". *European Early Childhood Education Research Journal,* 19(1), 63-77.

Además de distinguir el tipo o género de los textos, el alumnado prelector también puede comenzar a valorar cómo están redactados: ¿es fácil de entender este texto?, ¿es claro lo que dice? Dentro de la literatura infantil hay obras difíciles de entender, por ejemplo, poemas que aportan una información muy sintética o tienen estructuras sintácticas poco usuales.

Por ejemplo, en una antología de poemas infantiles seleccionados para preescolares encontramos una versión de Lope de Vega de la fábula del cascabel del gato.

Los ratones

Juntáronse los ratones
para librarse del gato,
y después de largo rato
de disputas y opiniones,
dijeron que acertarían
en ponerte un cascabel,
que andando el gato con él,
librarse mejor podrían.
Salió un ratón barbicano,
colilargo, hociquirromo
y encrespando el grueso lomo,
dijo al senado romano,
después de hablar culto un rato:
–¿Quién de todos ha de ser
el que se atreva a poner
ese cascabel al gato?

Bueno, el ejemplo es un poco exagerado porque mucha gente adulta puede tener dificultades con oraciones que presentan las palabras en un orden distinto al que nos resulta habitual ("librarse mejor podrían"), con la sucesión de tres palabras compuestas, largas y poco familiares ("barbicano, colilargo, hociquirromo"), o con la referencia metafórica "al senado romano".

Por otra parte, la ilustración puede interferir con la comprensión del texto por distintos motivos: se muestran varios gatos, el ratón que preside la asamblea no se ajusta a la descripción y se muestra un gato con un cascabel, algo que los ratones desean, pero no llega a suceder.

Valoración del contenido del texto

Además de sobre la forma, también se puede reflexionar sobre el contenido del texto. Este tipo de análisis puede ser muy variado. Por ejemplo, en Educación Infantil nos podemos plantear reflexiones como estas:

- Valoración general: ¿Me ha gustado el texto?, ¿me ha parecido entretenido, útil, novedoso, sorprendente, etc.?
- Tono emocional del texto: ¿Es triste, alegre, o no nos hace sentir emociones?
- Realismo: ¿Lo que se cuenta puede suceder o es una fantasía?
- Ajuste del título al tema del texto: ¿Está bien elegido el título?, ¿nos informa de lo que cuenta el texto?
- Valoraciones morales o éticas: ¿Quién actúa correctamente? ¿Está bien lo que hace este personaje?
- Alternativas a las acciones de los personajes: ¿De qué otra forma podría haber actuado…? ¿Por qué no quiso hacerlo así?
- Valoración de la utilidad del texto: ¿Ha servido para lo que quería (entretenerme, conseguir una información, realizar una tarea, recordar algo, etc.)?

Un tipo de actividades que se suelen incluir en este nivel es el que nos lleva a comparar y contrastar información de varios documentos. Esto es algo que se suele trabajar en la adolescencia, ya que es difícil hacer comparaciones entre varios textos si no se comprende bien cada uno de ellos individualmente. Sin embargo, en esta etapa ya se puede hacer un acercamiento a estas situaciones, por ejemplo, cuando trabajamos distintas versiones de un mismo texto.

Antes hemos visto un poema sobre la historia del gato, los ratones y el cascabel. Podemos presentar este texto en otro formato: escuchar la fábula o verla en una animación. Eso permitiría hacer comparaciones entre las dos versiones: ¿contaban lo mismo?, ¿hay algo que solo se explica en el texto o en la película?, ¿cuál se entiende mejor?, etc.

Controlar la propia comprensión

La principal diferencia entre el modelo de PIRLS y el de PISA es que el segundo añade un nivel de gestión de tareas en el que se incluyen tres procesos: establecer objetivos, supervisar y regular. Hay modelos que llaman a este conjunto de procesos "estrategias metacognitivas". Una vez más, se trata de procesos que se trabajan, o deberían trabajarse, en edades posteriores, pero el alumnado prelector también los utiliza de una forma más rudimentaria.

Plantearse objetivos de lectura

Al no poder decodificar los textos, el alumnado prelector tiene limitado el repertorio de objetivos de lectura que puede plantearse. Aunque puede acceder a la información cuando se la leemos en voz alta, es muy frecuente, sobre todo en la escuela, que las situaciones de lectura, los textos y las tareas hayan sido elegidas por la maestra. Cuando este alumnado ojea libros de forma libre, lo suele hacer como forma de entretenimiento.

En la sección "¿Qué actividades pueden promover el conocimiento de lo escrito?" del capítulo siete vimos una sugerencia interesante para desarrollar este proceso que es explicitar la función de la lectura en distintas situaciones. Por ejemplo, en el aula puede haber una situación como esta:

> Ahora que volvemos a clase después de las vacaciones, cambian los equipos. Vamos a ver esta lista para saber en qué equipo estáis. En el equipo rojo están Ana, Daniel, [...] ¿Ya sabéis en qué equipo estáis? ¿Leo, cuál es tu equipo? ¿Alicia, cuál es tu equipo? Bueno, la lista nos ha servido para saber en qué equipo estamos. Ahora la voy a dejar colgada en la pared. Así, si alguien se olvida, nos sirve para recordar en qué equipo está cada uno y cada una.

Cuando se presentan textos narrativos, hacerse preguntas y predicciones previas a la lectura puede relacionarse con los objetivos de lectura. El alumnado ya no solo escucha el texto para disfrutar con él, sino que se le anima a intentar responder a esas preguntas o a comprobar si se cumplen las predicciones.

Supervisar la propia comprensión

Afirmaciones espontáneas como "no he entendido" o preguntas como "¿qué es 'murmuraban'?" nos indican que la habilidad para percibir si se está entendiendo o no ya está presente a una edad temprana. Detectar y reconocer que no se entiende lo que se está leyendo o escuchando es una parte importante en la habilidad de comprensión. Ya hemos visto que hasta el marco de lectura de las evaluaciones PISA lo considera como un proceso propio de la competencia lectora. A pesar de eso, es un proceso problemático por dos cuestiones:

1. Tendemos a sobrestimar nuestra comprensión de los textos y es frecuente que tengamos la sensación sincera de estar comprendiendo cuando no es así.
2. De alguna manera llegamos a asumir que la falta de comprensión es algo que es mejor no manifestar en público porque cuestiona nuestro interés o nuestra capacidad.

No está nada claro qué hacer para aliviar o eliminar esos problemas, pero quizá sea sensato tener en cuenta lo siguiente:

- Insistir en la idea de que es normal que al escuchar o leer un texto encontremos partes que no entendemos bien.
- Aprovechar las preguntas o manifestaciones de dificultades de comprensión como oportunidades para participar y profundizar en el sentido de lo que se está leyendo.
- En lugar de pedir al alumnado que valore si ha entendido o no el texto o una de sus partes, realizar esa valoración tras hacer alguna actividad, como recontar el texto o responder preguntas sobre él.

- Si se han planteado objetivos de lectura, el proceso de evaluación también se puede extender a valorar si se han alcanzado o no.
- Introducir en el texto informaciones claramente erróneas o incongruentes.

En cuanto al último punto, se pueden plantear situaciones en las que el texto es contradictorio con las ilustraciones o en las que se diga algo incompatible con lo que se ha expuesto previamente. Por ejemplo, contamos que un personaje "se puso un vestido verde" y más adelante alguien le dice: "¡qué bonito es tu vestido naranja!". También se puede exponer algo que contradiga claramente los conocimientos básicos del alumnado como "el pajarito estaba hambriento porque esa semana solo había podido comerse diez elefantes". Otra posibilidad es incluir en el texto palabras inventadas como si leemos "abrió la puerta con un tincufego".

Este recurso de introducir partes incomprensibles en el texto debería ser utilizado con moderación. Los errores se pueden justificar como errores de lectura ("ahora me doy cuenta de que me he equivocado al leer esto"), como problemas del texto ("esto está mal escrito porque esta palabra no existe") o quizá sea interesante presentarlos como algo intencional ("igual digo algo que no está bien para ver si prestáis atención").

Regular la propia comprensión

El proceso de regular la propia comprensión se refiere a las acciones que podemos realizar para solucionar los problemas de comprensión detectados en la fase anterior o para profundizar en el significado del texto. Muchas de estas acciones se corresponden con lo que solemos llamar "estrategias de comprensión".

Muchas estrategias de comprensión funcionan mejor en la comprensión lectora que en la comprensión oral porque al leer podemos regular la velocidad a la que nos llega la información, detenernos o volver a mirar una parte del texto, releyéndola. Sin embargo, antes hemos visto algunas estrategias de comprensión que se pueden utilizar con alumnado prelector.

Además de utilizar estas estrategias, hay que tener en cuenta que muchos problemas de comprensión se pueden deber, simplemente, a la escasa atención durante la lectura, de modo que su solución se puede plantear volviendo a escuchar el pasaje con mayor atención.

¿Cómo trabajar la comprensión lectora en las etapas iniciales? La lectura compartida y otros recursos

El concepto de "lectura compartida" ya ha aparecido con anterioridad, especialmente en el capítulo siete, acerca de los conocimientos sobre el lenguaje escrito. Se trata de una práctica muy común en la que una persona adulta lee un texto con un niño, niña o con un grupo. Esta actividad se realiza tanto en el hogar como en la escuela y no requiere de una formación o un conocimiento especializado.

Entre sus posibles beneficios encontramos la mejora del vocabulario, la familiarización con estructuras oracionales más complejas que las utilizadas en la lengua oral, la familiarización con distintas estructuras y tipos de textos, especialmente los narrativos; o el aprendizaje de conocimientos sobre el lenguaje escrito, sus convenciones, características y funciones.

Aunque aquí hemos decidido utilizar la denominación "lectura compartida", esta actividad recibe distintos nombres y no siempre está claro si se refieren al mismo concepto o a distintas formas de realizar esta lectura. A continuación vamos a ver algunas de estas formas.

Lectura compartida monológica

Con este nombre nos referimos a situaciones en las que leemos el texto en voz alta sin hacer uso de estrategias o establecer interacciones extensas que involucren en la actividad al niño o la niña que escucha. En la lectura compartida tradicional, quienes escuchan el texto actúan como oyentes pasivos. También es frecuente que quien lee no muestre el texto o que este carezca de ilustraciones.

La lectura compartida monológica es muy fácil de poner en marcha. Solo necesitamos un texto y saber leer en voz alta. La atención de los niños o las niñas que escuchan estará condicionada por lo interesante que les resulte el texto o la situación de lectura. No es extraño que intenten participar mediante preguntas, comentarios o anticipando lo que va a relatar el texto.

Hay situaciones en las que la lectura compartida monológica es un buen recurso. Por ejemplo, para escuchar una historia completa o, al acostarse, como ayuda para relajarse y conciliar el sueño. Pero existen formas más elaboradas de lectura compartida que pueden tener beneficios interesantes.

Conocer más

- WASIK, B. A.; HINDMAN, A. H., y SNELL, E. K. (2016): "Book reading and vocabulary development: a systematic review". *Early Childhood Research Quarterly*, 37, 39-57.

Lectura compartida interactiva

En la lectura compartida interactiva utilizamos estrategias para involucrar de manera activa al niño, la niña o el grupo en la lectura. Podemos plantear distintos tipos de preguntas o actividades, por ejemplo:

- Buscar letras conocidas en el texto.
- Hacer preguntas de recuerdo, como preguntar el nombre de los personajes o dónde viven.

- Formular preguntas que activen conocimientos previos del alumnado relacionados con el contenido de la lectura. Por ejemplo, si van a realizar una lectura en la que aparecen animales, se puede preguntar: ¿Quién tiene una mascota en casa? o ¿Te acuerdas cuando visitamos la granja? ¿Qué animales salían en el libro del zoo?
- Animar a hacer predicciones como ¿qué crees que va a pasar luego?
- Reforzar las intervenciones y relacionar los comentarios con el texto.
- Detener la lectura y quedarse en silencio para provocar una intervención.

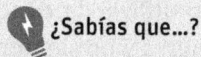 **¿Sabías que...?**

El vocabulario se aprende mejor en interacción

Barbara Wasik, Annemarie Hindman y Emily Snell, de la Universidad Temple, revisaron la investigación sobre el desarrollo de vocabulario a través de la lectura compartida. Su conclusión principal fue que el elemento clave en el aprendizaje de vocabulario a través de la lectura en voz alta es la interacción con personas adultas. Cuando se comenta sobre la lectura se adquiere más vocabulario que cuando se escucha pasivamente.

Las autoras de la revisión señalan que en investigaciones con un grupo de control en el que únicamente se leían en voz alta los textos, la adquisición de vocabulario era notablemente menor y, quizá, lo más curioso es que quienes escuchaban solían tratar de provocar la participación haciendo preguntas a quien estaba leyendo.

Además, preguntar e implicar al alumnado en comentarios sobre el vocabulario parece ser más recomendable que únicamente explicar el significado de las palabras o leer el texto varias veces.

Lectura dialógica

Esta tercera forma de lectura compartida se caracteriza porque se intercambian los roles de narrador y oyente, de modo que hay momentos en los que el niño o niña nos cuenta la historia.

Esta forma de lectura supone que el niño o la niña que va a hacer la narración tiene bastante conocimiento del texto. En realidad, una sesión o interacción mediante lectura dialógica o lectura compartida se inicia de manera similar a como se iniciaría una situación de lectura "tradicional": el profesor presenta el libro ("vamos a leer el cuento de *Los tres cerditos*"), muestra y comenta las imágenes y cuenta el cuento.

Es recomendable utilizar las repeticiones, es decir, leer el mismo texto en varias ocasiones, en cualquier forma de lectura compartida. Sin embargo, en una situación de lectura dialógica es necesario hacer repeticiones; son la forma de conseguir un dominio del texto suficiente como para poder narrarlo. También necesitamos recursos para ayudar a narrar la historia. Se trata de técnicas similares a la que hemos expuesto en la lectura compartida interactiva y que cumplen dos funciones:

- Técnicas de evocación, como hacer preguntas sobre el contenido del texto (¿quién es?, ¿dónde está?, ¿qué va a hacer?) o utilizar el silencio para propiciar las intervenciones.
- Refuerzo de la intervención, escuchando, mostrando interés, animando y comentando las aportaciones.

- Modelado: reformular o ampliar las intervenciones. Por ejemplo, si alguien cuenta: "el cerdito hace una casa", le indicamos: "eso es, el cerdito mediano hizo una casa de madera".

Además, para favorecer el intercambio de roles característico de la lectura dialógica podemos utilizar recursos como:
- Invitar al niño o niña a que adopte la actitud del lector, por ejemplo, sujetando el libro o señalando la parte que está narrando.
- Sugerir directamente que se encargue de la narración del texto o de algún pasaje: "cuenta tú esta parte de aquí".
- Señalar con una tarjeta o sitio especial quién realiza el papel de narrador. Por ejemplo, en una lectura grupal se puede pedir que quien vaya a contar una parte del texto se levante para hacerlo.

En la imagen que aparece a continuación intentamos resumir estas tres formas de hacer lectura compartida.

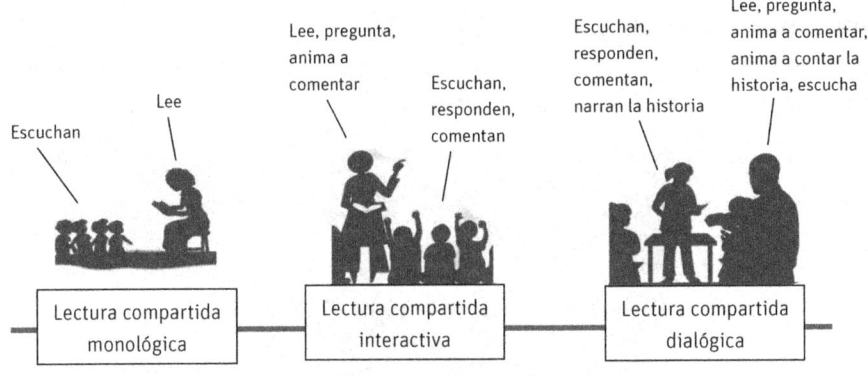

También intentamos ilustrar cómo las tres formas están conectadas de alguna manera y podrían considerarse como un recorrido en el que la actividad de la maestra o del maestro es cada vez más compleja, y la implicación del alumnado, mayor.

Algunos procedimientos para la lectura compartida

Probablemente no merezca la pena obsesionarse pensando si lo que estamos haciendo es claramente lectura compartida interactiva o si quizá nos hemos desviado y estamos haciendo lectura dialógica o cualquier tipo de mezcla. Lo importante es que el alumnado atienda al texto y conseguir su participación en la actividad. Eso se puede hacer de muchas formas. Aunque las revisiones más recientes que conocemos muestran unos resultados bastante discretos de la lectura compartida, sí que podemos decir que es un método robusto que admite muchas variaciones.

Dicho esto, también es interesante saber que se han propuesto algunos procedimientos para realizar lectura compartida. Normalmente, ofrecen orientaciones sobre las actividades o preguntas que realizar, con bastante flexibilidad para que quienes las vamos a aplicar las adaptemos. Andrea Zevenbergen y Grover Whitehurst se presentan como los creadores de la lectura compartida dialógica, que comenzaron a utilizar en algunas investigaciones en los años ochenta del siglo xx. Años después, en un capítulo del libro *On reading books to children*, exponen dos formas para favorecer la intervención en situaciones de lectura compartida. Una es para utilizarla entre los 2 y 3 años de edad y la otra, entre los 4 y 5 años.

Conocer más

- ZEVENBERGEN, A. A., y WHITEHURST, G. J. (2003): "Dialogic reading: a shared picture book reading intervention for preschoolers". En A. van Kleeck, S. A. Stahl, y E. B. Bauer (Eds.): *On reading books to children: parents and teachers* (pp. 177-200). Lawrence Erlbaum Associates Publishers.

Orientaciones para trabajar a los 2 y 3 años

Zevenbergen y Whitehurst proponen que hay que utilizar diez recursos que vamos a ilustrar con el cuento de *Ricitos de Oro y los tres osos*.

1. **Preguntar "¿qué?"**: preguntar el nombre de los objetos que aparecen en el libro y preguntas simples sobre la historia:
   - ¿Qué es esto? (por ejemplo, señalando la puerta).
   - ¿Qué cae del árbol?
   - ¿Qué está haciendo la familia de osos?
   - ¿Qué lleva el osito en la cabeza?

2. **Acompañar las respuestas con otras preguntas relacionadas:**
   - ¿Sí, el osito lleva una gorra. ¿De qué color es la gorra?

3. **Repetir las respuestas o comentarios:**
   - ¿Sí, la gorra es azul. ¿Tú tienes una gorra?

4. **Dar la ayuda necesaria cuando hay dificultades para responder:**

   – Mira, del árbol caen hojas, ¿ves algo más cerca del árbol?...

5. **Animar y reforzar de forma general y específica los intentos de hablar sobre el libro:**

   – ¡Estás haciendo un buen trabajo!

   – Lo has explicado muy bien, la niña ha roto la silla.

6. **Seguir los intereses.** No es importante leer todo lo que aparece en el libro o comentar cada ilustración. Si estamos leyendo con un niño y comienza a hablar sobre una parte del texto le animamos a que hable más:

   – ¡Ha roto la silla! ¿De qué oso crees que será esa silla?

7. **Divertirse.** Es importante que el alumnado disfrute con la lectura compartida. A muchos niños y niñas les resulta entretenido un intercambio de turnos, alternándonos en la lectura de las páginas. Si detectamos cansancio o aburrimiento, recomiendan leer unas pocas páginas más, sin preguntas, y dejar el libro para otro momento.

8. **Hacer preguntas abiertas.** Cuando se han practicado las preguntas específicas de la primera recomendación, se introducen preguntas abiertas:

   – ¿Qué ves en esta página?

   – ¿Qué está sucediendo aquí?

9. **Expandir las intervenciones.** Si leemos con una niña y dice algo sobre el libro, repetimos lo que ha dicho y la animamos a imitar esa verbalización más compleja:

    A las preguntas anteriores el niño responde: ¡susto!

    – ¡Se han asustado! Intenta decirlo como yo.

10. **Divertirse.** Recordar que hacer turnos de lectura puede hacer la actividad más interesante.

En realidad, la recomendación 10 no aporta nada nuevo con respecto a la 7, pero debía de ser algo importante para Zevenbergen y Whitehurst, ya que la repiten al final de su lista.

Orientaciones para trabajar a los 4 y 5 años

Para estas edades, Andrea Zevenbergen y Grover Whitehurst proponen un procedimiento que se suele conocer por su acrónimo: PEER CROWD. Este procedimiento ha sido utilizado en varias investigaciones sobre mejora de la comprensión o el vocabulario en preescolares o en alumnado con trastorno del desarrollo del lenguaje, así que podemos considerar que tiene cierta importancia o que es una referencia.

PEER se forma con las iniciales de las palabras "preguntar", "evaluar", "expandir" y "repetir". Esta parte se refiere a cómo plantear el comentario de un fragmento del texto. El paso de "evaluar" no se refiere a calificar o juzgar la respuesta a la pregunta, sino a elogiar las respuestas correctas y ofrecer propuestas alternativas para las incorrectas.

CROWD se corresponde con "completar", "recordar", "respuesta abierta" (*open-ended*), "preguntas Q" (*Wh- questions*) y distanciamiento. Esto se refiere a los tipos de preguntas que se recomiendan durante la lectura.

Imaginemos que encontramos la siguiente viñeta en un cuento. veamos cómo podría ser el diálogo (muy simplificado) según el procedimiento PEER.

P	Preguntar	– ¿Qué pasa aquí?
		– El niño llama a sus amigos.
E	Evaluar	– ¡Muy bien! Te has dado cuenta de que el niño está llamando a sus amigos. Eres muy observadora.
E	Expandir	– Sí, el niño llama a sus amigos porque ha descubierto un árbol cantante.
R	Repetir	– El niño llama a sus amigos porque ha descubierto un árbol que canta.

El primer paso de PEER es preguntar. Zevenbergen y Whitehurst proponen en CROWD cinco tipos de preguntas que podemos ver en la siguiente tabla.

C	Completar	Comenzamos una frase, pero nos paramos antes de terminarla para que el alumnado la tenga que finalizar	El niño está llamando a sus amigos porque…
R	Recordar	Preguntas sobre información concreta que ha aparecido en la historia	¿Qué le ocurría al árbol?
O	Respuesta abierta *(open-ended)*	Animan a comentar el libro con las propias palabras, sin que haya una respuesta predeterminada	Ahora es tu turno. Háblame de esta página.
W	Preguntas Q *(Wh-questions)*	Se menciona, específicamente: quién, dónde y por qué[22]	¿Quién llama a sus amigos? ¿Dónde estaban los niños? ¿Por qué piden ayuda los niños?
D	Distanciamiento	Relacionar el contenido del libro con la vida personal	¿Alguien de la clase tiene un pajarito? ¿Habéis encontrado alguna vez un árbol misterioso?

---

[22] Quizá no sea necesario restringirse a esas tres partículas. Zevenbergen y Whitehurst ponen de ejemplo "what is this called?" que podríamos traducir: "¿cómo se llama esto?".

La evaluación o respuesta a las intervenciones

Zevenbergen y Whitehurst desarrollaron bastante la parte referida a las preguntas que hacemos durante la lectura compartida, pero ofrecen poca información acerca de cómo evaluar o reaccionar a las respuestas a estas preguntas o a los comentarios sobre el texto, aunque sí que indican que el refuerzo tiene que ser general y específico.

La forma de proporcionar información sobre el progreso en un aprendizaje es uno de los aspectos más estudiados en educación y los resultados de ese estudio tienen claras aplicaciones prácticas.

Nos estamos refiriendo a esa información que proporcionamos al alumnado, a la que llamamos de distintas formas, como valoración, *feedback*, retorno o retroalimentación. Muchas veces hacemos estas valoraciones de forma espontánea con mensajes de ánimo ("estás haciendo un buen trabajo", "¡fantástico!", "sigue así") o indicando si una respuesta es correcta o no ("has respondido bien", "esa era la respuesta", "eso no es así"). Pero estas indicaciones generales son poco eficaces.

El retorno o *feedback* que proporcionamos es más útil para mejorar la comprensión si es individualizado y específico. No se limita a un mensaje de ánimo o a una valoración general, como "correcto" o "incorrecto", sino que incluye información clara sobre por qué la respuesta ha sido acertada o errónea. Este mensaje tiene que ir acompañado con elementos motivacionales o cálidos, tanto de contenido ("¡fenomenal, Ana!") como en la entonación, los gestos y la expresión corporal.

En alumnado de mayor edad se ha visto que el retorno que proporcionamos es más efectivo si contiene información sobre:

- El resultado de la actividad, explicando por qué es adecuado o inadecuado.
- El valor de la tarea que se está desarrollando: utilidad, importancia o interés.
- El esfuerzo llevado a cabo ("has pensado bastante para responder a la pregunta, pero creo que estuviste distraída mientras leía esta sección").
- Expectativas de éxito ("la próxima vez te saldrá mejor si…").

A continuación mostramos los elementos básicos de los mensajes y recomendaciones para hacer un buen retorno. Esta información la hemos elaborado tomando como guía el libro *How to give effective feedback to your students*, de Susan Brookhart. Vamos a volver sobre la historia anterior preguntando qué sucede con el árbol misterioso.

Elementos básicos del refuerzo			
Aspecto clave	Posibilidades	Recomendaciones	Ejemplos
Foco del mensaje	En el resultado	Describe el resultado obtenido	¡Muy bien! Has respondido que los niños han descubierto el secreto del árbol misterioso con ayuda de un adulto.
	En el proceso	Describe el proceso seguido y la relación con el resultado	¡Muy bien! Has estado muy atenta, has visto en la imagen un sonido que salía del árbol y has escuchado mis palabras.
	En la autorregulación	Comenta la autorregulación si eso puede suponer una mejora	Creo que tienes que prestar más atención.
Comparación	Con un criterio	Utilizar un criterio preestablecido para dar información	¡Bien! Has dicho que los niños oyen cantar al árbol, es verdad. Pero una buena respuesta sería que no se atreven a mirar dentro del árbol porque les da miedo.
	Con otro alumnado	Comparar la realización con la de otras personas	Juan ha respondido que el animal que había dentro del árbol era una ardilla. Las ardillas viven en los árboles, pero en este cuento tú te has fijado mejor en el animal que cantaba dentro del árbol, que es un pajarito.
	Con los resultados anteriores	Comparar con el rendimiento anterior	Al comenzar la clase respondías solo sí o no. Ahora ya te has animado y das más información del cuento. ¡Muy bien!
Función	Descripción	Describir o explicar la respuesta	¡Muy bien! Has indicado dos cosas importantes. La primera es que hay un árbol misterioso y la segunda es que los niños no se atreven a mirar dentro del árbol.
	Evaluación	Juzgar la intervención sin hacer críticas personales	La primera parte de la respuesta es correcta. La segunda, no. No es lo que cuenta la historia.
Valencia	Positiva	Realizar comentarios positivos sobre lo que se ha hecho bien	Has entendido muy bien que el árbol guarda un misterio.
	Negativa	Acompañar las menciones a errores o problemas con sugerencias de mejora	Las ardillas viven en los árboles, es una buena observación. Pero las ardillas no cantan y en el dibujo no hay ninguna ardilla. Tienes que fijarte bien en el dibujo y escuchar el cuento atentamente.

Además, hay cuatro aspectos clave en los que se recomienda una opción concreta:

1. **Momento:** cuanto más cercano esté el retorno a la realización de la actividad, más útil y más motivante será.
2. **Claridad:** el retorno tiene que ser claro y comprensible para el alumnado.

3. **Especificidad:** el mensaje se tiene que centrar en la tarea, su realización y su resultado, evitando información que no ayude a entender cómo se ha realizado la tarea o cómo mejorarla.
4. **Tono:** siempre tiene que ser amable y respetuoso.

Es evidente que no se trata de introducir todos los aspectos clave y las posibilidades adecuadas en nuestros mensajes de devolución. Serían larguísimos, difíciles de elaborar y sobrecargarían al alumnado.

Lo ideal sería elaborar mensajes variados que vayan incluyendo distintos aspectos. Resulta difícil tener conciencia o llevar un control de si el conjunto de nuestros mensajes de evaluación incluye, de forma equilibrada, todas las características del retorno eficaz. Quizá nos pueda ayudar una serie de preguntas que Susan Brookhart propone en el libro que hemos mencionado:

1. ¿Se centra en el trabajo realizado y en el proceso llevado a cabo?
2. ¿Es descriptivo y contiene la cantidad adecuada de información?
3. ¿Se realiza a tiempo?
4. ¿Es positivo, específico y claro para el alumnado?
5. ¿Su tono anima a tomar un papel activo en la comprensión?

Conocer más

• Brookhart, S. (2017): *How to give effective feedback to your students* (2.ª ed.). ASCD.

¿De qué otras formas podemos trabajar la comprensión lectora en el aula?

Además de utilizar la lectura compartida, también es posible trabajar la comprensión lectora con otras actividades de lectura orientada a tareas. Veamos algunos ejemplos:

Mensajes secretos

Estos mensajes se refieren a órdenes o instrucciones sencillas y divertidas que el alumnado tiene que "leer" y ejecutar. Se podrían proyectar en una pantalla, pero tiene más encanto que aparezcan en un papel plegado dentro de un sobre.

Los mensajes están creados con elementos que el alumnado pueda interpretar, como letras ya trabajadas en clase, imágenes o pictogramas. Supongamos que en una clase se han trabajado las vocales y las consonantes "L" y "S". Un grupo recibe este mensaje:

La profesora se sube a la mesa

En primer lugar, tienen que conseguir leer correctamente el mensaje. En segundo lugar, tendrían que pedir a su maestra que se subiera a la mesa (con cuidado) para poder cumplir la instrucción.

Tareas con información escrita

En el capítulo seis vimos varios ejemplos de situaciones cotidianas en las que se podía aprender algo acerca de las funciones del lenguaje escrito. Algunas de estas se pueden convertir en pequeñas tareas de recuerdo o comprensión de la información:

- Ayudar a preparar la lista de la compra y utilizarla para comprobar que no falte nada.
- Recordar una anotación en el calendario.
- Averiguar el contenido de una invitación o felicitación.
- Colaborar en tareas relacionadas con el nombre de la gente de clase: repartir cuadernos o pasar lista.

Realizar representaciones a partir de un texto trabajado en el aula puede ser otra forma de favorecer su comprensión.

Trabajo con cuentos interactivos

Este material ayuda a que el alumnado se sienta partícipe de la historia tomando decisiones sobre qué debe hacer el protagonista, como en los libros de "Elige tu propia aventura". Esto anima a prestar atención a la historia, ya que si no se entiende será difícil tomar decisiones acertadas. Algunos ejemplos de este tipo de libros son "En busca de la isla de los loros" o "¡Yuju! Príncipe Azul, ¿dónde estás?", de la escritora Sylvie Misslin y la ilustradora Amandine Piu, publicados por editorial Koala y destinados a edades entre 4 y 8 años.

¿Cómo hacer lectura compartida en el hogar?

Hay bastantes investigaciones que muestran que resulta positivo implicar a las familias en el aprendizaje de la lectura, tanto en el nivel de la decodificación como en el de la comprensión. Además, las prácticas de lectura en el hogar pueden ayudar al desarrollo del lenguaje oral, ya que el vocabulario, los tipos de oraciones o la estructura de la narración suelen ser más variados, complejos y sofisticados en los textos escritos que en las conversaciones cotidianas. Por ejemplo, las oraciones pasivas, como "Lola fue elogiada por sus compañeros", son mucho más frecuentes en los libros que en el lenguaje oral.

Recordemos que el aprendizaje inicial sobre las funciones y las convenciones del lenguaje escrito se realiza mediante la observación y la participación. Un entorno familiar en el que se tenga mucho contacto con el lenguaje escrito favorecerá ese aprendizaje.

El recurso familiar mejor estudiado para entrar en contacto e iniciarse en la lectura es la lectura compartida.

Vamos a intentar responder a posibles dudas de tipo práctico sobre la lectura compartida:

¿A qué edad se puede empezar a hacer lectura compartida?

Tenemos datos que indican que la lectura compartida puede ser útil entre 1 y 7 años de edad. La sección "Subiendo de nivel" de este capítulo ofrece algo de información sobre esto.

Más que identificar una edad concreta, podemos pensar en qué habilidades se tienen que desarrollar, por ejemplo:

* Mantener la atención en una página durante algo de tiempo.
* Cambiar el foco de atención entre el libro y la persona que está leyendo.
* Realizar algún tipo de interacción, como nombrar elementos de las ilustraciones o señalar los que se le indican ("¿dónde está el lobo?").
* Realizar turnos con el adulto.

Normalmente, estas habilidades se adquieren a una edad muy temprana.

¿Qué libro elijo?

Es importante que el libro esté ilustrado, algo habitual en los que se destinan a estas edades. Es frecuente hacer lectura compartida con narraciones (cuentos, leyendas o historietas). No es imprescindible hacerlo así, pero suelen ser más sencillos de comprender y los ejemplos de preguntas o actividades que podemos encontrar (por ejemplo, el procedimiento PEER-CROWD) suelen estar pensados para ese tipo de textos.

Además de lo anterior, es conveniente que el niño o la niña elija el cuento que se va a leer.

¿Es necesario leer el texto tal y como está escrito?

Es más importante conseguir una interacción de calidad que leer el cuento al pie de la letra. Es posible conseguir mayor atención e interés por la actividad con algunos cambios en el texto, como:

* Omitir información poco importante para abreviarlo.

- Cambiar los nombres de los personajes por otros más familiares o interesantes.
- Añadir "efectos especiales": onomatopeyas, sonidos, gestos, etc.

Cuando un cuento ya es conocido, "equivocarse" intencionalmente puede ser una forma de producir una intervención y que el niño o la niña adopte el papel de narrador para corregir el error.

¿Qué hacemos durante la lectura?

En este capítulo hay unas cuantas sugerencias acerca de cómo podemos actuar durante la lectura compartida de un texto. Se encuentran, sobre todo, en las secciones que desarrollan los procesos de lectura a partir de los modelos de PISA y PIRLS y en la sección "¿Cómo trabajar la comprensión lectora en las etapas iniciales? La lectura compartida y otros recursos".

Creemos que no hay que obsesionarse con seguir rigurosamente un procedimiento. La lectura compartida permite muchas variaciones y tampoco podemos saber qué va a generar escucha activa y participación en cada niño o niña y en cada situación. Eso sí, cuantas más herramientas y recursos manejemos, más posibilidades tendremos de conseguirlo.

Veamos una lista de distintas alternativas que podríamos realizar leyendo una adaptación de *La cigarra y la hormiga*.

Ejemplos de acciones durante la lectura compartida	
Acciones	**Ejemplos**
Activar conocimientos previos o relacionar el contenido del texto con conocimientos y experiencias	¿Has visto alguna vez una hormiga trabajando?
Preexaminar o echar un vistazo al texto	Este cuento se titula *La cigarra y la hormiga*. Vamos a ver qué sale aquí. ¡Hala! ¡Mira, la cigarra toca la guitarra! Fíjate, la hormiga está trabajando.
Hacer predicciones	¿Qué crees que le dice la cigarra a la hormiga? ¿Para qué querrán toda esa comida las hormigas?
Leer y comentar el texto	"Durante todo un verano, la cigarra se dedicó a cantar y a tomar el sol sin preocuparse por nada". Mira, aquí la cigarra está tomando el sol.
Detener la lectura y animar a completar el relato	"La cigarra se lo pasó muy bien hasta que..." ¡Empezó a hacer frío! ¡Llegó el invierno!
Elaborar o añadir información a las respuestas o intervenciones	Llegó el invierno y empezó a nevar.
Realizar preguntas sencillas en las que haya que nombrar algo en la ilustración, hacer una pequeña descripción o localizar un elemento	¿Dónde guardan la comida las hormigas? ¿Qué comida lleva la hormiga en la mochila?
Realizar preguntas sobre las emociones, los deseos o las intenciones de los personajes y sobre las relaciones entre sucesos de la historia	¿Cómo está la cigarra? ¿Por qué se burla de la hormiga? ¿Qué le pasa a la cigarra por burlarse de la hormiga?
Relacionar el texto con experiencias propias	Ana sabe tocar la guitarra, como la cigarra. ¿Alguna vez habéis ido a jugar y no habéis hecho vuestras tareas?
Animar a relatar partes de la historia	¿Qué pasa aquí?
Elogiar y reforzar las respuestas e intervenciones	¡Sí, es verdad! La hormiga suda mucho, porque en verano hace mucho calor y si estás trabajando, sudas.
Seguir los intereses del niño o de la niña, especialmente de quienes tienen menos edad	Sí, la hormiga vive con sus amigas en el hormiguero.

Insistimos en que esto son solo recursos que podemos utilizar. Es muy importante que la actividad sea agradable y espontánea, de modo que recomendamos ir introduciéndolos poco a poco para poder realizarlos con naturalidad.

En el caso de las preguntas es muy importante recordar que se hacen para fomentar la interacción y la participación. No son una evaluación o examen de la atención y la comprensión durante la lectura. No habría que expresar decepción cuando no se sabe contestar o la respuesta es equivocada. Es más interesante tomar esto como una oportunidad para hacer una aclaración, releyendo el texto, buscando en la ilustración o añadiendo nueva información.

Como vimos anteriormente, si percibimos desinterés por la actividad es mejor terminarla de una forma rápida y agradable. Es probable que funcione de manera satisfactoria en otro momento o, tal vez, con otro texto.

¿Es bueno leer varias veces el mismo cuento?

Es muy frecuente que se manifieste un interés por leer una y otra vez el mismo texto. A las personas adultas nos puede parecer algo extraño, pero no importa utilizar el mismo material en varias ocasiones. Repetir el cuento ayudará a familiarizarse con la historia que narra, a interiorizarla, a aprender vocabulario y favorecerá la interacción. Cuanto mejor se conozca el cuento, más posibilidades habrá de comentarlo y de cambiar del papel de oyente al papel de narrador.

¿Cabe la posibilidad de utilizar cuentos digitales con audio e interactivos?

Los textos infantiles se pueden presentar en dispositivos electrónicos. Incluso existe la posibilidad de que incorporen recursos multimedia o interactivos que permitan seguir la narración y participar en ella sin la mediación de una persona adulta.

Sin embargo, por el momento desaconsejamos estas posibilidades. Los elementos multimedia (imágenes y audio) pueden favorecer la comprensión y el vocabulario expresivo, pero son fácilmente sustituibles en la lectura compartida de un texto en papel ilustrado. Por otra parte, los elementos interactivos y las actividades parecen generar distracción.

Si queremos utilizar dispositivos electrónicos para la lectura compartida, es importante que participemos en la lectura y procurar que los recursos complementarios que tenga el texto sean congruentes con la historia que narra.

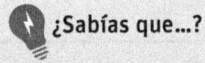 **¿Sabías que...?**

Comprendemos más al leer en papel que en pantalla

Los estudios que comparan la lectura en papel y la lectura en soporte electrónico muestran, en general, mejores resultados con el papel. Normalmente, cuando utilizamos medios digitales para leer, lo hacemos superficialmente. Dos son las posibles explicaciones complementarias para este hecho. Por un lado, al leer en soporte electrónico se adopta una lectura más rápida y superficial, y por otro, se pierde la experiencia física con el texto. Así, la lectura en pantalla dificulta la lectura con la misma profundidad que la lectura en papel.

Varios metaanálisis llevados a cabo por la ERI-Lectura corroboran estas afirmaciones. El primero de ellos fue realizado en 2018. En este trabajo se analizaron 54 estudios de los 17 primeros años del siglo XXI, representando más de 170 000 participantes de distintos niveles educativos. Los resultados indicaron que los lectores obtenían mejores niveles de comprensión cuando leían en papel que cuando lo hacían en pantalla. Sin embargo, para nuestros intereses, tiene una clara limitación: todavía se encuentran pocos estudios realizados con niveles iniciales de la lectura.

Desde entonces se han realizado dos estudios más incluyendo no solo a universitarios, sino también a alumnado de primaria y secundaria; todos ellos sugieren de nuevo que la lectura en papel da mejores resultados que la lectura en digital.

Conocer más

- DELGADO, P.; VARGAS, C.; ACKERMAN, R., y SALMERÓN, L. (2018): "Don't throw away your printed books: A meta-analysis on the effects of reading media on reading comprehension". *Educational Research Review*, 25, 23-38.
- ALTAMURA, L.; VARGAS, C., y SALMERÓN, L. (2023): "Do new forms of reading pay off? A Meta-analysis on the relationship between leisure digital reading habits and text comprehension". *Review of Educational Research*, 00346543231216463.
- SALMERÓN, L.; ALTAMURA, L.; DELGADO, P.; KARAGIORGI, A., y VARGAS, C. (2024): "Reading comprehension on handheld devices versus on paper: a narrative review and meta-analysis of the medium effect and its moderators". *Journal of Educational Psychology*, 116(2), 153-172.

¿Cuánto tiempo debo dedicar a la lectura compartida?

Es difícil dar una respuesta fundamentada a esta pregunta por la falta de evidencia. Hemos visto alguna recomendación de leer de esta forma unos 45 minutos al día, repartidos en tres momentos. Hay que tener en cuenta que este tiempo incluye la lectura compartida que se hace en la escuela y la del hogar. Por ejemplo, si en el colegio se realizan habitualmente dos momentos de 15 minutos de lectura compartida, en casa lo completaríamos con otros 15 minutos para cumplir ese tiempo recomendado.

El *Barómetro de hábitos de lectura y compra de libros en España 2023* indica que en las familias en las que algún adulto lee en voz alta a menores de 6 años se dedican, como media, 2 horas y 39 minutos semanales a esta actividad. Esto equivaldría a unos 22 minutos diarios.

Sin embargo, el carácter agradable y de disfrute que queremos que tenga la lectura compartida no se lleva bien con el control del tiempo o el cumplimiento de plazos. Normalmente será suficiente con que hagamos lectura compartida narrando una historia o una parte de una historia más larga y que la actividad se detenga antes de que el niño o la niña que participa en ella muestre cansancio o aburrimiento.

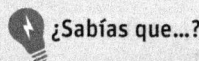 **¿Sabías que...?**

Durante la pandemia de COVID-19 aumentó el tiempo dedicado a la lectura compartida

Uno de los estudios sobre lectura que hemos realizado recogió información sobre hábitos lectores antes y durante el confinamiento de la pandemia de COVID-19. Participaron 659 padres y madres con hijos de entre 0 y 16 años. Este trabajo se titula *Efectos del teletrabajo y la digitalización en la lectura compartida entre padres e hijos* y fue publicado en 2023 por Nadina Gómez-Merino, Alba Rubio, Vicenta Ávila, Laura Gil y Federica Natalizi.

Los principales resultados fueron que:

- En general, el tiempo dedicado a lectura compartida fue mayor durante la pandemia que antes de ella.
- Las madres dedicaron más tiempo que los padres a la lectura compartida, tanto antes como durante la pandemia.
- El tiempo dedicado a lectura compartida fue similar entre las familias en que padres y madres teletrabajaron y aquellas en que trabajaron fuera de casa.
- La lectura compartida se realizó fundamentalmente en papel. Durante el confinamiento aumentó la lectura compartida con soporte digital, pero siguió siendo más frecuente la lectura en papel.

> **Conocer más**
>
> • CONECTA (2024): *Barómetro de hábitos de lectura y compra de libros en España 2023*. Federación de Gremios de Editores de España.
> • GÓMEZ-MERINO, N.; RUBIO, A.; ÁVILA, V.; GIL, L., y NATALIZI, F. (2023): "Efectos del teletrabajo y la digitalización en la lectura compartida entre padres e hijos". *Bordón. Revista de Pedagogía*, 75(1), 65-81.

¿Es bueno hacer lectura compartida cuando ya se ha aprendido a leer?

Una vez que se ha iniciado la enseñanza formal de la lectura y el niño o la niña comienza a tener la habilidad de leer, es habitual que se reduzca el tiempo de lectura compartida. Está claro que, de alguna forma, la lectura compartida tiene que ir siendo sustituida por la lectura independiente. Sin embargo, un cambio gradual parece más interesante que una interrupción brusca.

Podríamos pensar que quien está comenzando a leer no hará el esfuerzo necesario si seguimos leyéndole. Esto es muy improbable y, por otra parte, en la época del aprendizaje inicial de la lectura se suele trabajar con escritos breves y muy sencillos. Además, el esfuerzo de quienes se están iniciando en la lectura se suele centrar en la decodificación (leer correctamente) más que en la comprensión.

Continuar haciendo lectura compartida en ese tiempo permite tener contacto con vocabulario, estructuras sintácticas y estructuras de textos más complejos y sofisticados que los que se podrían encontrar en la lectura independiente. Sí que es recomendable utilizar también recursos para favorecer la práctica de la lectura, como escuchar con atención la lectura en voz alta que hace el niño o la niña.

En el artículo titulado "Eficacia de un programa de implicación familiar en la lectura de alumnado de 1.º de Educación Primaria", Juan Mora, Arturo Galán y Marta López presentan una intervención llamada "¿Me lees un cuento, por favor?".

En este programa se animaba a las familias a participar con sus hijos e hijas en dos situaciones diarias de lectura:

1. Pedir por la tarde un rato de lectura en voz alta de 10 o 15 minutos. Durante ese rato, el padre o la madre escuchaba la lectura y después realizaba una acción de las siguientes:
   - Pedir al niño o niña que cuente algo de lo que ha leído.
   - Contar alguna historia parecida.
   - Inventarse la continuación o tratar de adivinar qué sucede después de lo leído.
   - Hacer preguntas sobre lo que se ha leído.
   - Imaginarse otro protagonista.
2. Leer al niño o niña un rato alrededor de la cena o justo antes de dormir.

Este programa mostró resultados positivos en decodificación, comprensión lectora, comprensión oral y motivación para la lectura, lo que indica que puede ser beneficioso combinar la lectura independiente con la escucha de textos narrados por adultos.

Conocer más

- Mora-Figueroa, J., Galán, A., y López-Jurado, M. (2016). Eficacia de un programa de implicación familiar en la lectura de alumnado de 1.º de Educación Primaria. *Revista de Psicodidáctica*, 21(2), 375-391.

Subiendo de nivel

Este capítulo ha tenido una clara protagonista, que es la lectura compartida. También hemos presentado actividades y estrategias para trabajar los distintos procesos de comprensión lectora, pero en la edad en que se suele realizar la familiarización con el lenguaje escrito y el aprendizaje inicial de la lectura es muy habitual que todo eso se trabaje a través de la lectura compartida.

Sería muy tranquilizador poder presentar ahora evidencias que muestren, de forma clara e innegable, la eficacia de la lectura compartida. Desafortunadamente, esto no es posible. La lectura compartida ha sido bastante investigada, pero sus resultados son muy discretos. Atendiendo a algunas revisiones recientes:

- El efecto de la lectura compartida en el desarrollo del lenguaje es pequeño.
- Este efecto se da tanto en el lenguaje expresivo como en el comprensivo, pero es mayor en la expresión.
- No produce un efecto en el desarrollo del lenguaje significativamente mayor que el de otras actividades, como el entrenamiento de la conciencia fonológica o recordar y contar experiencias anteriores (por ejemplo, contar qué hemos hecho en el fin de semana).
- Los efectos sobre el desarrollo del lenguaje son significativos a corto plazo, pero no lo son en evaluaciones de seguimiento.
- La lectura compartida dialógica parece ser positiva en menores de 5 años en distintos aspectos: alfabetización, lenguaje, motivación para la lectura, vinculación con padre o madre, confianza de los padres en sus habilidades y estrés parental.

Conocer más

Los resultados que presentamos aquí están extraídos de revisiones de investigaciones sobre la lectura compartida.

- DOWDALL, N.; MELÉNDEZ-TORRES, G. J.; MURRAY, L.; GARDNER, F.; HARTFORD, L., y COOPER, P. J. (2020): "Shared picture book reading interventions for child language development: A systematic review and meta-analysis". *Child Development*, 91(2), e383-e399.
- NOBLE, C.; SALA, G.; PETER, M.; LINGWOOD, J.; ROWLAND, C.; GOBET, F., y PINE, J. (2019): "The impact of shared book reading on children's language skills: A meta-analysis". *Educational Research Review*, 28, 100290.
- PILLINGER, C., y VARDY, E. (2022): "The story so far: A systematic review of the dialogic reading literature". *Journal of Research in Reading*, 45(4), 533-548.

No olvides

☐ Muchas habilidades importantes para la comprensión lectora comienzan a desarrollarse antes del aprendizaje formal de la lectura. Entre ellas podemos destacar: el vocabulario, la sintaxis, la habilidad para construir inferencias y la percepción de la estructura del texto.

☐ Los procesos que forman la competencia lectora se pueden trabajar escuchando textos desde la etapa de Educación Infantil.

☐ La lectura compartida es una herramienta muy útil para realizar ese trabajo y para comenzar a utilizar algunas estrategias de comprensión.

☐ Una pequeña guía para hacer una buena lectura compartida:

- **Preparar para la lectura:** antes de la lectura, establecer los objetivos que se desean conseguir y hacer comentarios o preguntas para relacionar el texto con experiencias (es decir, activar los conocimientos previos). Por ejemplo, si se trata de un cuento de esquimales, se puede comenzar preguntando: "¿Alguna vez has visto un iglú?". Otras cuestiones iniciales pueden ser: "¿Qué cuento leemos hoy?, ¿por qué quieres ese?".

- **Durante la lectura:** comprobar la comprensión y solucionar los errores que se producen (es decir, monitorizamos la lectura). Algunas tareas que podemos realizar: identificación de letras o palabras ("da una palmada cada vez que escuches el nombre del caballo"), realización de inferencias, como predicciones sobre qué pasará en la historia; recuerdo de información que ha aparecido previamente en el texto y solucionar errores en la identificación o la comprensión (por ejemplo, releyendo o añadiendo información que no está en el texto).

Seguir los intereses e interactuar es más importante que leer el texto literalmente.

Se deben utilizar estrategias como la expansión de información, así como un buen *feedback* durante la lectura compartida.

- **Al finalizar la lectura:** es momento de resumir, sintetizar y extender el conocimiento obtenido. Podemos ayudar a resumir sucesos, sentimientos, conclusiones de la lectura o repetir palabras nuevas que hemos aprendido.

Parte IV

Atención a la diversidad

Capítulo doce

La diversidad en el aula

Dentro de una misma aula puede coincidir alumnado con características muy distintas. Por ejemplo, imaginemos un aula donde coinciden un alumno con discapacidad visual, una alumna con discapacidad auditiva y otro con un trastorno del desarrollo del lenguaje.

En el caso del alumno con discapacidad visual, las vías auditiva y táctil serán el principal modo de acceso al aprendizaje de la lectoescritura. En la alumna con discapacidad auditiva, nos serviremos de pistas visuales para sostener la enseñanza de las relaciones grafema-fonema. Por ejemplo, utilizaremos gestos de apoyo a la pronunciación para representar el fonema /b/ y el fonema /p/, completando la información que a través de la vía auditiva resultaría inestable. Respecto a la alumna con trastorno del desarrollo del lenguaje, tendríamos en cuenta sus limitaciones lingüísticas para cuidar la presentación de los contenidos, especialmente si estas afectan a la percepción de los sonidos del habla y el aprendizaje de la fonología.

Todavía podemos rizar más el rizo, pues muchas veces ni siquiera es posible aplicar las mismas herramientas a alumnado con el mismo tipo de dificultad, ¡pensemos por ejemplo en la gran variabilidad que puede existir en alumnado con trastorno del espectro autista!, desde quien aprende a "descifrar" los grafemas con fluidez a una edad muy temprana (esto se conoce como hiperlexia) hasta quien presenta serias dificultades para identificar incluso las vocales.

Como ya habrás deducido (y probablemente por esa razón tengas interés en la lectura de este capítulo), enseñar a leer y a escribir a alumnado diverso no es una tarea sencilla, especialmente cuando estamos enseñando a toda una clase. Por eso queremos exponer brevemente algunas orientaciones, herramientas y pautas que puedes incorporar como ayuda en tu trabajo.

¿Por qué es importante profundizar en esto?

Cuando invitamos a alguien a comer a casa intentamos preparar un menú de su agrado para que los comensales queden satisfechos. Sin embargo, si alguno de nuestros invitados presenta algún tipo de intolerancia, adaptamos nuestro menú, eliminamos ingredientes o sustituimos algunos platos para que esta persona pueda disfrutar de una deliciosa comida de la misma manera que lo harán el resto de los comensales.

Una situación similar ocurre con la enseñanza de la lectura a alumnado con necesidades educativas especiales (NEE) o necesidades específicas de apoyo educativo (NEAE), pues pueden requerir que adaptemos la manera de enseñar la lectoescritura a sus características.

Estas adaptaciones pueden llegar a ser muy personalizadas y eso implica un buen conocimiento de la persona a la que se destinan. Por otra parte, podemos ahorrar tiempo o esfuerzo conociendo algunos recursos que ya se han probado en estas situaciones. En este capítulo trataremos algunos de los aspectos que debemos tener en cuenta en este proceso. En lugar de ir centrándonos en cada posible dificultad, lo vamos a estructurar en cuatro partes:

1. La zona de desarrollo próximo.
2. Aprendizaje sin error.
3. Presentación controlada del contenido.
4. Aprendizaje centrado en los intereses del alumno/a.

¿Cómo enseñar a leer y escribir a alumnado diverso? La zona de desarrollo próximo

Si eres docente, es casi seguro que cuando estudiabas la carrera escuchaste muchas veces el concepto "zona de desarrollo próximo". Por si acaso no tuviste o no aprovechaste esa oportunidad, vamos a explicarlo brevemente.

El concepto "zona de desarrollo próximo" (ZDP) fue propuesto por el psicólogo Lev Vygotsky. Se refiere a la diferencia entre lo que un niño/a puede hacer por sí solo y lo que puede lograr con la ayuda de un adulto o compañero/a mayor o más avanzado/a.

Dicho de otra forma más técnica, la zona de desarrollo próximo es la distancia entre el nivel de desarrollo actual (lo que se puede hacer de forma independiente) y el nivel de desarrollo potencial (lo que se puede hacer con ayuda).

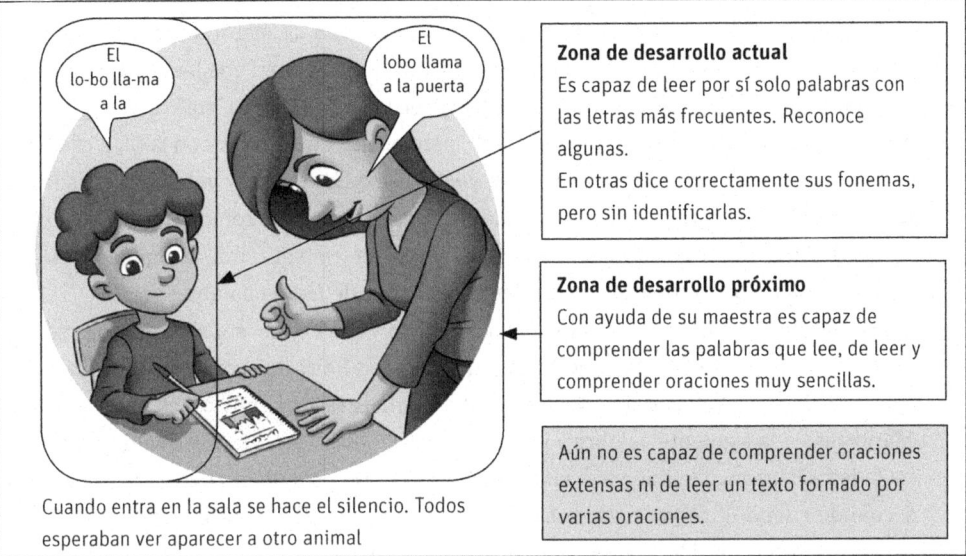

El
lo-bo lla-ma
a la

El
lobo llama
a la puerta

Zona de desarrollo actual
Es capaz de leer por sí solo palabras con las letras más frecuentes. Reconoce algunas.
En otras dice correctamente sus fonemas, pero sin identificarlas.

Zona de desarrollo próximo
Con ayuda de su maestra es capaz de comprender las palabras que lee, de leer y comprender oraciones muy sencillas.

Aún no es capaz de comprender oraciones extensas ni de leer un texto formado por varias oraciones.

Cuando entra en la sala se hace el silencio. Todos esperaban ver aparecer a otro animal

Vamos a poner un ejemplo con este niño. Si le pedimos que realice una tarea de nombrar vocales, sus habilidades superan con creces la dificultad de lo que le solicitamos. Ya reconoce bien las vocales y, por tanto, no aprenderá nada nuevo en esa clase.

En el extremo opuesto, podríamos pedirle que lea un texto largo escrito con letra pequeña, oraciones largas y palabras complejas como "avergonzados" o "trai cionado". Seguramente esta petición sea desmesurada para sus habilidades actuales. No podrá hacerlo bien ni con ayuda de la maestra. Como consecuencia no aprenderá lo que esperábamos.

Sin embargo, si le pedimos que lea frases sencillas, redactadas con palabras que es capaz de descifrar y, además, le ayudamos a sintetizar los sonidos que forman esas palabras, seguramente sea capaz de aprender algo nuevo. En este caso estaríamos trabajando en su zona de desarrollo próximo.

Veamos otro ejemplo sobre cómo se aplicaría este concepto a la enseñanza de la lectura en alumnado con NEAE:

Mario es un niño con dificultades en el habla. Después del colegio asiste al logopeda para mejorar su pronunciación, porque cuando habla se "come letras". Recientemente ha mejorado, antes pronunciaba mal palabras con sílabas terminadas en consonante como "alto" y "pasta", en su lugar decía "ato" y "pata". Ahora sabe decirlas bien, pero todavía le quedan cosas por aprender como cuando hay dos consonantes que se pronuncian juntas, como ocurre en "plato" o "plaza". Mario aún dice "pato" y "paza".

En el curso de Mario están aprendiendo a leer. Ya han trabajado varias letras, conocen las vocales y algunas consonantes como la "M", la "T", la "S", la "P" y la "L". A él le encanta aprender a leer, conoce cómo suenan esas cinco consonantes al unirlas con las vocales y ha sido capaz de leer palabras como "mamá", "Mila", "malo", "Susi", "moto" y "Lola", todas ellas con una estructura silábica de consonante + vocal.

En la clase de hoy la "seño" les ha propuesto la actividad de leer individualmente más palabras, de la misma forma que han leído las anteriores. Tienen que leer las palabras de un cuadernillo y dibujar su significado. Algunas de las palabras son "sol", "sopla" y "tarta". Mario empieza por la primera palabra: "sol", pero no sabe qué hacer con la "l", a esa letra le falta una vocal. Mario llama a la "seño" y esta le explica que hay veces que las sílabas tienen tres letras o que la vocal va seguida de una consonante como "alto". La "seño" lo ayuda, le hace una demostración, le explica cómo se lee "sal", "mil" y algunas cuantas palabras más. Mario empieza a entenderlo y es capaz de leer la palabra "sol".

Luego llega a la palabra "sopla". Para Mario es raro. Primero lee "sopala", después se fija más y tampoco entiende por qué en la palabra "sopla" hay dos consonantes juntas. En este caso, Mario y la "seño" lo intentan, pero a Mario le resulta muy difícil de entender.

Mario pasa a la siguiente palabra y llega a "tarta". En este caso, Mario no sabe cómo suena la letra "r", nunca la han visto en clase. Además, le cuesta distinguir cuándo suena "r" y cuándo suena "l". A veces no sabe distinguir palabras como "pela" y "pera". Así que, aunque la "seño" le dice cuál es la letra "r" y cómo suena, para él es muy difícil esa palabra: empieza a leerla, pero al llegar a la letra "r" ya ha olvidado cómo sonaba.

En el ejemplo vemos cómo Mario se enfrenta a dos situaciones. Por un lado, está la lectura de sílabas inversas. Este es un aprendizaje que se sitúa en su zona de desarrollo próximo, pues es algo que todavía no conoce, pero es capaz de aprender con la ayuda de un adulto, siempre y cuando estas sílabas estén formadas por las letras que ya conoce.

En cambio, la lectura de sinfones, que implica la decodificación y producción de dos consonantes consecutivas, o la lectura de una sílaba mixta, terminada en una consonante que aún le resulta desconocida y que, además, representa un fonema que Mario no discrimina bien, desbordan por el momento las habilidades de Mario. Tanto si cuenta con ayuda como si no, el niño desiste en el aprendizaje.

De este ejemplo nos gustaría subrayar dos aspectos esenciales. El primero es que en las primeras fases del aprendizaje de la lectura el progreso está bastante relacionado con el nivel de desarrollo fonológico del alumnado. Por eso es importante la coordinación entre el profesorado y logopedas así como con los maestros especialistas en audición y lenguaje que atienden al alumnado con dificultades de habla y lenguaje, para determinar, programar y desarrollar los contenidos de aprendizaje.

El segundo aspecto es que hay un estrecho lazo entre la motivación y la adecuación del material a las características del alumnado. Esto es algo que solemos experimentar en el aprendizaje de nuevas habilidades. Tener éxito en tareas que supongan un pequeño reto nos causa satisfacción y nos anima a afrontar actividades de mayor dificultad. Si queremos ser excelentes pianistas, dominar la escalada o la programación informática, comenzaremos con melodías sencillas, un rocódromo para principiantes o un sencillo programa que mueva una figura por una pantalla.

Si la persona que nos está formando nos anima a interpretar un concierto de Rachmaninoff, subir una pared extremadamente difícil o programar la circulación automatizada de la red de metro de Barcelona, la experiencia será desastrosa y quizá asumiremos que "esto no es lo mío".

En resumen, la zona de desarrollo próximo cobra especial relevancia cuando trabajamos con alumnado con NEE o NEAE. Hay que tener en cuenta que el punto de partida, las habilidades con las que cuenta el alumnado, será esencial para determinar el contenido que necesita trabajar y los apoyos que requiere para acceder a la lectura y la escritura.

En su libro *Leer para hablar*, Marc Monfort y Adoración Juárez escriben lo siguiente:

> Es evidente que los niños que atendemos presentan alteraciones y limitaciones endógenas, pero lo es también que el origen de sus dificultades de aprendizaje no está solo en la presencia del déficit sino también en la insuficiencia del ajuste social que somos capaces de proporcionarles.

En las próximas secciones trataremos de mostrar formas de concretar ese "ajuste social" que requiere parte del alumnado con NEE o NEAE para acceder a la lectura.

Conocer más

- MONFORT, M., y JUÁREZ, A. (2015): *Leer para hablar* (3.ª ed.). Entha.

¿Por qué utilizar el aprendizaje sin error?

Mucha gente se beneficia del aprendizaje por ensayo y error. Para la mayor parte del alumnado resulta provechoso practicar la lectura y la escritura y tener la oportunidad de conocer y corregir sus errores. Sin embargo, para una parte del alumnado con dificultades, especialmente para algunas personas con necesidades educativas especiales, el enfoque de ensayo y error no suele ser tan adecuado por diversos motivos:

- Su aprendizaje suele ser más lento. Esta es una de las razones por las que percibimos que tienen dificultades.
- Son comunes las dificultades en autorregulación, de modo que muestran menor capacidad para valorar cómo están realizando una actividad, detectar problemas o errores y tomar las medidas necesarias para corregirlos.
- Los recursos cognitivos o de procesamiento[23] son limitados y el hecho de prestar atención al error, corregir y retener lo que es correcto podría agotarlos o desbordarlos. Durante el aprendizaje inicial de la lectoescritura, descifrar palabras o escribirlas demanda bastantes recursos. Si añadimos una carga extra pidiendo que atienda a los errores y su solución, esta demanda puede ser excesiva y eso suele hacer que se pierda o descuide información importante o provocar un efecto de "cuello de botella" en la ejecución de la tarea. Se puede encontrar más información sobre esto en el libro sobre memoria de trabajo de Susan Gathercole y Tracy Alloway.

El aprendizaje "sin error" es especialmente interesante en la enseñanza inicial de la lectura, ya que cuando enseñamos al alumnado a descifrar las letras (o grafemas) y convertirlas en sonidos (o fonemas), básicamente estamos enseñándoles la asociación entre dos elementos cuya correspondencia es arbitraria. Aquí la letra "a" representa el sonido /a/. En cambio, en Japón han establecido que se represente con "あ". Como venimos diciendo desde el primer capítulo, no hay ninguna forma de deducir su equivalencia si no lo hacemos a través de un aprendizaje explícito y de la exposición repetida a esa asociación.

Somos conscientes de que el nombre "aprendizaje sin error" puede dar lugar a malas interpretaciones. No queremos que pienses que se trata de plantear actividades muy fáciles, en las que no haya equivocaciones, o de dar tanta ayuda que las actividades siempre salgan bien, porque equivocarse sea malo para el aprendizaje de la lectura, no. De hecho, volviendo al libro *Leer para hablar*, de Monfort y Juárez, el "aprendizaje sin error" es más bien una utopía y en la práctica se refiere más bien a reducir la probabilidad de cometer errores.

Con esta estrategia pretendemos facilitar el aprendizaje de las reglas de conversión grafema-fonema a través de la presentación del material en diversas situaciones

---

[23] Existen distintas formas de llamar a estos recursos. Entre ellas está la denominación "memoria de trabajo", que proviene de la psicología cognitiva y se ha hecho relativamente popular en modelos y explicaciones del aprendizaje de la lectura y la escritura. El esfuerzo cognitivo o la atención consciente son otras formas de referirse a estos recursos.

de éxito, sin interferencia, con el fin de lograr una correcta automatización de esta asociación. Vamos a utilizar ayudas como pistas sobre la respuesta o reducción de la cantidad de estímulos que presentar. Poco a poco iremos desvaneciendo esas ayudas, a medida que el alumnado progrese en su aprendizaje. Por tanto, las posibilidades de cometer
errores van aumentando, pero lo hacen al mismo tiempo que aumentan el conocimiento y las herramientas personales que pueden servir para evitar confundirse.

Vamos a presentar cuatro técnicas para el aprendizaje sin error. Forman parte de
un grupo de seis recomendaciones recogidas por Michael Mueller, Christine Palkovic y
Cynthia Maynard, y nos han parecido aplicables para la enseñanza de la lectura.

Conocer más

- GATHERCOLE, S. E., y ALLOWAY, T, P. (2008): *Working memory and learning: a practical guide for teachers*. Sage.
- MUELLER, M. M.; PALKOVIC, C. M., y MAYNARD, C. S. (2007): "Errorless learning: review and practical applica-
  tion for teaching children with pervasive developmental disorders". *Psychology in the Schools*, 44, 691-700.

Aparición gradual

Cuando hay alternativas distintas a la correcta, las presentamos con menor tamaño.
Mientras avanza el trabajo, se va aumentando el tamaño de estas alternativas incorrectas hasta que tengan un tamaño similar al de la alternativa correcta.

Supongamos que le pedimos a Sofía que señale o rodee la primera letra de su
nombre. Según la técnica de la aparición gradual, aquí veríamos un ejemplo del
comienzo de esta actividad, de un momento en el que ya tiene práctica y de otro
momento posterior en el que ya la domina.

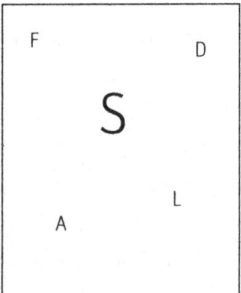 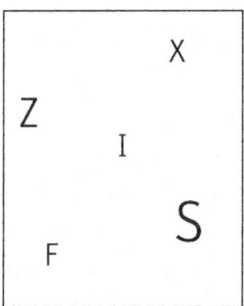 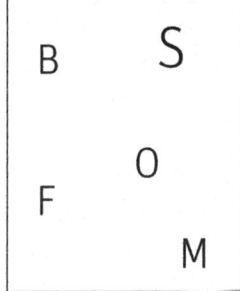

Retraso en la ayuda

Al principio, la ayuda se presenta muy rápidamente, incluso antes de que el niño o
la niña con quien trabajamos pueda responder. Esta ayuda se va demorando gra-
dualmente, dejando cada vez más tiempo para poder responder.

Por ejemplo, si estamos leyendo con Sofía una lista de palabras, primero la
leemos en voz alta con ella (lectura simultánea): "eso, osos, asa". Posteriormente le

dejaremos que lea las palabras y, si no pronuncia inmediatamente la consonante, le daremos una pista fonológica: /sss/. Más adelante, si duda con la consonante esperaremos un momento para darle la oportunidad de recordar su sonido y si no lo consigue, le daremos la pista fonológica.

Evitación de la respuesta incorrecta

Se trata de prevenir o impedir, físicamente o en el diseño de la actividad, que se responda incorrectamente. Normalmente, esto se hace bloqueando de alguna forma la respuesta equivocada.

Por ejemplo, hemos observado que Sofía confunde "Z" con "S". Le vamos a proponer una actividad en la que tiene que encontrar palabras con "S" y meterlas en una caja. Una forma de evitar respuestas incorrectas puede ser no incluir palabras con "Z". Otra puede ser que las palabras con "Z" no se puedan despegar para meterlas en la caja.

Superposición con desvanecimiento

Se trata de acompañar los elementos que hay que aprender con otros que ya son conocidos. Estos elementos conocidos disminuyen o se retiran posteriormente.

Por ejemplo, cuando Sofía busca palabras con "S", una de las que se incluyen puede ser su propio nombre. Como ya ha aprendido bien que su nombre empieza con "S", le puede servir como modelo o referencia para otras palabras. Cuando está leyendo palabras con "S", se puede colocar un recordatorio sobre esta letra (una serpiente que adopta la forma de la "S"). Más adelante, el recordatorio se presenta con un tamaño menor, o se coloca solo al comienzo de la hoja, hasta retirarlo completamente.

Una propuesta para Noelia

Vamos a intentar poner un ejemplo del uso de técnicas de aprendizaje sin error a partir del trabajo que se está haciendo con Noelia.

Noelia es una alumna con 8 años que está cursando 2.º de Primaria y tiene discapacidad intelectual. Aunque ha seguido el programa de lectoescritura de su clase, su aprovechamiento ha sido mínimo. Actualmente solamente conoce las vocales y no es capaz de identificar de forma consistente ninguna consonante. Reconoce de forma global algunas palabras, pero cuando las encuentra fuera del contexto de la actividad de aula no parece capaz de leerlas.

En este curso, uno de los objetivos de su plan de apoyo es aprender la consonante "M", que es la primera que se presenta en el programa de lectoescritura del colegio.

A Noelia le encanta la pintura de dedos y su maestra ha pensado en premiarla repasando con color tarjetas con la letra "M" o "m" cuando realice correctamente las actividades.

La maestra de apoyo ha preparado algunos materiales de dificultad progresiva. Su idea es que los trabaje, primero con ella y después pueda utilizarlos en el aula, con la supervisión de la maestra o de algún compañero o compañera. Veamos algunas muestras.

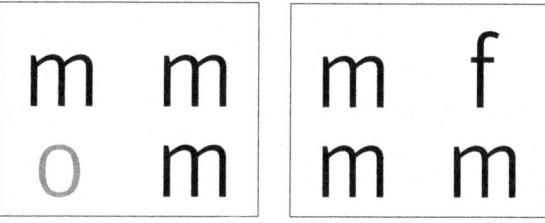

Han plastificado las tarjetas para que se puedan utilizar varias veces. La tarea consiste en rodear con un rotulador borrable la letra "m". La maestra de apoyo la trabaja individualmente con Noelia, pero dentro del aula. Así, el grupo de trabajo de Noelia (también se ha acercado gente curiosa de otros grupos) puede ver cómo se realiza la actividad.

Vemos que en estas dos tarjetas hay muchos elementos correctos ("m") y pocos incorrectos ("o" y "f"). Los elementos incorrectos son bastante diferentes a "m". En la primera tarjeta, el elemento incorrecto tiene un color diferente y además es una vocal, una de las pocas letras que Noelia reconoce.

En la segunda tarjeta se ha desvanecido la ayuda del color, pero la letra incorrecta es bastante diferente de "m", tanto en su forma como en el sonido que representa.

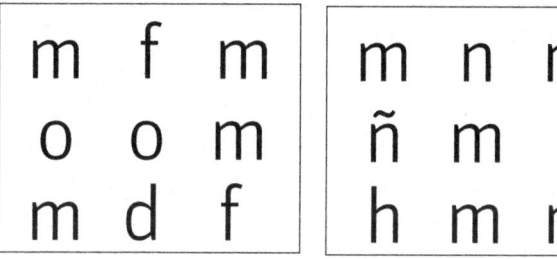

En estas tarjetas, el nivel de dificultad ha aumentado. Aparecen más elementos y los correctos ("m") son menos de la mitad. Además, en la última tarjeta ya hay letras parecidas a "m".

Además, una sugerencia interesante es imprimir y plastificar las letras por separado y también disponer de la misma letra en varios colores, de esta forma el docente puede inventar multitud de juegos y graduar la dificultad del material fácilmente. Por ejemplo, para aprender la letra "m" puede plantear una búsqueda del tesoro donde esconda por la clase varias tarjetas con la letra que se ha de encontrar, la "m", y esconda también otra letra para descartar, por ejemplo, la "t". Si el docente quiere hacerlo más sencillo, al principio esconderá 10 fichas con la letra "m" y 2 con la letra "t", y si todavía lo quiere facilitar más, la letra "m" será de un color y la "t" de otro.

¿Qué otros recursos se pueden utilizar en el aprendizaje sin error?

En los capítulos siete, nueve y diez, sobre enseñanza de la decodificación, la escritura inicial y la comprensión hemos podido encontrar varias sugerencias de ayudas que pueden utilizarse en la enseñanza de estas habilidades. Por supuesto, estas también se pueden utilizar en el aprendizaje sin error. Veamos ahora algunos ejemplos de ayudas en tareas distintas al reconocimiento de letras que acabamos de exponer.

En el aprendizaje de las relaciones grafema-fonema nos pueden ser útiles los recordatorios del sonido que corresponde a cada grafema. Ya vimos que cuentan con mayor respaldo los que presentan imágenes de palabras familiares que comienzan con ese sonido, pero puede haber alumnado que se beneficie de gestos.

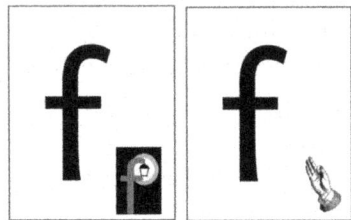

El recordatorio no tiene por qué estar integrado en la tarjeta en la que mostramos la letra o en la hoja de lectura. Podemos enseñarlo o hacer el gesto con la mano cuando consideremos oportuno y eso puede servir para controlar el retraso en la ayuda.

Durante la práctica de la lectura podemos prevenir errores frecuentes señalando letras o estructuras silábicas que suelan producir confusión, diferenciando letras que resulten muy parecidas, que puedan representar distintos sonidos o que formen parte de dígrafos.

En la escritura, la guía del movimiento, los puntos que señalan el inicio de los rasgos de las letras, las flechas de dirección, los punteados y siluetas de las letras para repasar, los modelos o las pautas pueden ser ayudas para evitar errores.

¿Cómo presentar de forma controlada el contenido en la enseñanza inicial de la lectoescritura?

El tipo de contenido que se muestre en la tarea y la forma de presentarlo también son cruciales en la enseñanza inicial de la lectoescritura. En esta sección vamos a ver de qué forma podemos favorecer el aprendizaje distribuyendo adecuadamente el contenido, teniendo en cuenta los problemas o dificultades del alumnado.

Alumnado con dificultades en el habla

¿Recuerdas a Mario, aquel alumno que "se comía letras al hablar"? Al revisar investigación sobre el rendimiento en lectura del alumnado con trastornos en el habla hemos encontrado que tienen, como grupo, un rendimiento claramente menor en lectura y escritura en comparación con quienes no tienen esas dificultades. Según los datos que hemos recogido, el 36 % del alumnado con trastornos del habla tendría bajo rendimiento en lectura en el futuro, y el 24 %, bajo rendimiento en escritura.

La unión de los problemas de habla y los problemas de lectura y escritura parece estar relacionada con problemas en la percepción del habla y con dificultades en la conciencia fonológica. Ya hemos visto repetidamente cómo la clave en la alfabetización inicial es el aprendizaje de las relaciones entre grafemas y fonemas.

La discriminación fonológica es "la capacidad para diferenciar unos fonemas de otros, incluyendo aquellos que por sus características de articulación y pronunciación resultan muy similares". En la escuela es muy común que llamemos a esto "discriminación auditiva", aunque ese es un término más amplio porque incluye también la habilidad para diferenciar sonidos diferentes a los del habla, por ejemplo, distinguir el canto de un pájaro del sonido de una flauta.

Volviendo a la presentación de contenidos, si trabajamos con alguien que muestra dificultades para distinguir fonemas, por ejemplo: /t/ y /k/; /r/, /d/ y /l/ o /p/ y /b/, convendría evitar trabajar esos sonidos en una misma sesión, o introducir consecutivamente las letras que los representan.

Además, conviene consultar con los logopedas, o bien con los maestros especialistas en audición y lenguaje, que tal vez puedan recomendar un orden de trabajo que favorezca la discriminación de los fonemas confusos y, por tanto, el aprendizaje de su relación con los grafemas.

En el libro *Leer para hablar*, que ya hemos mencionado anteriormente, Marc Monfort y Adoración Juárez proponen que cuando encontramos a alumnado que sustituye fonemas en el habla, los grafemas que se corresponden con esa alteración deben recibir un trato diferenciado y no incluirse en los primeros pasos del aprendizaje. También presentan una lista de letras que habría que evitar cuando se introduce un nuevo grafema, ya sea por su parecido gráfico como por la similitud en los fonemas que representan.

La tabla que presentamos a continuación recoge los casos en que la similitud es auditiva. Hemos añadido una explicación de los motivos por los que esos fonemas se parecen y pueden dar lugar a confusión en el alumnado con un repertorio de sonidos (repertorio fonológico) inmaduro.

Para entender esta columna hay que tener en cuenta que cuando comparamos dos fonemas consideramos unos rasgos específicos. Estos rasgos que diferencian un fonema de otro se llaman rasgos distintivos y entre ellos hay cuatro características muy importantes:

1. **La sonoridad:** al articular algunos fonemas, las cuerdas vocales vibran, produciendo sonido. Por ejemplo, esto sucede en las vocales y en consonantes como /m/ o /d/. En otras como /f/ o /p/ no se produce esa vibración.

2. **El punto de articulación:** se refiere al lugar donde se juntan dos partes de nuestro aparato fonatorio para producir un sonido consonántico, por ejemplo, los labios (/b/ o /p/), la lengua y los dientes (/z/) o la lengua y el paladar (/ch/ o /y/).

3. **El modo de articulación:** es la forma como se interrumpe o se estrecha el paso de aire al articular el fonema.

4. **La nasalidad:** al emitir algunos fonemas como /m/ o /n/ circula aire por la nariz. En otros, como /l/ o /s/, el aire pasa únicamente por la boca. A los primeros se les llama nasales y a los segundos, orales.

Cuantos más rasgos en común tienen dos fonemas, más difícil es diferenciarlos.

Además de trabajar la discriminación de los fonemas que se confunden, otro recurso útil pueden ser los gestos de apoyo al fonema. Se trata de signos que recuerdan cómo se emite cada sonido. Cuando trabajamos con alumnado que tiene dificultades para distinguir fonemas, los podemos utilizar como una pista visual adicional para acompañar al sonido.

En esta ilustración vemos cómo el gesto que realiza el maestro acompañando la sílaba "ra" ayuda al alumno a saber qué palabra le está dictando.

Existen distintas alternativas como el alfabeto dactilológico, los gestos para los fonemas de Pilar Fernández o los de las cartillas del método de lectoescritura "Micho". Se utilizan bastante y, por tanto, es fácil encontrarlos en carteles, tarjetas o vídeos, los gestos de Marc Monfort y Adoración Juárez.

Al utilizar este tipo de ayudas nos puede inquietar la idea de que podamos estar dificultando o retrasando el aprendizaje de la relación entre el grafema y el fonema. No tenemos razones para pensar que esto ocurra. Además, una vez que se dominan los fonemas en los que había confusión, desvanecemos y retiramos la ayuda.

Pautas para introducir grafemas cuando hay dificultades fonológicas[24]		
Nuevo grafema	**Evitar introducirlo junto a**	**Motivo**
t	p	Comparten muchos rasgos y su diferencia es bastante sutil: /p/ se articula juntando los labios y /t/ tocando los incisivos superiores con la lengua.
n	m	Los fonemas /m/ y /n/ son nasales y ambos se producen con vibración en las cuerdas vocales.
n	l	En /n/ y /l/ la punta de la lengua se coloca en los alvéolos de los incisivos superiores y se produce vibración de las cuerdas vocales.
c (ca, co, cu), k, qu	t	Los fonemas /k/ y /t/ se asemejan en la mayoría de sus rasgos, distinguiéndose en el punto de articulación.
f	s	Representan dos fonemas con modo de articulación fricativo: el aire circula a través de un paso muy estrecho, pero de forma continua, sin detenerse.
r	l	Tanto si "r" representa /r/ como si representa /R/, su punto de articulación es el mismo que en /l/ y en los tres casos se produce vibración en las cuerdas vocales.
b, v	m, p	Los fonemas /b/, /m/ y /p/ tienen en común que se pronuncian juntando los labios.
j, g (ge, gi)	c (ca, co, cu), k, qu	Los fonemas /j/ y /k/ son velares: la parte posterior de la lengua contacta con el velo del paladar. Además, se producen sin vibración de las cuerdas vocales.
z	s, f	Ya hemos visto las similitudes entre /f/ y /s/. Estas son compartidas , también por /z/.
d	b, v	/d/ y /b/ se diferencian en el punto de articulación, pero comparten otras características.
ch	s, f, z	El modo de articulación de /ch/ no es exactamente el mismo que el de /s/, /f/ y /z/ ya que el aire se detiene un momento antes de comenzar su paso, pero es muy similar. Además, también se producen sin vibración de las cuerdas vocales.
ñ	ll	Ambas se articulan elevando el dorso de la lengua hacia el paladar, pero la forma de expulsar el aire (modo de articulación) es distinta.

---

[24] Como hemos indicado al inicio del libro, vamos a utilizar la barra inclinada "/" como signo para señalar que nos estamos refiriendo a un fonema. Aunque lo más preciso sería transcribir los sonidos del habla con un alfabeto fonético, para no confundir a quienes no estén familiarizados con esos signos, utilizaremos letras del alfabeto español.

Alumnado con pérdida auditiva

Los problemas auditivos dificultan seriamente el aprendizaje de la lectura y la escritura, pudiendo llegar a impedir formar una referencia acústica clara de los fonemas. Estas dificultades no se manifiestan de una forma homogénea, ya que están condicionadas por el grado de la pérdida auditiva, el momento en que se produce, la medida en que afecta a las frecuencias habituales del habla, su efecto sobre el lenguaje oral o la eficacia de ayudas como los audífonos o implantes cocleares.

Como nuestro objetivo es el aprendizaje de la lectoescritura, deberemos tratar de suplir las limitaciones que produce la pérdida auditiva, facilitando la percepción de los sonidos del habla para que las relaciones grafema-fonema se establezcan correctamente.

La observación de la boca y los órganos que intervienen en el habla puede ayudar a percibir y discriminar los fonemas. Recordemos que antes hemos indicado que /f/, /s/ y /z/ comparten varios rasgos, por lo que pueden resultar fáciles de confundir. Estos tres fonemas se diferencian por el punto de articulación, que es fácilmente visible.

Los gestos de apoyo a la articulación que hemos presentado en la sección anterior también pueden ser una ayuda. De hecho, su utilidad se ha estudiado en alumnado con discapacidad auditiva más que en alumnado con dificultades en el habla.

La palabra complementada es un recurso para alumnado con pérdida auditiva que sirve para "visualizar" la estructura de las palabras y su secuencia de fonemas.

Consiste en la realización de gestos durante el habla. Estos gestos representan lo que se está diciendo, pero no lo hacen de manera semántica, es decir, no se hace un gesto para representar la palabra "amor" o "profesor", como ocurre en la lengua de signos. La razón por la que esta ayuda se llama "palabra complementada" es que los gestos manuales complementan la observación de la boca del hablante (lectura de labios) con la intención de identificar claramente las sílabas y fonemas.

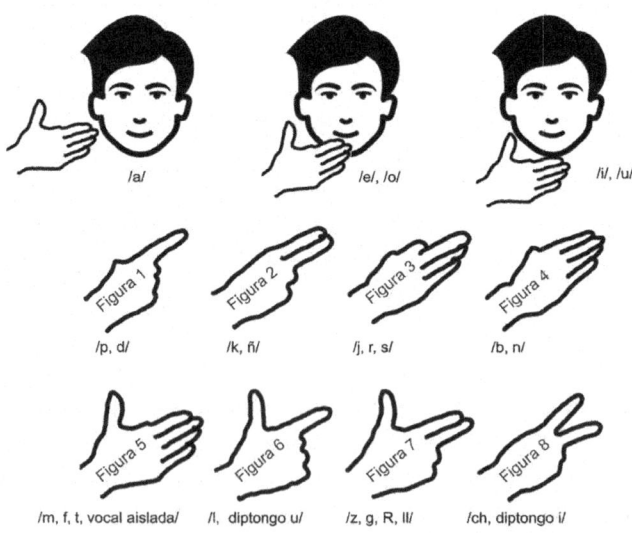

/a/ /e/, /o/ /i/, /u/

Figura 1 — /p, d/
Figura 2 — /k, ñ/
Figura 3 — /j, r, s/
Figura 4 — /b, n/

Figura 5 — /m, f, t, vocal aislada/
Figura 6 — /l, diptongo u/
Figura 7 — /z, g, R, ll/
Figura 8 — /ch, diptongo i/

En la palabra complementada hay tres elementos clave: las figuras, que informan de las consonantes que se articulan; las posiciones, que informan sobre las vocales, y el movimiento, que informa del tipo de estructura silábica que se representa.

En la parte inferior de la ilustración podemos ver las ocho figuras o posiciones de la mano. Cada una de ellas representa varias consonantes. Esto no es un problema porque son consonantes que se distinguen bien observando la boca. Precisamente, una de las intenciones de este sistema es ayudar a diferenciar consonantes como /p/ y /m/, que no se pueden distinguir observando la boca, y por eso se complementan con distintas figuras.

En la parte superior de la ilustración podemos ver las tres posiciones. El lugar donde colocamos la mano indica las vocales que estamos articulando[25]. Mientras que la mano al lado de la cara nos informa de que la vocal es /a/, las otras dos posiciones representan dos vocales cada una. Al igual que antes, la observación de la boca permite saber de cuál de las dos vocales se trata.

El movimiento que se realice con la mano orienta sobre el tipo de estructura silábica que se está representando: (consonante (C), vocal (V), CCV, VC). La palabra complementada cuenta con dos movimientos principales, uno para representar sílabas directas como /la/ o /fu/ y otro para representar consonantes aisladas que se emplea en las sílabas inversas, mixtas o sinfones. Además, algunos diptongos requieren el desplazamiento de la mano.

A diferencia de otras propuestas, para utilizar la palabra complementada debemos aprender y practicar el sistema. Existe algún manual que puede servir de ayuda, como *La palabra complementada*, de Santiago Torres y María José Ruiz, y es posible encontrar vídeos que explican su uso.

Hay investigación sobre su utilidad para desarrollar el lenguaje oral, la conciencia fonológica y el aprendizaje de la lectura y la escritura en alumnado con discapacidad auditiva. En el artículo *Los alumnos sordos y la lengua escrita*, Jesús Alegría y Ana Belén Domínguez exponen lo que ya se conocía en 2009 sobre este tema y otros aspectos sobre enseñanza de la lectoescritura a alumnado con discapacidad auditiva.

Conocer más

- ALEGRÍA, A. B., y DOMÍNGUEZ, J. (2009): "Los alumnos sordos y la lengua escrita". *Revista Latinoamericana de Educación Inclusiva*, 1(3), 95-111.
- TORRES, S., y RUIZ, M. J. (1996): *La palabra complementada*. CEPE.

---

[25] Cuando la "d" aparece entre vocales (como en "lado") se representa con la figura 2. La figura 6 sirve para representar la semiconsonante "u" y la figura 8 para representar la semiconsonante "i". Esto ocurre solamente en los diptongos crecientes ("ua, ue, uo, ui", como en "muela", que se representa con la figura 6, o "ia, ie, io, iu", como en "piano", que se representa con la figura 8). En los diptongos decrecientes se complementa cada vocal con su posición.

Alumnado con ceguera y discapacidad visual

En esta sección vamos a tener en cuenta dos situaciones: por una parte, el alumnado con ceguera, que es el que no dispone de visión, no percibe la luz o, si la percibe no puede localizar su procedencia. Por otra parte, el alumnado con baja visión o discapacidad visual grave o moderada tiene cierta capacidad de ver, pero necesita soporte para ejecutar tareas visuales en condiciones óptimas. Obviamente, entre esas tareas está el aprendizaje y el uso de la lectoescritura.

Al comenzar la enseñanza de la lectoescritura a alumnado con limitaciones visuales es importante tener en cuenta que sus conocimientos sobre el lenguaje escrito pueden ser menores que los del alumnado sin problemas en la visión.

En el capítulo siete pudimos ver cómo los conocimientos sobre el lenguaje escrito previos a la enseñanza formal de la lectoescritura se adquieren, sobre todo, por observación y participación en situaciones en las que se utilizan la lectura y la escritura. El alumnado con discapacidad visual, especialmente cuando esta es más grave, ha podido tener menos oportunidades de observar carteles, placas, libros, mapas, gente leyendo o escribiendo, etc.

Por tanto, desde una edad temprana tenemos que cuidar estas experiencias ampliando, proporcionando contraste, acercando o dando relieve o textura a las manifestaciones del lenguaje escrito con las que se suele tener contacto en la edad preescolar.

Otro problema que se nos puede pasar desapercibido se relaciona con la selección del vocabulario que vamos a utilizar en la enseñanza inicial de la lectoescritura. Aunque nos parezcan palabras sencillas, la exposición a los elementos a los que se refieren ha podido ser menor. Entonces, resultará más complicado asociar la palabra que leen con un objeto, una forma o una imagen.

> Gael tiene una discapacidad visual. Tras realizar un programa de estimulación visual se muestra capaz de distinguir letras escritas en tamaño grande, en papel mate, a una distancia cercana y con buena iluminación. Por este motivo se ha decidido probar a iniciar la enseñanza de la lectoescritura "en tinta" y no en sistema braille.
>
> Ya es capaz de leer palabras formadas con las vocales y las letras "l" y "n". Hoy está leyendo tarjetas con las palabras "lana", "león" y "luna". Ha leído correctamente las tres. "Lana" le hace pensar en su gorro, que es de lana; sabe que un león es un animal, ha oído muchas veces esa palabra y sabe que es fuerte y peligroso. Se imagina que es como un perro, pero muy, muy grande. La luna la ha visto en un libro que tiene en casa, pero está confuso. Inés, su compañera, dice que la luna es redonda y, a veces, es medio redonda. La luna del cuento es como un trozo de sandía, pero Gael no entiende que pueda ser redonda del todo, como la sandía entera.

Este problema es mayor en el caso de alumnado con ceguera, que tiene dificultades para formar conceptos de cosas con las que no puede tener un contacto físico.

Por eso, en la enseñanza inicial de la lectoescritura es importante comenzar utilizando conceptos próximos y de los que ya exista una imagen mental clara formada por el contacto con ellos, como sucedía con "lana" en el ejemplo anterior. La imagen mental de conceptos con los que no ha habido contacto directo puede ser muy vaga o estar distorsionada

Es probable que también tengamos que utilizar conceptos que no se pueden explorar con el tacto, como sucedía con "luna". En esos casos, antes de incluirlos en actividades de lectura conviene acercarse a ellos mediante muñecos, maquetas o descripciones verbales.

La limitada representación mental de algunos objetos o conceptos también influye cuando se hace lectura compartida. Un grupo de investigadores de la Universidad del Estado de Florida, liderados por Erika Fundelius, nos propone la elaboración de "cajas de libros" con elementos tangibles para que el alumnado con dificultades visuales pueda representar conceptos durante la narración de un cuento.

Estas cajas de libros pueden ser meras cajas de zapatos que contienen objetos y elementos que ayuden a tener una experiencia multisensorial con el contenido que se presenta en el libro. Por ejemplo, ante la lectura de un libro que tiene que ver con la granja, el alumnado puede oler, tocar y saborear diversas verduras que aparecen en el libro o manipular animales de plástico. Esta actividad también puede ser muy útil si se realiza previamente una experiencia que tenga que ver con el contenido del libro, por ejemplo, una excursión a una granja.

Las propuestas del equipo de Erika Fundelius siguen los principios del diseño universal para el aprendizaje o DUA. Curiosamente, encontramos varias coincidencias en una experiencia publicada en 1996 por Amparo Miñambres, Gloria Jové, José María Canadell y María Pilar Navarro con el título *¿Se pueden tocar los cuentos?*. Allí se fundamenta y se expone la adaptación de dos cuentos clásicos, creando una "maleta mágica" que contenía figuras con los personajes principales y elementos clave de las historias y también los dos textos, ilustrados en relieve y con texturas.

El grado de afectación visual del alumnado determinará en gran medida los recursos que necesitemos para apoyarlo en su inicio a la lectoescritura. En España, la Organización Nacional de Ciegos Españoles, conocida como la ONCE, ofrece asesoramiento, materiales adaptados y ayudas ópticas y tecnológicas para la educación. No obstante, el apoyo y las adaptaciones que realicemos en las aulas y en la familia serán muy importantes para el aprendizaje de la lectoescritura.

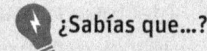
¿Sabías que...?

Existen ayudas tiflológicas y tiflotecnología

La enseñanza de la lectoescritura a personas con discapacidad visual es un campo en el que ha habido muchos avances. Entre ellos, se han desarrollado distintas ayudas técnicas para facilitar su aprendizaje y uso.

A las ayudas más simples o más comunes se las suele llamar ayudas tiflológicas (la raíz "tiflo-" viene del griego y significa "ciego"). Entre ellas tenemos las lupas para la lectura o la máquina Perkins para la escritura en braille.

A las ayudas con funcionamiento digital se las suele conocer como tiflotecnología. Entre ellas tendríamos, para la lectura:

- Aplicaciones para la ampliación de la pantalla.
- Conversión de texto a voz.
- Periféricos de línea braille, que convierten la información a código braille.
- Impresoras braille.

Para la escritura podemos contar con:

- Herramientas de dictado.
- Teclados tipo Perkins, que suelen estar integrados con la línea braille.
- Escáneres de texto.

Continúan desarrollándose nuevas ayudas. Los boletines "Innova accesibilidad" de la Fundación ONCE presentan los últimos avances en tecnología de apoyo a personas con discapacidad. Por ejemplo, en su número de febrero de 2023 informaban de un prototipo de bastón dotado de inteligencia artificial que había sido desarrollado por investigadores de la Universidad de Colorado. Entre otros usos, el bastón podía leer en voz alta las etiquetas de productos de supermercado.

Uno de los temores a los que nos enfrentamos es el de no saber qué recursos utilizar para favorecer el aprendizaje de la lectoescritura cuando esta se realiza con el sistema braille. Tal como han explicado Vicenta Ávila y Laura Gil en *Alumnat amb discapacitat visual*, en la infancia se suele comenzar a conocer el braille utilizando algún elemento que reproduzca la estructura de su signo generador: seis filas de puntos dispuestos en dos columnas. Con una huevera o un juguete "pop-it" podríamos preparar materiales para iniciar en el aprendizaje del braille al alumnado de menor edad.

Existen juguetes prebraille y, entre ellos, el más conocido es Braillín, un muñeco creado por la maestra argentina Virginia Pérez, con seis esferas dispuestas en su tronco, que se pueden ocultar o hacer sobresalir. Aunque este muñeco fue presentado y fabricado por la ONCE y la Asociación de la Investigación de la Industria del Juguete, actualmente solo se fabrica de forma artesanal.

Otra de las particularidades de la enseñanza de la lectoescritura en braille es asociar la percepción táctil con las letras y palabras correspondientes. Es recomendable trabajar la percepción táctil desde la Educación Infantil. La ONCE ofrece un programa de alfabetización y competencia lectoescritora llamado BRAITICO. Este programa es gratuito y se dirige a alumnado de 0 a 13 años. Los dos primeros módulos del programa BRAITICO proponen actividades para el desarrollo de habilidades de prelectura y prescritura braille. Se trata de un programa que combina recursos impresos, manipulativos e informáticos.

La enseñanza de la lectoescritura a personas con discapacidad visual tiene una larga historia. Por ejemplo, el braille comenzó a utilizarse en la primera mitad del siglo XIX. Se podría escribir un libro entero solo sobre este sistema. De hecho, existen libros y guías publicados sobre la enseñanza del braille. Para quien quiera conocer más recomendamos *Guía didáctica para la lectoescritura Braille* elaborada por Ismael Martínez-Liébana y Delfina Polo.

Conocer más

- ÁVILA, V., y GIL, L. (2019): Alumnat amb discapacitat visual. En D. Marín y A. Mañá (coords.): *Intervenció psicoeducativa en alumnat amb necessitats específiques de suport educatiu* (pp. 247-264). Tirant lo Blanch.
- FUNDELIUS, E.; WADE, T.; ROBBINS, A.; WANG, S.; MCCONOMY, M. A., y FUMERO, K. (2023): "Universal design principles for multimodal representation in literacy activities for preschoolers". *Inclusive Practices*, 2(1), 13-21.
- MARTÍNEZ-LIÉBANA, I., y POLO, D. (2004): *Guía didáctica para la lectoescritura braille*. ONCE.
- MIÑAMBRES, A.; JOVÉ, G.; CANADELL, J. M., y NAVARRO, M. P. (1996): *¿Se pueden tocar los cuentos?* ONCE

¿Qué código elegir?

¿Te acuerdas de Gael? Uno de los dilemas a los que se suelen enfrentar el profesorado y las familias de alumnado con discapacidad visual es decidir si enseñar a leer exclusivamente en braille, exclusivamente en tinta o si es adecuada la instrucción de ambos formatos en paralelo. Está claro que este dilema no se presenta cuando las limitaciones visuales son tan graves que no permiten la lectura por vía visual. La duda más bien surge ante casos como el de Gael, que tiene suficiente visión como para leer letras grandes en tinta, aunque es improbable que llegue a hacerlo con agilidad. También son dudosos los casos en los que hay incertidumbre respecto a la evolución de su visión. Entonces, la toma de decisiones resulta muy compleja.

Cuando las condiciones visuales son propicias, la lectura en tinta presenta varias ventajas sobre la lectura en braille: el procesamiento visual es más rápido y eficiente que el táctil y, sobre todo, la mayor parte de lo que se puede encontrar escrito está pensado para leerse de forma visual. Sin embargo, es recomendable que esta decisión se tome de forma multidisciplinar, teniendo en cuenta el diagnóstico y el pronóstico del problema visual, la funcionalidad visual con y sin ayudas ópticas, la habilidad y percepción táctil, el grado de fatiga y la comodidad en el trabajo visual o táctil, el tipo de recursos o adaptaciones que se van a poder utilizar con una edad más avanzada, la motivación del propio alumno o alumna y la disposición de su familia.

Podríamos pensar que el aprendizaje de los dos códigos es la opción más segura en los casos dudosos. Si esta es la decisión adoptada, la *Guía didáctica para la lectoescritura en braille*, que hemos mencionado antes, propone empezar por el braille, ya que es más sencillo pasar de braille a lectura visual que hacerlo al revés.

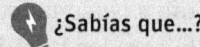
Sue Rogers, del Servicio de Apoyo Sensorial de Bristol, publicó en 2007 los resultados de una encuesta en la que preguntaba acerca de la experiencia de aprendizaje lector en ambas modalidades a alumnado que había sido instruido en braille y en tinta. De este trabajo podemos extraer algunas recomendaciones prácticas:

- La enseñanza de la lectura en las dos modalidades requiere una mayor inversión de tiempo y esfuerzo; por tanto, será necesario que ajustemos o reduzcamos otros contenidos de aprendizaje para no sobrecargar al alumnado.
- Es fundamental tener en cuenta a la familia, sus intereses y expectativas futuras respecto a la pérdida visual de su hijo. Su implicación en la enseñanza de la lectoescritura es clave.
- Cuando enseñamos braille en el aula es muy interesante que todo el alumnado tenga contacto y conozca los fundamentos del sistema. Además de ser un conocimiento cultural interesante, favorece que el alumnado con discapacidad visual acepte el sistema.

Conocer más

- ROGERS, S. (2007): "Learning braille and print together — the mainstream issues". *British Journal of Visual Impairment*, 25(2), 120-132.

¿Cómo centrar el aprendizaje de la lectoescritura en los intereses del alumnado?

Si te dedicas a la educación es posible que al leer el título de esta sección hayas pensado que se trata de algo obvio. Por distintos motivos, gran parte de nuestro alumnado tiene interés en aprender a leer y escribir: es algo que da acceso a historias, permite comunicarse, proporciona autonomía, hace sentirse "mayor", y nos hace entrar en una dimensión del mundo a la que no podíamos llegar sin conocer el código del lenguaje escrito.

Pero pueden darse casos en los que no sea así. El alumnado con trastorno del espectro autista se caracteriza por tener intereses restringidos. En los casos en los que el desarrollo cognitivo y verbal posibilite el aprendizaje de la lectoescritura es posible que esas actividades no estén en su repertorio de intereses. Trabajar centrándonos en sus intereses deja de ser una opción o una cuestión que negociar y se convierte en la única forma de poder acercarlos al aprendizaje.

Si alguna vez has trabajado en la etapa de Educación Primaria, es posible que te hayas encontrado con casos de alumnado con dislexia. ¿Alguna vez has oído o has dicho frases como estas?:

– No hay forma de hacer que lea.
– No lee bien pero tampoco pone de su parte.
– ¡No le gusta leer!, no practica. ¿Así cómo va a mejorar?

Vamos a cambiar el punto de vista. ¿Qué tal se te da patinar sobre hielo? Hay muchas personas, incluyendo a alguno de los autores de este libro, que tienen serias dificultades para no darse un buen trompazo cuando se calzan los patines. En muchas ocasiones, esto se supera y con un par de caídas la gente suele salir airosa, pero otras veces no hay manera: aunque uno se esfuerce, practique y le ayuden… ¡catapum! Imagínate que es tu caso, se te da fatal patinar y tienes serias dificultades para mantener el equilibrio. ¿Patinarías por placer? Seguramente ocuparías tu tiempo libre con otras actividades.

Ahora imagina que vivimos en el país del hielo: para ir al trabajo, para hacer la compra, para encontrarte con tus amistades, tienes que ir patinando, así que te caes, te haces daño, la gente se ríe al ver tu torpeza, llegas tarde… y eso ocurre todos los días. Así que acabas odiando patinar.

Volvamos al alumnado con dislexia u otras dificultades para el aprendizaje de la lectura: se encuentra con una actividad que no ha necesitado hasta ese momento, difícil, que no se le da bien, que debe realizar diariamente en el colegio y que cada vez va teniendo más importancia.

Algunas partes previas como la enseñanza acerca de las funciones del lenguaje escrito en el capítulo siete o los principios del aprendizaje sin error de este capítulo pueden prevenir o mejorar esa situación de incomprensión y sentimientos de incompetencia hacia la lectura. Ahora vamos a centrarnos en cómo desarrollar motivación hacia la lectura.

Muchos planes de lectura o de competencia lectora se centran en la motivación o en la creación de un hábito de lectura. Esto suena muy bien y suele dar lugar a actividades agradables y vistosas, como encuentros con escritores o escritoras, visitas a bibliotecas, intercambios o mercadillos de libros, celebraciones o concursos de lectura. Esperamos que eso produzca motivación, genere un hábito de lectura y, como consecuencia, consigamos mejoras en distintas áreas: precisión, fluidez, comprensión, ortografía o expresión escrita.

Para decepción de mucha gente, las aportaciones de la investigación reciente cuestionan esta propuesta. Lo podríamos resumir en tres puntos:

1. Hay actuaciones que mejoran la motivación para la lectura, pero las mejor investigadas y que han mostrado ser eficaces no coinciden con las que hemos descrito en el párrafo anterior.
2. Las actuaciones para mejorar la motivación lectora influyen positivamente en la competencia lectora, pero su efecto es pequeño.
3. Especialmente, en el alumnado con dificultades de aprendizaje la habilidad lectora se relaciona con la motivación futura y no al revés.

El tercer punto pone de manifiesto la gran responsabilidad que tenemos en la enseñanza inicial de la lectoescritura, pero también parece que nos hace llegar a un callejón sin salida: consideramos que este alumnado tiene dificultades de aprendizaje de la lectura y la escritura porque el nivel que alcanza es bastante inferior al que esperábamos y, como en la analogía del patinaje, por eso empiezan a aparecer la incomodidad y la evitación.

Así que vamos a centrarnos en los puntos 1 y 2. Algunas revisiones recientes de la investigación sobre motivación para la lectura distinguen tres tipos de actuaciones: autorregulación, entrenamiento atribucional y prácticas basadas en el interés.

Autorregulación

La autorregulación se refiere a la supervisión, la evaluación y la toma de decisiones para mejorar la forma como se está leyendo. Se corresponde, en parte, con lo que en el capítulo once llamábamos "metacognición" o "regular la propia comprensión".

La mayor parte de lo que podemos encontrar sobre autorregulación se centra en la comprensión lectora y se destina a alumnado a partir del tercer curso de Educación Primaria. Pero la autorregulación se puede utilizar en cursos inferiores y con otros contenidos. Por ejemplo, estás utilizando la autorregulación si quieres leer sin errores una lista de palabras (objetivo), te das cuenta de que te has equivocado varias veces (autosupervisión) y decides utilizar un recurso para disminuir el número de errores (toma de decisiones), como leer más despacio o mirar antes la lista.

Con el alumnado que se está iniciando en la lectoescritura podemos hacer pequeñas experiencias de autorregulación; por ejemplo, podríamos formar parejas de alumnado que se esté iniciando en la decodificación y jugar a una especie de "Pictionary lector". Un componente de la pareja hace de mensajero y el otro de artista. Al mensajero se le entregan dos papeles doblados, uno con la palabra que debe leer en voz alta y otro con un dibujo que representa la palabra. El mensajero abre la primera tarjeta y lee la palabra al artista para que la dibuje. Si la habilidad para dibujar es insuficiente, se puede sustituir esto por elegir una imagen. El artista muestra al mensajero la imagen dibujada o elegida. Si ambos coinciden en que lo que ha leído el mensajero equivale a lo que hay dibujado, abrirán el otro papel doblado, que contiene el dibujo correcto. Si el artista no está de acuerdo con el resultado, deberán revisar entre los dos cómo se lee la palabra que hay escrita en la primera tarjeta.

Entrenamiento atribucional

Consiste en enseñar al alumnado a considerar que el éxito o el fracaso en las tareas de lectura dependen de factores que están bajo su control, como aplicar normas que se le acaban de enseñar o mantener la atención.

En cursos iniciales es clave el tipo de mensajes que proporcionamos al alumnado cuando realiza tareas de lectura o escritura. Supongamos que una alumna con bastante retraso en el aprendizaje de la lectura está leyendo una lista de palabras. Lee correctamente "ola". Estos son algunos ejemplos de comentarios que favorecerían el estilo atribucional que deseamos:

– Has dicho en orden los sonidos de las letras y por eso lo has leído bien.
– Ha sido una buena idea buscar en el cartel la "l" del león.
– Has estado atenta a la pista que te he dado y la has aprovechado bien.
– Te ha salido muy fácilmente. Es porque has practicado mucho.

En cambio, estos otros mensajes podrían hacerle pensar que el éxito no ha dependido de ella:

– Esta era fácil.
– Te ha salido porque te he ayudado.
– Has tenido suerte.

Ahora supongamos que la siguiente palabra de la lista es "leo" y nuestra alumna lee "lelo". Ante un error también podemos decir cosas que ayuden a hacer el tipo de atribuciones que queremos conseguir:

– Te has equivocado por no mirar las letras una a una.
– Has intentado adivinarla, en lugar de decir cómo suenan las letras.

Debemos evitar fomentar atribuciones no deseables:

– Era difícil.
– No eres buena en esto.
– Ha sido mala suerte.

Algunas de estas ideas ya las vimos en el capítulo once al presentar el procedimiento PEER CROWD, en la parte de "Evaluar". No hay que obsesionarse con presentar unas valoraciones precisas, detalladas y constantes. Si tratamos de hacerlo así, es probable que nos quedemos con la sensación de agobiarnos, agobiar a la alumna y de mostrar poca sinceridad (muchas veces no tenemos claro por qué ha acertado o fallado).

Prácticas basadas en el interés

Las prácticas basadas en el interés se refieren a características de los materiales y actividades de lectura que se relacionan con una mayor motivación. Las podríamos agrupar en cuatro tipos:

1. **Prácticas de relevancia:**
    * Textos relacionados con intereses personales.
    * Textos relacionados con el mundo real.
    * Textos relacionados con actividades manuales o experiencias.
    * Textos relacionados con información práctica o que ayudan a resolver problemas.
    * Textos con aspecto atractivo.
    * Textos presentados de forma motivante.

2. **Prácticas de éxito:**
    * Tener objetivos para la actividad.
    * Material de lectura ajustado al nivel del alumnado.
    * Posibilidad de realizar distintos intentos hasta alcanzar el objetivo.
    * Evaluación del progreso individual, no por comparación con otras personas.

3. **Prácticas de elección:**
    * Posibilidad de elegir textos o actividades.

4. **Prácticas de colaboración:**
    * Trabajo en parejas o pequeños grupos.
    * Exposición a la clase de los logros conseguidos.

¿Cómo concretar todo esto?

Algunas revisiones recientes nos dan resultados poco claros sobre cuáles de las anteriores son las prácticas de motivación más eficaces, así que lo más seguro podría ser combinarlas. Vamos a ver algunos ejemplos:

Utilizar la lectura como medio para iniciar un juego o actividad interesante

Podemos proponer al alumnado formar frases a partir de unas fichas (por ejemplo, juntar una imagen que represente "quiero" y la palabra escrita "saltar") o hacer una versión del juego "Simon dice" en la que las órdenes están escritas. Tras formar el mensaje, el alumno lo tiene que leer en alto para saber qué hay que hacer. Esta tarea se asemeja a la tarea de mensajes secretos que hemos mencionado en el capítulo anterior.

Integrar la lectura o escritura como parte esencial del juego o actividad

Hay actividades o rincones que pueden incorporar con facilidad una parte de lectura o escritura: unas instrucciones en el rincón de las construcciones, una lista de tareas en "la casita" o un breve guion en el rincón de representaciones. Veamos un ejemplo, de juego de compras.

En este juego hay dos roles diferentes: comprador y vendedor, que no pueden hablar entre sí. Antes del juego, hemos seleccionado algunas palabras para trabajar, 5 o 6, procurando que estén al nivel de la pareja de jugadores. Recuerda que si trabajamos con alumnado con dificultades para adquirir la lectura debemos de ser muy cuidadosos con el material que seleccionamos, escoger palabras que contengan grafemas que ya estén trabajados y evitar presentarlos en combinación con otros que generen confusión. Vamos a suponer que hemos elegido: pan, tomate, pepino, polo y pera. Preparamos el siguiente material:

– Tarjetas donde aparece escrita cada una de las palabras (una tarjeta para cada palabra);
– Tarjetas con imágenes de los productos (una tarjeta para cada producto o, si hay disponibilidad, una representación del producto en plástico u otro material);
– Una lista de la compra con las imágenes de los productos.

El comprador recibe la lista de la compra y las tarjetas con las palabras escritas. El vendedor recibe las imágenes con los productos. La forma de comprar es entregar al vendedor la tarjeta con el nombre del producto.

Tras los primeros intentos, se pueden añadir tarjetas con el nombre y la imagen de otros productos que no están en la lista de la compra y se puede jugar con distintos compradores con listas diferentes, que van comprando un producto en cada turno con el objetivo de completar su lista antes que el resto.

Lógicamente, en este momento la lectura incorrecta se detecta porque el producto recibido no coincide con el que se creía haber pedido.

Transmitir mediante la lectura un mensaje relevante o divertido.

Este es un campo con muchas posibilidades para la creatividad:
– Elogios o mensajes como el nombre seguido de un adjetivo positivo, "Aroa guapa".
– Información curiosa o sorprendente.

– Noticias sobre gente cercana.
– Anuncios de actividades.
– Información útil, como el horario o el menú del comedor escolar.

Presentar un material atractivo para la actividad

Se pueden utilizar libros que sigan sus intereses, muñecas, dinosaurios o figuras de moda a las que podemos poner nombres inventados y leerlos.

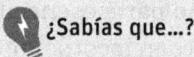 **¿Sabías que...?**

Se ha propuesto leer a perros como actividad de mejora de la lectura

Desde 1999 existe un movimiento que propone que leer a perros motiva a leer porque favorece la relajación y la confianza, ya que se proporciona un entorno seguro y sin juicios para practicar la lectura.

A diferencia de otros temas populares o curiosos, este movimiento ha recibido la atención de la ciencia. En 2014, Marieanna le Roux, Leslie Swartz y Estelle Swart publicaron un estudio sobre este tema. Se trata de una investigación sobre los efectos de leer a un perro en la habilidad lectora.

Participaron 102 alumnos/as con dificultades de lectura de 7 a 13 años. Se dividieron en cuatro grupos: (1) Lectura a un perro. (2) Lectura a un adulto. (3) Lectura a un osito de peluche. (4) Control sin intervención. Tras 10 semanas de intervención no se encontraron diferencias significativas entre los grupos en precisión o velocidad lectora. En cuanto a la comprensión, el grupo de lectura a un perro partía de un nivel mejor que el de los otros grupos, sin que la diferencia fuera significativa. Este grupo fue el que más mejoró en comprensión lectora.

Existen otros estudios sobre el tema, pero antes de llevar un perro al aula para animar a leer, conviene saber que gran parte de la investigación que se ha realizado en torno a este tema tiene limitaciones metodológicas importantes, como pocos participantes, escasa duración o falta de grupos de control.

En 2016, Sophie Susannah Hall, Nancy Gee y Daniel Simon Mills publicaron una revisión sistemática sobre la lectura infantil a perros. Localizaron 48 publicaciones, pero su principal conclusión fue que, aunque esos trabajos sugieren un efecto positivo sobre la habilidad lectora, la evidencia disponible carecía de la suficiente calidad para afirmar con certeza que la lectura a perros fuera una práctica efectiva en el desarrollo lector.

Pero tal vez, solo el hecho de que exista ese movimiento nos sugiere una reflexión: ¿por qué hay niños o niñas que leen tan a gusto a un perro y luego encuentran dificultad cuando deben leer a un adulto? De alguna forma, parece que la lectura a perros ofrece un entorno seguro que beneficia al alumnado con dificultades de lectura, si bien los resultados no son concluyentes y aún se necesita más investigación de calidad.

Conocer más
- HALL, S. S.; GEE, N. R., y MILLS, D. S. (2016): "Children reading to dogs: a systematic review of the literature". *PLoS ONE* 11(2), e0149759.
- LE ROUX, M. C.; SWARTZ, L., y SWART, E. (2014): "The effect of an animal-assisted reading program on the reading rate, accuracy and comprehension of grade 3 students: a randomized control study". *Child & Youth Care Forum*, 43(6), 655-673.

Subiendo de nivel

Hasta aquí hemos hablado de cómo facilitar el acceso a la lectoescritura a alumnado con necesidades educativas. Nos hemos centrado en la decodificación, pero ¿qué ocurre si tenemos alumnado que decodifica muy fácilmente? Desde luego, parece una alegría que alguien aprenda con facilidad a descifrar textos. El problema viene si este alumnado decodifica muy fácilmente, pero no comprende lo que lee. Queremos terminar este libro tratando la hiperlexia y la respuesta educativa tan particular que requiere.

La hiperlexia se da cuando se observa un alto rendimiento en decodificación e interés por la lectura frente a una pobre habilidad para comprender las palabras y los textos. Algunos trabajos clásicos consideran que hay un conjunto de cuatro características que ayudan a identificar la hiperlexia:

1. Presencia de un trastorno del neurodesarrollo.
2. Inicio de la lectura de palabras sin que se les haya instruido de manera explícita antes de los 5 años.
3. Nivel lector bastante bueno considerando su baja comprensión.
4. Gran interés hacia el material escrito.

Respecto al primer punto, frecuentemente, la hiperlexia se ha asociado a los trastornos del espectro autista (TEA), aunque no todas las personas con hiperlexia tienen autismo ni todas las personas con TEA tienen hiperlexia (de hecho, a algunas les resulta muy complicado iniciarse en la lectoescritura). La hiperlexia también se ha observado en personas sin TEA y personas con síndromes como el de Down y el de Turner.

Una respuesta educativa a la hiperlexia

Aunque la lectura correcta produce la impresión de un nivel avanzado, el alumnado con hiperlexia tiene muchas dificultades para comprender esas palabras le escuchamos leer. En cursos posteriores se suele observar un retraso importante en la comprensión lectora. Investigadoras como Dianne Macdonald, Gigi Luk y Eve-Marie Quintin han estudiado el efecto de una intervención temprana en alumnado de Educación Infantil con desarrollo típico y alumnado que presenta unas características compatibles con un posible diagnóstico de TEA con hiperlexia.

Estas autoras diseñaron una aplicación para su uso en tabletas. En ella se planteaba una tarea de asociación de dibujo y palabra. Se comenzaba con palabras concretas cortas y sencillas, como «sol». Posteriormente se trabajaba con oraciones. La tarea seguía los siguientes pasos:

1. Aparece una palabra escrita en la pantalla y al tocarla se escucha.
2. Aparecen dos imágenes y, bajo ellas, de nuevo, la palabra que ha escuchado antes, para seleccionar la imagen que la representa. Al acertar se escucha una felicitación. En caso de cometer dos errores la imagen incorrecta se desvanece y solamente permanece en la pantalla la palabra con la imagen que corresponde.
3. La palabra aparece nuevamente para seleccionar entre dos opciones qué imagen la representa.

Aunque el material que hemos descrito está originalmente diseñado en inglés, creemos que puede ser de interés para el docente conocer la tarea, de manera que puede replicarla utilizando programas de presentación multimedia.

No podemos generalizar los resultados de este pequeño estudio, con pocos participantes y una duración total de 7 horas y media. Sin embargo, es interesante el hecho de comenzar la intervención tempranamente, con lectura de palabras, evitando que el entrenamiento en comprensión lectora quede supeditado a la comprensión de frases o textos en edades superiores, cuando ya el desfase de este alumnado sea más que evidente.

Conocer más

• MACDONALD, D.; LUK, G., y QUINTIN, E. M. (2022): "Early reading comprehension intervention for preschoolers with autism spectrum disorder and hyperlexia". *Journal of Autism and Developmental Disorders*, 52, 1652-1672.

No olvides

☐ El alumnado con mayores dificultades en el aprendizaje de la lectoescritura puede necesitar desde el comienzo de su enseñanza un material que le permita enfrentarse con éxito a tareas de dificultad creciente.

☐ Una forma de organizar esto es diseñar actividades con muchos apoyos, que se van retirando progresivamente.

☐ Existen recursos específicos y formas de trabajar que favorecen el aprendizaje de la lectoescritura en alumnado con dificultades como las de habla, audición, visión o aprendizaje.

Manos a la obra

Al final de la introducción proponíamos que este es un libro para hacer lectura orientada a tareas. Llegados al final, disponemos de mucha información sobre la lectura, la escritura y su enseñanza inicial. Esto nos puede ayudar a tomar mejores decisiones y a actuar de una manera más eficiente.

No podemos anticipar todas las situaciones, las dudas o los problemas que vas a encontrar al enseñar a leer y escribir, pero queremos terminar ofreciendo algunas sugerencias sobre cómo aplicar el contenido de este libro. Por ejemplo, algunas de las tareas que podrías plantearte ahora serían:

- Evaluar el programa de enseñanza inicial de la lectura y la escritura que estás utilizando: ¿qué convendría añadir o reforzar?, ¿qué partes pueden ser prescindibles?
- Revisar el trabajo que se está realizando previo a la enseñanza formal de la lectoescritura: ¿está teniendo en cuenta el desarrollo del lenguaje oral y los principales predictores de la decodificación?
- Reflexionar sobre la forma en que las familias del alumnado pueden participar y colaborar en la enseñanza de la lectoescritura.
- Elegir estrategias metodológicas y actividades que permitan el trabajo con un grupo de alumnado en el que puede haber notables diferencias de nivel.
- Valorar la propuesta que estés aplicando con el alumnado que, por una causa u otra, muestra más dificultades.
- Elaborar o adquirir nuevos materiales.

Las ciencias que estudian la enseñanza y el aprendizaje de la lectura y la escritura evolucionarán y tendremos nuevos datos y nuevas propuestas. Esperamos que la lectura de este libro también te anime a actualizarte localizando y siguiendo el trabajo de equipos y autores o autoras de referencia en este campo.

Podemos encontrar muchas citas y frases motivadoras que nos dicen que leer es soñar con los ojos abiertos, nos hace libres, cultos; ejercita la mente, nos sirve de refugio, etc. Tenemos claro que aprender a utilizar el lenguaje escrito potencia todo lo que podríamos hacer con el lenguaje. Sobre todo, nos proporciona la maravilla de que podemos trascender los límites del espacio y del tiempo.

No olvides

☐ ¡Enseñar a leer y escribir a una persona es darle un superpoder!

Sobre los autores

 **Juan C. Ripoll** es maestro especialista en audición y lenguaje, psicopedagogo y doctor en educación. Trabaja como orientador en el Colegio Santa María la Real de Sarriguren, es profesor invitado en la Universidad de Navarra y socio en la empresa Intralíneas, S. L. Ha publicado varios trabajos de investigación y manuales sobre lectura, comprensión y dificultades de aprendizaje. También realiza una labor de divulgación en el blog "Comprensión lectora basada en evidencias".

 **Nadina Gómez Merino** es logopeda y doctora en Lectura y Comprensión. Trabaja como investigadora postdoctoral Margarita Salas en la Estructura de Recerca Interdisciplinar en Lectura (ERI-Lectura) de la Universitat de València. Ha impartido clases en el Grado de Logopedia y el Grado de Maestro en Educación Primaria de la Universitat de València. También ha sido coordinadora júnior del Grupo de Necesidades Educativas Especiales de la Asociación Europea para la Investigación en Aprendizaje e Instrucción (SIG15-EARLI).

 **Vicenta Ávila Clemente** es doctora en Psicología. Profesora Titular de la Universitat de València. Pertenece a la Estructura de Investigación Interdisciplinar en Lectura (ERI-Lectura), concretamente en el grupo ATYPICAL, que centra el estudio de la lectura en personas con necesidades especiales. Su docencia se reparte en distintos grados como el Grado de Logopedia o el Grado de Magisterio y Postgrados, como es el caso del Máster de Educación Especial.

Otros libros de la colección Biblioteca de Innovación Educativa

- **Educación basada en evidencias**
  Cómo enseñar aún mejor
  GEOFF PETTY
- **Enseñar pensando en todos los estudiantes**
  El modelo de Diseño Universal de Aprendizaje (DUA)
  Coordinado por CARMEN ALBA PASTOR
- **Aprender en contexto**
  Claves para el diseño de situaciones de aprendizaje
  ESTHER DIÁNEZ MUÑOZ y ALBERTO LÓPEZ RAMOS
- **La evaluación formativa**
  Estrategias eficaces para regular el aprendizaje
  MARIANA MORALES y JUAN FERNÁNDEZ
- **_Feedback_ formativo**
  Diálogo significativo para mejorar el aprendizaje
  JACKIE ACREE WALSH
- **La observación de aula**
  Un instrumento para la mejora educativa a través de la mirada y la escucha
  MARIANA MORALES
- **Maria Montessori**
  Biografía de una innovadora de la pedagogía
  RITA KRAMER
- **Cooperar para crecer**
  El aprendizaje cooperativo en Educación Infantil
  FRANCISCO ZARIQUIEY
- **Diseño de espacios educativos**
  Rediseñar las escuelas para centrar el aprendizaje en el alumno
  PRAKASH NAIR
- **Aprendo porque quiero**
  Al aprendizaje basado en proyectos (ABP) paso a paso
  JUAN JOSÉ VERGARA RAMÍREZ
- **Convivencia restaurativa**
  Aprender a convivir y a construir entornos de aprendizaje seguros
  JUAN DE VICENTE ABAD

Pueden consultar más títulos de la colección en https://aprenderapensar.net/